CONNAISSANCE DE L'ORIENT

COLLECTION UNESCO
D'ŒUVRES REPRÉSENTATIVES

SÉRIE JAPONAISE

PUBLIÉE EN VERTU D'UN ACCORD ENTRE L'UNESCO ET LE GOUVERNEMENT JAPONAIS
AVEC LA COOPÉRATION DES EXPERTS DU
CONSEIL INTERNATIONAL DE LA PHILOSOPHIE ET DES SCIENCES HUMAINES
ET DE M. ETIEMBLE, REPRÉSENTANT LES ÉDITIONS GALLIMARD.

Conformément aux règlements de l'Unesco, cette traduction a été relue par M. Yotaro Takatsuka, professeur à l'Université Kwansei Gakuin.

Vie d'une amie de la volupté

Roman de mœurs paru en 1686
(3e année de l'ère Jôkyô)

par Ihara Saikaku

TRADUIT DU JAPONAIS
PRÉFACÉ ET ANNOTÉ
PAR GEORGES BONMARCHAND

nrf

GALLIMARD / UNESCO

INTRODUCTION

Au cours de l'existence de Ihara Saikaku (1642 ?-1693), pendant la seconde moitié du XVIIe siècle, après la consolidation du nouveau régime féodal instauré sous la suzeraineté des shôguns Tokugawa, le Japon atteignit la période de la plus grande prospérité de ce régime dont les institutions étaient alors arrivées à leur plein développement. Le pays était enfin entré dans une ère de rénovation favorisée par la paix et le bon ordre intérieur, après plus de deux siècles de guerres civiles entre généraux qui avaient lutté pour l'hégémonie. Mais le fait le plus remarquable sous ce shôgunat c'est la naissance d'une classe nouvelle due à un développement économique et commercial inconnu jusqu'alors, résultat de la création d'une économie monétaire. Cette classe est celle des *chônin*, habitants des villes, généralement propriétaires enrichis par le commerce et la spéculation. Deux grandes villes récentes apparaissent alors, l'une dans l'ouest, Ôsaka qui recueille en partie les traditions de la ville et du port de Sakai sa voisine au sud, ville libre et autonome, port prospère pendant les XVe et XVIe siècles au sud-ouest de la baie de Naniwa. L'autre ville sera Edo, site du Tôkyô actuel, où le shôgunat bâtira son château et établira son administration.

Ôsaka fut la création personnelle de Toyotomi Hideyoshi (1536-1598) prédécesseur immédiat des Tokugawa, dans un site prédestiné par la nature (vaste estuaire) et qui avait une histoire déjà longue. La tradition fait en effet débarquer l'armée de Jimmu, premier empereur du Japon, dans l'immense plaine de roseaux où la Yodo-gawa vient se jeter par plusieurs bouches dans la vaste baie appelée anciennement Naniwazu.

Le seizième empereur, le bienveillant souverain Nintoku, en avait fait sa capitale au ve siècle après avoir fait drainer l'estuaire par des canaux; son tombeau, en forme de tumulus, atteste encore aujourd'hui sa présence (à un kilomètre au sud-ouest de Sakai). Pendant des siècles, cette baie de Naniwa servit de port aux bateaux des missions diplomatiques venues de Chine et de Corée ou aux marchands de ces deux pays.

La batellerie peut remonter la Yodo-gawa jusqu'à la ville de Fushimi, banlieue sud de Kyôto, mettant ainsi cette capitale, fondée en 794, et la plaine du Yamato, en communication avec la mer.

La plaine de Naniwa n'acquit cependant quelque importance, et dans le domaine religieux seulement, qu'à la fin du xve siècle. Sakai et son port qui assurait les relations maritimes avec la Chine des Mings depuis le commencement du xve siècle, était la ville la plus florissante sur la baie de Naniwa. Aux environs, point de rivale commerciale. Mais, à peu de distance au nord, sur une élévation dite Ozaka, le bonze Rennyo (1415-1499), de la secte bouddhique du Hongwan-ji, afin d'échapper aux ravages de la guerre civile, établit le temple d'Ishiyama qui devint bientôt une véritable place forte. Il résista même à Oda Nobunaga qui l'assiégea pendant dix ans sans arriver à le réduire (de 1570 à 1580). Sur l'intervention de l'empereur, la paix fut rétablie au prix de l'évacuation des assiégés qui transférèrent ailleurs leur temple. Celui d'Ishiyama fut d'ailleurs ruiné par un incendie accidentel au moment de leur départ. Le lieu resta désert jusqu'à la mort de Nobunaga, assassiné en 1582, dont le lieutenant et successeur Hideyoshi fit construire un château, dès l'année suivante, sur les ruines du temple d'Ishiyama et c'est ainsi que la petite élévation d'Ozaka, dominée par un château qui commandait la plaine à ses pieds, fut nommée « la grande colline » soit Ôsaka et la forteresse Ôsaka-jô. Bientôt s'établit autour du château une ville du type de *jôka-machi* (ville au pied d'un château) comme il devait s'en créer dorénavant, partout dans le pays, là où il y avait un château. Hideyoshi y transporta de force une partie des commerçants de Sakai et y attira en outre ceux de la ville de Fushimi (sud de Kyôto) et de la province d'Ômi. Ainsi se constitua, artificiellement à l'époque, une ville qui, vu sa position géographique, devait prendre un énorme développement et commander à toute la région.

Simple soldat sorti du peuple, Hideyoshi (1536-1598) se montra d'autant plus ambitieux qu'il était d'humble origine. Il voulut subjuguer la Corée et, en cas de succès, la Chine. C'est ainsi qu'il entreprit, à deux reprises, des expéditions en Corée (1592 et 1597) qui se terminèrent par un désastre, mais qui eurent pour résultat d'affaiblir les seigneurs qui auraient pu se retourner contre son autorité. Il mourut en 1598, laissant pour héritier un enfant de cinq ans, confié à la tutelle de sa mère et de Tokugawa Ieyasu (1542-1616). Ce dernier ne tarda pas à usurper le pouvoir qu'il convoitait pour lui-même depuis longtemps, car il s'était constitué dans les provinces du Kwantô, autour de son château d'Edo, une solide base militaire avec de puissants effectifs qu'il avait refusé de faire participer aux expéditions en Corée. Il montra une attitude si hostile à l'égard de la famille des Toyotomi (celle de Hideyoshi) que les partisans de celle-ci se levèrent pour la défendre. Mais ils furent vaincus le 21 octobre 1600 à Sekigahara, province de Mino. Cette victoire sur les Toyotomi fut politiquement consacrée par l'empereur qui accorda en 1603 la dignité de shôgun à Ieyasu. Mais les partisans des Toyotomi ne voulurent pas se résigner. Ieyasu qui s'était retiré dès 1605 vint, avec son fils et successeur Hidetada, mettre le siège devant le château d'Ôsaka durant l'hiver 1614. Après une trêve, les hostilités reprirent au printemps suivant, et en mai 1615, le château incendié tomba. Hideyori, le dernier des Toyotomi et sa mère, Yodogimi, périrent dans les flammes. Ôsaka ne tarda pas à se relever.

Une seconde grande ville naissait alors dans l'est, la ville d'Edo. Tokugawa avait fait son entrée, en 1590, dans le château d'Edo construit dès 1457 par Ôta Dôkwan. Il s'y établit provisoirement mais décida, en raison de l'importance stratégique du lieu, la plaine de Musashi et la vaste baie d'Edo, de le faire reconstruire. Les travaux qui se poursuivirent pendant le gouvernement des 2e et 3e shôguns furent définitivement terminés en 1636. Tous les daimyôs avaient contribué aux frais de la reconstruction, ce qui affaiblit leurs finances et leur pouvoir, mais secondait les visées d'un shôgunat qui craignait encore de leur part une possible hostilité.

Edo fut la ville administrative où les commerçants, établis à l'ouest, au sud et à l'est du château, étaient les fournisseurs du shôgun et des seigneurs dont les hôtels environnaient la seconde enceinte à l'extérieur. Mais le ravitaillement de la ville était en majeure partie assuré par les *chônin*, commerçants d'Ôsaka, où se concentrait la production d'une région fertile et, à l'époque, la mieux cultivée du pays. En résumé, deux pôles dans le pays : à l'est Edo, siège du pouvoir, mais d'importance culturelle non encore affirmée; à l'ouest, Ôsaka où se constitue une culture intellectuelle nouvelle dans un milieu proche de Kyôto, qui représentait la tradition littéraire et artistique ancienne, ville sans importance militaire, mais centre commercial prépondérant, où se faisaient les cours du riz, des marchandises et des monnaies.

Ihara Saikaku, auteur de *Kôshoku ichidai onna*, *Une amie de la volupté*, naquit en 1642 dans une famille de *chônin* d'Ôsaka.

Cette ville fut son milieu. Nous venons d'en retracer les origines jusqu'à l'époque où le château et la nouvelle ville furent ruinés par les sièges de 1614 et 1615. Mais les Tokugawa n'en souhaitaient pas la disparition. Aussi bien Edo était-elle encore une ville trop jeune. Ieyasu donna d'abord Ôsaka comme fief à Matsudaira Tadaaki (1583-1644), son petit-fils par les femmes; celui-ci ne le conserva pas longtemps; suffisamment toutefois pour restaurer la ville et reconstruire en partie le château. Le shôgun préféra bientôt en effet rattacher directement Ôsaka à son domaine, et y établit à cette fin un gouverneur en 1619. Les commerçants y revinrent en foule et en peu d'années en firent la ville la plus florissante et la plus peuplée du pays. A l'époque de Saikaku, elle comptait déjà 270 000 habitants et ce ne fut que vers 1720 qu'elle fut dépassée par Edo qui comptait alors 570 000 habitants (non compris les militaires) en regard des 400 000 d'Ôsaka.

Ôsaka fut toujours une région sillonnée de canaux. Sans compter l'aménagement très ancien de l'empereur Nintoku, le canal le plus anciennement creusé fut celui qui était nécessaire pour les communications du château, le Higashi-Yokobori, courant du sud au nord à l'ouest du château. Au nord de la ville coule de l'est à l'ouest la Yodo-gawa qui s'infléchit vers le sud, à l'ouest de la ville, à travers un estuaire à plusieurs bouches qui durent être aménagées pour la navigation par le percement des deltas de Semba et de Shimanouchi, dès le régime de Hideyoshi. Après les deux sièges, on creusa le canal de Nishi-Yokobori, parallèle, à l'ouest, au Higashi-Yokobori. De nombreux canaux transverses le joignirent à la Yodo-gawa.

La ville avait été divisée en trois districts ou *sangô* soit le Kita-gumi (le groupe du nord) entre la rivière au nord et le canal transversal de Kyômachi-bori qui en formait la limite au sud; le Minami-gumi (le groupe du sud), au sud du précédent et, en troisième lieu, le Temma-gumi (le groupe de Temma), nouvellement ouvert, au nord, sur la rive droite de la rivière, à la hauteur du Higashi-Yokobori. Chacun de ces districts avait à sa tête un ancien dit *sôtoshiyori* qui en assurait l'administration quasi autonome. Ils étaient choisis parmi les anciennes maisons fondatrices de la ville ayant collaboré avec l'autorité. Parmi ces notables, on comptait les Yodoya et les Sueyoshi qui avaient la faveur du gouvernement parce que leur famille avait ravitaillé l'armée des Tokugawa à l'époque des deux sièges. D'autres commerçants avaient le monopole officiel de l'achat de la soie grège allouée par contingentement à Ôsaka. Dans chacun des trois districts avait été établi un *Sô-kaijo*, sorte de chambre de commerce présidée par le *sôtoshiyori* ayant sous ses ordres les chefs des quartiers. Les représentants du shôgunat étaient le gouverneur à sa tête, assisté de deux vice-gouverneurs (l'un pour l'est, l'autre pour l'ouest de la ville). Ils commandaient une police composée d'une trentaine de cavaliers et d'une cinquantaine de *dôshin*. Comme on le voit, cette administration du gouvernement central était très réduite. Elle se montrait assez tolérante, n'intervenant d'ailleurs auprès des *sôtoshiyori* que par l'entremise de l'un de leurs trois supérieurs, « les trois grands *chônin* » auxquels le shôgunat avait délégué l'exercice de ses fonctions.

Afin d'affermir leur régime et d'éviter le retour de la guerre civile, les Tokugawa prirent les mesures nécessaires pour assurer leur suzeraineté presque absolue sur les clans féodaux et leur autorité sur toute la population. La société japonaise fut ainsi divisée par eux, suivant un régime de type chinois confucianiste, en quatre classes : celle des *shi* (en Chine, les patriciens, les lettrés; au Japon, les samurais), la classe supérieure. Les trois autres classes, celles auxquelles appartenait le peuple, étaient les agriculteurs, les artisans et les commerçants. Suivant les conceptions morales de la Chine, le shôgunat, qui en avait fait son principe de gouvernement, avait placé en tête des trois classes du peuple, pour le flatter, celle des paysans les plus humbles, les plus exploités, sortant à peine de l'esclavage, mais les plus productifs parce qu'ils cultivent le riz, nourriture et profit pour les seigneurs. Les artisans étaient les fournisseurs du gouvernement, des seigneurs et des riches marchands qui se permettaient le luxe. Mais la dernière classe devait être, celle des *chônin*, ces commerçants méprisés par la morale chinoise parce qu'ils sont improductifs et profiteurs. Ce fut pourtant cette classe d'intermédiaires, mise par principe au dernier échelon de l'échelle sociale, qui ne tarda pas à devenir la plus riche et, malgré tous les obstacles qu'on lui imposa, la plus importante. En engageant le pays dans une économie monétaire, les nouveaux maîtres, chefs de la classe improductive et parasite des militaires, n'avaient pas prévu la concentration des richesses entre les mains des *chônin*, résultat qui leur fut fatal et causa leur chute en 1868. A la fin des guerres civiles, se créa en effet un système monétaire sous le contrôle officiel. On instaura un bimétallisme, dont la monnaie d'or forma l'étalon. Ce fut un phénomène nouveau en Asie orientale où la monnaie était l'argent en lingots et les sous de cuivre. (Ce fut le cas en Chine, jusqu'à l'avènement de la République.) Pendant longtemps, les transactions s'étaient faites par troc ou, pour des échanges peu importants, à l'aide de sous de cuivre; plus tard, à l'aide de morceaux d'argent découpés dans des lingots (comme en Chine). Oda Nobunaga et, à sa suite, Hideyoshi, protecteur du commerce, firent fondre de grandes pièces d'or de forme ovale, et d'autres, plus petites, du même métal. Ce furent celles-ci qui, dans la seconde partie du XVIIe siècle, furent surtout en circulation. Elles correspondaient à l'unité monétaire qu'on appelle : *ryô*. On émit aussi des quarts de *ryô*. Il y eut enfin des pièces d'argent. Mais alors que les *kobans* d'or et les pièces d'argent de la monnaie officielle étaient fondues dans des administrations sous le contrôle du shôgunat, les marchands d'Ôsaka se servaient surtout de lingots d'argent; et, pour les petites transactions, des sous de cuivre, cette dernière monnaie étant fondue elle aussi sous le contrôle du gouvernement. Les trois monnaies étaient des alliages dont le titre ne varia pas jusqu'en 1695, époque où le gouvernement eut recours à leur falsification comme expédient financier. L'usage de la monnaie devint général. Les paysans eux-mêmes, qui payaient leurs taxes en riz, durent, depuis Hideyoshi, les acquitter pour une part en monnaie. Il se constitua ainsi une véritable économie monétaire : des cours s'établirent entre les trois monnaies et des changeurs patentés se chargèrent d'en surveiller les fluctuations. Les marchandises furent également cotées sur le marché. Les cours de la bourse au riz d'Ôsaka furent suivis dans tout le pays. Un système de billets à ordre et de traites facilita les règlements, surtout sur des places différentes.

Pour leurs dépenses, les seigneurs avaient besoin de réaliser en monnaie le riz, impôt en nature, que les paysans remettaient à leurs collecteurs de taxes. Des chargements de riz arrivaient ainsi par bateaux à Ôsaka, dont les canaux avaient été aménagés pour permettre le débarquement à quai, et l'entrepôt de cette céréale. Ces entrepôts et les hôtels adjacents se trouvaient surtout au nord de la ville. La garde en était confiée à des officiers du seigneur, mais le courtier qui prenait le riz en consignation cumulait en même temps l'office de changeur et faisait, avant la vente, des avances aux seigneurs. Ceux-ci étaient parfois fortement endettés et par des intermédiaires devaient s'humilier souvent, jusqu'à solliciter des délais pour les remboursements. Des remises de dettes, au dommage des *chônin*, durent parfois être décrétées par le shôgunat, que cette situation alarmait. Mais les *chônin* d'Ôsaka devinrent bientôt les maîtres de la situation économique, en dépit des saisies qui furent opérées de leurs biens par le gouvernement. Le cas de la dépossession du richard Yodoya est resté célèbre, et l'on a conservé l'inventaire de sa fabuleuse fortune.

A Ôsaka convergeaient les ravitaillements en nourriture. Le marché des légumes se tenait dans le district nord de la ville, celui de Temma, de l'autre côté de la Yodo-gawa, les paysans des provinces voisines y apportant par bateaux leurs produits. Le marché aux poissons se tenait à l'ouest, dans le Kita-gumi, appelé aussi quai des bateaux parce que des barques de pêcheurs, venant souvent d'assez loin, venaient y décharger leur cargaison de poissons. Le marché au riz fut définitivement organisé en 1688, à Dôjima, quand cette île fut habitée par les commerçants.

Le principe du gouvernement shôgunal, inspiré du confucianisme, étant de laisser s'enrichir le peuple pour qu'il soit satisfait et se tienne tranquille, les *chônin* réalisèrent bientôt d'immenses fortunes. Diverses restrictions, qui furent graduellement abandonnées, avaient été ordonnées pour restreindre chez eux un luxe excessif, considéré comme immoral : limite imposée à la hauteur des habitations; interdiction de se servir d'étoffes de luxe, le seul coton devant en principe servir au vêtement.

A la lecture des romans de Saikaku, on verra que ces interdictions n'avaient guère été respectées à son époque. Le port d'un sabre, mais un seul, était toléré, surtout pour la défense personnelle des voyageurs, souvent attaqués par des bandits de grand chemin.

Ainsi, dans sa sphère, avec ses coutumes et croyances particulières, sa semi-autonomie, le *chônin* vivait à l'aise, et le gouvernement, bien que toujours rigoriste, en principe du moins, surtout en ce qui concerne la famille, c'est-à-dire la subordination de ses membres (la femme au mari, le fils au père, le cadet à l'aîné, ordre conforme à la morale confucianiste) — ce gouvernement avait cependant autorisé l'ouverture de lupanars dans les villes principales du pays. Ces quartiers formaient un monde à part, « celui où l'on ne connaît pas la nuit ». Les courtisanes, formées à leur future condition depuis l'enfance, n'y étaient pas des prostituées incultes et seulement vénales : il fallait se faire agréer auprès d'elles en leur rendant hommage. Dans ces *kuruwa* (quartiers fermés dans un enclos) on ne faisait plus acception de classe et le riche *chônin* y était aussi bien accueilli, surtout s'il faisait large dépense, que l'orgueilleux samurai. Et comme ce dernier avait eu souvent tendance, au-dehors, pendant les premières années du shôgunat, à essayer le tranchant de son sabre sur les oreilles des plébéiens, il était tenu, pour la tranquillité du quartier, de déposer ses deux sabres dans une maison de thé tout près de l'entrée. Là les visiteurs louaient un chapeau à large bord, en jonc tressé, en forme de champignon, dont ils se coiffaient pour cacher leur visage et assurer leur incognito. Au *kuruwa*, il se dépensait des fortunes. Beaucoup plus pour la renommée que par passion, des hommes du peuple, riches et cultivés, élégamment vêtus y patronnaient souvent les courtisanes célèbres dont les gravures *ukiyo-e* nous font connaître la grâce et la beauté. Ils connaissaient à fond le protocole galant : c'étaient des *sui*, de parfaits connaisseurs. Comme ils jouaient aux grands seigneurs, on les nommait aussi des *daijin* (des « ministres »). Toute une hiérarchie de courtisanes s'était établie, dont le plus haut grade était celui de *tayû*. Saikaku en a donné le détail dans des épisodes du présent roman *Kôshoku ichidai onna (Vie d'une amie de la volupté)*, de même qu'il a fait le tableau des mœurs des lupanars dans sa première œuvre en date *Kôshoku ichidai otoko (Vie d'un ami de la volupté)* (1682). Les grands lupanars des trois principales villes étaient : à Kyôto, depuis 1640, le Shimabara; à Ôsaka, depuis la même époque, le quartier de Shimmachi; et à Edo, le fameux Yoshiwara, qui fut transféré en 1657 à la place qu'il occupait encore jusqu'à sa fermeture en 1958.

Mais un des plaisirs très recherchés du peuple était le kabuki, forme récente de théâtre qui avait d'abord été représentée avec des actrices dont la conduite licencieuse avait été telle que depuis 1629 les autorités les avait remplacées par des hommes. Les parties chantées rythmant les gestes de danse s'accompagnaient d'une musique jouée sur un instrument nouveau, le shamisen, guitare au long manche, pourvue de trois cordes, qui était venue des îles Philippines par les îles Ryûkyû et la province de Satsuma. Le spectacle des marionnettes, avec accompagnement de déclamation et de chant, sur de la musique de shamisen genre *gidayu*, était aussi l'un des passe-temps favoris des *chônin* et exerçait parfois une influence quelque peu démoralisante sur les mœurs.

Les acteurs, très recherchés par les deux sexes, avaient une conduite généralement dissolue. Ils étaient méprisés des samurais. Ceux-ci recherchaient plutôt le spectacle plus élevé et plus grave du nô dont beaucoup de thèmes furent d'ailleurs transposés et adaptés pour la scène du kabuki. Le peuple préférait l'aspect plus réaliste et le jeu relativement plus dynamique du théâtre populaire, — surtout en ce qui concerne les danses — à la concentration lente des mouvements dans celles du nô.

A l'époque de Saikaku, l'imprimerie sur planches gravées s'étant beaucoup développée, le peuple avait beaucoup plus de moyens pour s'instruire, bien que le gouvernement ne s'occupât pas directement de son instruction. Celle-ci était librement donnée dans les écoles annexées aux temples bouddhiques, où les enfants se voyaient enseigner quelques centaines de caractères chinois et les deux écritures syllabiques, *kana*, avec les éléments du calcul. Le shôgunat favorisait cependant la réimpression de livres moralisants et celle des classiques chinois et japonais. Les *chônin* pouvaient donc acquérir une certaine culture littéraire qui leur permit de s'adonner à un genre de composition poétique : le haïkaï.

Comme nous l'expliquons ci-après plus en détail, ce genre fut une transposition populaire en un style se rapprochant du langage courant du poème classique *waka*. Il fut d'abord pratiqué surtout à Ôsaka dont les *chônin* lui imprimèrent l'aspect réaliste et fantaisiste caractéristique de leur esprit, contrastant vivement avec celui qui se développa bientôt chez le peuple d'Edo.

Aujourd'hui encore, en effet, les Edokkos (gens dont la famille a habité l'actuel Tôkyô depuis au moins cinq générations, avant la restauration de 1868), constatent des différences très marquées entre leur caractère et celui de leurs compatriotes d'Ôsaka, provoquant parfois jusqu'à de l'incompatibilité. L'enfant d'Edo (Edokko) est impulsif. Il a la tête près du bonnet, mais aussi le cœur sur la main. Souvent il vit insouciant, au jour le jour, dédaigneux du pouvoir de l'argent; dépensier, il a tendance à emprunter, mais aussi à oublier ses dettes; ses marchands n'ont pas un esprit commercial très développé et ne savent pas perdre pour mieux gagner ensuite; il est primesautier, d'esprit léger, frondeur, satirique sans méchanceté. Il aime la nouveauté dernier cri, sans oublier cependant le passé.

Cet esprit diffère vivement de celui de l'homme d'Ôsaka que l'Edokko appelle avec mépris *zeiroku* (altération de *sai* [le dé] et de *roku* [le chiffre « six » du dé]), expression venue du jeu japonais de trictrac, sans doute pour l'accuser de son esprit porté à la spéculation. Les *chônin* d'Ôsaka se montraient en général calmes, prudents et réfléchis, mais aussi d'esprit perspicace et hardis spéculateurs en affaires, sans se laisser entraîner à dépasser la limite de leurs possibilités; sachant accorder un rabais jusqu'à la limite du prix de revient et parfois perdre un peu pour regagner beaucoup plus ensuite; considérant que le capital engagé ne doit pas diminuer et doit rester la base des transactions; sachant donner sans regret quand le devoir social l'exige; scrupuleux en affaires, au point de souhaiter de ne pas faire subir de perte à leur client et ne cherchant pas à gagner trop facilement de l'argent; respectueux de la parole donnée, même verbalement, en topant-là; honnêtes pour maintenir le bon renom de leur maison; frugaux, économes, dans la vie courante, ennemis d'un luxe voyant; n'aimant ni la prodigalité ni le gâchage; ne recherchant pas les honneurs; ayant l'esprit de corps comme membres de guildes; organisateurs remarquables de leur maison de commerce, en paternalistes qui assuraient la formation et l'avenir du personnel. Enfin, leur sérieux en affaires ne les empêchait pas d'avoir un esprit réaliste et satirique qui les inclinait vers la facétie et la parodie dénonçant le côté burlesque de la gravité purement formelle.

De ces qualités qui assurèrent la prospérité inouïe de leur ville, les *chônin* étaient orgueilleux, mais ils avaient conscience de devoir ce succès au shôgunat qui avait ramené la paix et reconstruit leur ville. Aussi témoignaient-ils à l'autorité leur respect, et répondaient-ils volontiers à des perceptions extraordinaires de taxes. Leur idéal était de s'enrichir, d'acquérir de l'aisance et, fortune faite, de vivre dès la cinquantaine en retraités. Tous ces traits de caractère ont été relevés par le conteur Saikaku, en particulier dans ses *chônin mono* qui décrivent la vie du peuple d'Ôsaka.

Avant d'écrire en prose, Saikaku, comme nombre de *chônin* cultivés de sa ville, s'était exercé, pendant de longues années, à composer des haïkaïs. Ce genre poétique était l'aboutissement, après un siècle et demi d'élaboration, d'un jeu de lettrés dit renga, remontant, à l'origine, à l'époque même de Heian (794-1185) quand s'y livraient les nobles de cour, mais qui fut surtout en faveur de la seconde moitié du XIVe à la fin du XVIe. Il consistait à proposer à une compagnie, sur un thème classique, la première partie d'un poème court (tanka) formée de trois vers de 5, 7 et 5 syllabes (ou même la seconde partie d'un tanka composée de deux vers de 7 syllabes) les participants étant invités à donner, chacun de leur côté, le complément nécessaire (deux vers de 7 syllabes dans le premier cas, à ajouter; trois vers de 5, 7, 5 syllabes, comme chapeau, dans le second cas), afin de constituer un tanka classique complet. La langue employée dans ce jeu poétique était archaïque (celle de l'époque Heian) et dépourvue de mots chinois. C'était encore, par là même, un jeu aristocratique. Les hommes du peuple, mal informés de cette langue classique, en modifièrent naturellement le style en y incorporant des mots du langage parlé et des expressions chinoises. Cette vulgarisation du renga fut nommée renku, c'est-à-dire séries alternées de kus (éléments de trois [5, 7, 5] vers et de deux [7, 7] vers). Réunies en un volume, ces séries, qui ordinairement comprenaient cent kus pouvaient aller jusqu'à en contenir dix mille, le minimum étant 3 et 8.

Ce fut Matsunaga Teitoku (1571-1653), de noble origine, qui assura la transition du renga aristocratique au renku plébéien. Après avoir en effet cultivé le premier, il passa au second dont il publia les règles en 1651. Dès son adolescence, à quatorze ans (vers 1656), Saikaku devint disciple de Teitoku. En 1662, à vingt ans, il était déjà promu *tenja*, c'est-à-dire correcteur des pièces soumises à l'examen du maître. Mais, bientôt, une nouvelle école, dont le genre réaliste répondait mieux à l'esprit d'observation satirique des *chônin* d'Ôsaka, attira le jeune Saikaku qui, de nature, en partageait le goût. Son fondateur était Nishiyama Sôin (1605-1682), de noblesse militaire et qui, comme Teitoku, avait tout d'abord formé son talent par la pratique des rengas. De son clan ruiné de Yatsushiro, à Kyûshû, qu'il avait quitté comme rônin, Nishiyama était venu à Kyôto où il pratiqua les rengas jusqu'en 1668. Puis il quitta la capitale pour s'installer à Ôsaka et y fonder une nouvelle école de haïkaï qui fut nommée Danrin. Saikaku s'y rallia avec enthousiasme, en devint le plus important disciple et y déploya une si libre fantaisie que sa manière reçut de l'école plus ancienne du Teimon le surnom de « Oranda-ryû » (la façon hollandaise), c'est-à-dire excentrique, exotique, à la manière des étrangers, des Hollandais de Nagasaki. Son intarissable facilité qu'excitaient le feu de sa verve et la promptitude de son esprit d'observation, lui permirent d'accomplir d'incroyables prouesses, comme celle, en 1673, à trente et un ans, de réciter 10000 kus, du 17 au 27 du sixième mois devant le temple shintoïste de Ikutama, à Ôsaka. Ces renkus réunis en un recueil furent sa première publication de haïkus. La même année, en hiver, il choisit le nom de pinceau de « Saikaku » (la grue de l'ouest), le plus connu parmi plusieurs autres. En 1676, il se signale à l'admiration de tous en récitant à lui seul 1600 kus dans la journée du 25 du cinquième mois, dans un temple bouddhique du même quartier de Ikutama. En raison de ce grand nombre de kus récités successivement en un court intervalle, le genre fut nommé *yakazu-haiku* (haïkus lancés en grand nombre comme des flèches) pour rappeler la fête du tir à l'arc qui se tenait en été derrière le temple de Sanjûsangen-dô, à Kyôto. En 1680, récidive au temple d'Ikutama, nouvelle récitation de 4000 kus, cette fois en vingt-quatre heures. Elle fut nommée Ô-yakazu (le grand Yakazu). En 1682, mourut le maître Sôin (28e jour du troisième mois) et c'est précisément la même année, au milieu du dixième mois, que Saikaku publia sa première œuvre en prose *Kôshoku ichidai otoko (Vie d'un ami de la volupté)*. On ne peut affirmer que Saikaku, par déférence, attendit la mort de Sôin pour publier une œuvre en prose. Il ne renonça d'ailleurs pas pour cela au haïkaï puisque, deux ans plus tard (1684), le 5 du sixième mois, il accomplit l'extraordinaire exploit de réciter, en une suite, pendant un jour et une nuit, devant le temple de Sumiyoshi à Ôsaka, 23500 kus, ce qui lui permit de prendre, comme autre nom de pinceau, celui de « Niman-ô » (le vénérable des Vingt mille). Depuis lors, sur le terrain de la rapidité, personne ne songea à rivaliser avec lui (et il ne renouvela d'ailleurs plus ce jeu). Cependant, malgré ce triomphe de haïkaïste, où la qualité ne répondait peut-être pas à la quantité, Saikaku continua dans la voie du prosateur. On doit s'en féliciter, car s'il n'était pas devenu conteur en 1682, à l'âge de quarante ans, son nom se trouverait perdu dans l'innombrable masse des haïkaïstes que Bashô (1644-1694), maître en ce genre, renouvelé et rehaussé par lui, a laissés pour la plupart dans l'oubli.

Bashô a en effet transformé en un art comparable à celui de l'archaïque et aristocratique waka cet art populaire qu'est celui du haïkaï. Nous connaissons son esthétique d'après les propos qu'il a tenus avec ses disciples. Mais il nous paraît injuste d'exagérer l'importance du haïkaï de l'école de Bashô au point de vouloir laisser dans l'oubli celui de ses précurseurs. Bashô s'était mis d'abord à la même école, celle du « Teimon », que son contemporain Saikaku. Il en continua les principes dans le sens d'un raffinement conforme à sa nature contemplative. Tout au contraire, Saikaku, esprit libre et révolutionnaire, tendant à rompre avec les formes conventionnelles du passé, s'est séparé du Teimon pour adopter un genre réaliste qui convenait entièrement à son époque, genre que Bashô trouva naturellement vulgaire et trivial. C'était un aristocrate. Il n'était pas d'Ôsaka. Saikaku était un homme du peuple possédant le caractère des *chônin* de sa ville, dont il observa les mœurs avec pénétration. C'est l'homme qui l'intéresse, plutôt que la nature. S'il est allé se promener quelque temps dans les provinces, c'est pour en observer le côté humain ou en rapporter de curieuses légendes. Le lyrique et contemplatif Bashô, qui pratique la méditation du bouddhisme zen, reprend l'esthétique traditionnelle du poète-bonze Saigyô (1118-1190), son principal inspirateur. Saikaku rompt avec la tradition, à laquelle il fait parfois allusion pour s'en moquer. Il est dynamique, réaliste, concret, recherchant dans ses haïkaïs le détail comique et drôle. Le même esprit se révèle dans ses œuvres en prose, ce qui fait de lui un conteur-né. On y trouve le même esprit d'observation que dans ses épigrammes, et il engage ainsi la littérature de fiction dans une voie nouvelle qui mieux que les anciens romans, appelés *kana-zôshi* (histoires écrites en caractères *kana*), répond au goût populaire, et, pour cette raison, nommés depuis lors *ukiyo-zôshi* (histoires du monde présent). Saikaku fut en prose un initiateur. De son côté, Bashô porte au plus haut degré l'art du haïkaï, en le raffinant pour le style, et par son lyrisme qui communie avec les beautés et les forces de la nature. Nostalgique du passé, il continue la tradition poétique inspirée par la conception du *yûgen* qui s'était formée au Moyen Age : contemplation calme du monde, élaborée par le zen. Il ne fait que la perfectionner dans un style nouveau qui s'efforce d'harmoniser la vulgarité du présent avec la sereine beauté du passé. Il reste un classique, goûté des lettrés de son école. Saikaku est un novateur, goûté par le peuple. Dans son recueil *Kyoraishô*, qui révèle beaucoup de détails sur la conception que Bashô avait de l'art du haïkaï, Mukai Kyorai (1651-1704) raconte que, parlant du style qu'il convient d'employer dans la composition des haïkaïs, le maître recommande un style châtié, aisé cependant, et l'emploi de mots distingués et quand ce serait pour représenter des situations vulgaires. En l'occurrence, il cite Saikaku, auquel il reproche de fouiller trop à fond les recoins de la trivialité contemporaine. Cette critique porte curieusement sur la prose des *ukiyo-zôshi* de Saikaku, qu'il considère comme composés dans le style *haibun*, genre de prose qui suit les règles du haïkaï.

Un lien ténu relie ainsi le style des haïkaïs de Saikaku à celui de ses contes. L'exubérance qu'il montre dans la production rapide du *yakazu* (haïku-flèche) devait l'amener à sortir des formes étroites des kus alternés et à les développer en une prose également rythmée. Cette formule nouvelle lui permettait en outre d'approcher un monde beaucoup plus vaste de lecteurs, dont il reçut d'emblée un accueil excellent.

En glosant le texte de *Gonin onna* qui parut en avril 1959 dans cette même collection sous le titre de *Cinq Amoureuses*, nous avions déjà signalé que le haïkaïste Saikaku renaissait sous le prosateur. Dans la plupart de ses œuvres, et *Ichidai onna* ne fait pas exception (cf. dans *Gonin onna* les quatorze notes suivantes : 1, 22 et 48 [Volume Premier]; 1, 2, 16, 38, 70 et 85 [Deuxième Volume]; 52 [Troisième Volume]; 67 à 70 [Cinquième Volume]) les titres de ses chapitres ont souvent l'aspect de thèmes de « renku » développés dans la suite du récit. Les fins de chapitres sont parfois entièrement traitées selon le mode du haïkaï. D'où la difficulté de comprendre maint passage concis quand on ne réfléchit pas au lien qui l'unit à l'ensemble du chapitre.

Depuis 1682, date où Saikaku se révéla comme prosateur, son activité variée de conteur se présente sous trois aspects. Voyant quel succès recevaient les guides des plaisirs offerts par les lupanars ou les théâtres, ouvrages dans lesquels le lecteur trouvait des indications concernant les courtisanes ou les acteurs célèbres, avec un commentaire concernant leur notoriété, Saikaku entreprit la composition d'ouvrages sur le monde de la galanterie. Ils furent appelés *kôshoku-mono* (choses concernant le plaisir sexuel). Viennent en deuxième lieu les contes proprement dits, généralement désignés sous le nom de *setsuwa-mono*, mais dont une partie s'appelle *buke-mono*, choses concernant les militaires (vendetta, fidélité au seigneur, mœurs homosexuelles, etc.). Enfin les dernières œuvres de Saikaku, qui décrivent le caractère des *chônin*, leur mode de vie et leurs mœurs s'appellent *chônin-mono* (les choses des *chônin*). C'est dans celles-ci, dont la prose se dégage le plus de l'influence du haïkaï, que l'auteur montre au plus haut degré son talent d'observateur réaliste. On l'y voit sortir quelque peu de son impassibilité coutumière quant aux jugements qu'il porte sur les hommes. Mais le trait général de son style en prose, c'est aussi le mouvement, les variations brusques, le passage du sérieux au comique, de la tristesse à la joie, du pessimisme à un optimisme qui s'affirme du reste foncier chez cet écrivain toujours indulgent et détaché. C'est encore bien là ce qui caractérise le renku de l'école Danrin. Cela est sensible dès la première œuvre de l'auteur, du genre *kôshoku-mono* : le roman *Kôshoku ichidai otoko (Vie d'un ami de la volupté)*, paru à Ôsaka, au milieu du dixième mois de 1682, en huit volumes illustrés de cinquante-quatre gravures en noir attribuées à l'auteur lui-même. C'est une œuvre décousue, sorte de chaîne d'épisodes. Il y en a cinquante-quatre, autant que le nombre des chapitres du *Genji-monogatari*, et ce n'est pas simple coïncidence, car le héros du livre, Yonosuke, est une parodie plébéienne de Hikaru Genji, Prince Charmant et charmeur du palais impérial, héros galant de ce roman composé au commencement du XIe siècle par Murasaki Shikibu, dame de la cour. Seulement, le théâtre des amours de Yonosuke n'est pas le palais impérial : ce sont les lupanars du pays. Cette transposition révèle une tendance très marquée chez Saikaku, et qui signale l'esprit des hommes d'Ôsaka : ils aiment parodier une condition noble et la ravaler à une humble existence. Cet esprit (qui se nomme *tengô*) se manifeste fréquemment dans les écrits de Saikaku. On le voit souvent insérer dans une de ses phrases une allusion littéraire empruntée aux classiques, mais c'est généralement pour la rendre burlesque, ou tout au moins pour lui donner une tournure légèrement comique.

Le *Shoen-ôkagami* (« Le grand miroir de la galanterie ») qui a pour sous-titre « Kôshoku ni-dai-otoko » (c'est-à-dire « Vie d'un voluptueux de la deuxième génération ») a pour héros Yoden, fils abandonné de Yonosuke. Par contraste avec les peintures de *Ichidai otoko*, l'ouvrage montre le côté misérable et impitoyable de ce qu'on appelle « quartier des plaisirs ». Avec cet ouvrage, Saikaku se sépare d'une littérature qui traite spécialement des lupanars, bien qu'il y revienne en partie dans le chapitre IV du premier livre et dans le chapitre I du deuxième livre de *Kôshoku ichidai onna (Vie d'une amie de la volupté)*, quand son héroïne devient courtisane au quartier de Shimabara à Kyôto.

Cependant, comme tout haïkaïste, Saikaku aimait recueillir des impressions ou des racontars, et c'est au cours de ses voyages qu'il pouvait le mieux en faire collection. Les trente-cinq histoires curieuses écoutées par lui dans les provinces qu'il avait parcourues ont formé la matière des *Shokoku-banashi (Contes des provinces)*, ouvrage paru en cinq volumes le premier mois de 1685, à Ôsaka. Ceci est un autre aspect de son activité littéraire qui se manifestera encore le onzième mois de 1686 dans le recueil de vingt contes, en cinq volumes, édités à la fois à Ôsaka et à Edo, sous le titre *Honchô Nijû-fukô* (« Les vingt exemples de manque de piété filiale au Japon »), titre contrastant ici avec les « Vingt-quatre exemples de piété filiale » *(Nijûshi-kô)*, ouvrage chinois alors populaire en traduction japonaise.

Au deuxième mois de la même année 1686, Saikaku fit paraître *Kôshoku gonin onna, Cinq Amoureuses*. Bien que traités par l'auteur avec une certaine fantaisie, les cinq récits se rapportent à des faits réels. Notre commentaire a essayé de montrer que l'expression *kôshoku* (amour de la volupté) qui se trouve également qualifier Yonosuke de *Ichidai otoko*, prend dans *Gonin onna* un sens assez différent. Il s'agit bien, sans doute, de l'amour sensuel — l'amour platonique ou mystique ne se traduisant pas au Japon dans la littérature — mais, toutefois, d'une passion naturelle, librement consentie, sans rien de vénal et s'affirmant avec indépendance chez des femmes qui ont pris conscience d'elles-mêmes. Cette œuvre s'apparente en outre, pour la forme, malgré la division assez artificielle de chaque récit en cinq chapitres, au genre *Contes des provinces*, chacun des drames ayant pour théâtre un lieu différent.

Dans le domaine des *kôshoku-mono* (choses concernant la volupté) se place encore, la même année, décidément féconde pour Saikaku, le roman *Kôshoku ichidai onna*, paru le sixième mois à Ôsaka, en six volumes. Chaque tome comprend quatre chapitres, illustrés chacun d'une gravure en noir par Yoshida Hambei. L'ouvrage n'est pas signé. C'est la confession que fait à deux jeunes libertins une vieille femme qui s'est retirée dans un ermitage au nord de Kyôto pour y vivre paisiblement après une vie orageuse qui la fit passer par tous les degrés de l'amour vénal, pour gagner sa vie, mais en conservant toujours le goût de la volupté. Cette manière de conter, pratiquée pendant le Moyen Age dans la littérature d'inspiration bouddhique, s'appelle *zange-banashi* (récit par repentir). Il correspond à nos « confessions ». Saikaku a vraisemblablement reporté sur une même héroïne (à laquelle il ne donne pas de nom) un certain nombre de confessions de femmes. Le contraste est frappant entre la condition précaire et misérable qu'occupe la femme et la vie de dilettante insouciant que mène le noceur Yonosuke héros de *Ichidai otoko*. Les vingt-quatre chapitres présentent une succession d'autant de tableaux de la vie de Ichidai onna et il semble bien improbable que cette seule femme ait pu survivre à tant de pénibles épreuves. L'ouvrage est en tout cas l'un des rares documents sur les divers aspects de la prostitution à cette époque, ainsi que sur le peu d'activité professionnelle que la société féodale des Tokugawa permettait aux femmes. Seule la prostitution clandestine, qui échappait à la dure réglementation des quartiers clos, leur assurait quelque liberté individuelle, quand elles s'étaient affranchies de la tyrannie familiale.

Dans *Kôshoku ichidai otoko*, Saikaku montre la désinvolture des mœurs amoureuses de Yonosuke, que toute une vie de frivole galanterie n'arrive pas à assagir. Ensuite, il avait décrit la tyrannie de la passion amoureuse chez deux des héroïnes de *Gonin onna :* O-sen, épouse du brave tonnelier, devient avant son suicide complètement esclave d'une passion pour elle neuve; elle en oublie toute règle sociale et toute retenue; épouse de l'éditeur d'almanachs, coquette depuis son adolescence, O-sen se laisse emporter par la passion charnelle qu'un hasard lui fait éprouver pour un homme plus jeune que son mari;

elle fait fi de tout, et ne craint pas la mort dont sera puni son adultère.

Il est permis de penser que cet aspect tragique de la passion amoureuse qui s'empare des femmes l'a conduit bientôt après à publier ce roman-ci, qui par son titre seul s'oppose à *Ichidai otoko*, en est comme le pendant. C'est aussi le contraste de l'ombre et de la lumière; misérable, la vie de l'amie de la volupté (à laquelle Saikaku ne donne pas même de nom), s'oppose au brillant de l'existence du voluptueux Yonosuke, à sa joie virile.

Saikaku s'est peut-être inspiré d'un roman plus ancien. Sous les Tokugawa, parmi les romans populaires écrits en *kana*, on trouve en effet l'histoire des trois bonzesses (*Sannin bikuni* parue en 1635). Saikaku avait dû avoir également connaissance d'un roman plus récent du même caractère, le *Keshizumi* (1677), dont l'intrigue lui a apparemment servi directement de modèle. Devenue bonzesse et retirée dans un ermitage à l'ouest de la capitale, une ancienne courtisane du quartier de Shimabara à Kyôto raconte sa vie passée au lupanar, et décrit les divers aspects de ce quartier.

Après avoir représenté les mœurs amoureuses des hommes et des femmes du peuple, Saikaku s'essaie à des récits concernant les hommes d'armes : ceux qui portent les deux sabres se placent au sommet de l'échelle sociale.

En 1687, il publie, à Ôsaka et à Edo, sous le titre de *Budô-denrai-ki* (« Récits traditionnels de la voie des guerriers »), en huit volumes signés de lui, contenant chacun quatre récits, trente-deux histoires de vengeance qui ont eu lieu dans tout le pays. La vengeance avait été autorisée à certaines conditions, afin de maintenir le prestige et l'honneur des *buke*. Saikaku, homme du peuple, l'envisage d'une manière critique, assez différente de celle des écrivains traditionnels qui l'ont toujours exaltée. (Tout un répertoire très goûté du drame populaire est consacré à l'exercice des vengeances.)

En 1688, à Ôsaka, Kyôto et à Edo, le *Buke-giri-monogatari* (« Contes sur la fidélité des *buke* »), en six volumes contenant vingt-sept histoires où Saikaku exalte ce sentiment, qui est le premier devoir et le plus caractéristique de la classe supérieure des militaires.

En 1687, parut à la fois dans les trois grandes villes le *Nanshoku-ôkagami* (« Le grand miroir de la pédérastie ») en huit volumes, avec le sous-titre de *Honchô waka fûzoku* (« Mœurs des mignons de ce pays »). Chaque volume comprend cinq récits. La première moitié se réfère aux militaires, la seconde aux gens du théâtre.

La partie concernant les militaires contient des histoires de vengeance, de jalousie, de rivalité, de fidélité qui apparentent leur genre à la fois aux *kôshoku-mono* et aux *buke-mono*.

Quant à la seconde partie, il serait possible de reconnaître, parmi les personnages, certains acteurs célèbres à l'époque. Saikaku n'a pas eu à faire grand effort d'imagination : il lui a suffi de raconter ce qui se disait alors et que rapportaient des ouvrages spécialisés du genre *hyôban-ki*, sorte de guide concernant soit les courtisanes célèbres des lupanars, soit les acteurs se livrant à la pédérastie.

Pendant le quinzième siècle, on trouvait déjà des récits de ce genre à propos surtout des mœurs des bonzes à qui leur règle interdisait la fréquentation des femmes. Mais Saikaku fit école : après lui, parurent beaucoup de romans sur l'homosexualité.

Homme du peuple, Saikaku n'était pas en situation d'avoir une connaissance intime du mode de vie des *bushi*, ni de leur tempérament. Aussi pourrait-on reprocher à ces *buke-mono* de manquer de réalisme. En revanche, cette faiblesse n'apparaît aucunement dans la partie des œuvres où l'auteur observe les mœurs des gens de sa classe, celle des *chônin*. Elle offre une documentation de premier ordre sur les citadins, et présente un vif intérêt pour l'homme de lettres comme pour l'historien de la société japonaise.

Le premier en date des *chônin-mono* est le *Nippon Eitai-gura*, édité dans les trois villes en 1688 (6 volumes divisés chacun en cinq chapitres formant séparément un récit complet, soit, au total, trente histoires). Dans le *Buke-giri-monogatari*, Saikaku donne des exemples de la haute moralité des samurais, mais il ne manque pas de dire, par fierté pour la sienne, que chaque classe sociale a sa morale particulière qui répond à son habit. A l'époque, les *chônin* qui formaient déjà la première puissance financière du pays au sein du nouveau régime d'économie monétaire, avaient acquis une haute conscience d'eux-mêmes. Dans le présent ouvrage, Saikaku se propose de leur montrer comment on s'enrichit honnêtement afin de jouir de la vie. Son livre a donc quelque chose de didactique et ce n'est pas sans motif qu'il lui donne comme sous-titre « Le nouvel enseignement pour les gens importants grandement fortunés », ce qui rappelle un livre du même genre, paru en 1621, sous le simple titre de « Conseils aux gens pour devenir riches », qu'il a voulu amplifier sous une forme plus littéraire et mettre en conformité avec la grande prospérité commerciale du moment à Ôsaka. Le titre *Nippon Eitai-gura* serait assez difficile à interpréter si l'auteur n'en donnait pas l'explication à la fin du sixième et dernier volume : « en vue de l'intérêt de ceux qui l'examineront dans la suite des temps, se trouvent ici transcrites, *dans le grand livre du commerçant*, les histoires des richards du Japon. Le livre sera déposé dans le "magasin perpétuel" (où sont conservées les richesses). » Ainsi l'ouvrage est un recueil d'histoires édifiantes, modèles à imiter pour ceux qui voudront s'enrichir. Les exemples donnés sont transparents, et l'on retrouve aisément les originaux derrière des noms à peine déformés. Enseignements positifs par des exemples; mais conseils également pour éviter la ruine. Cependant, l'auteur cite encore des cas de marchands sans scrupule. Son observation de la vie économique montre que ceux qui sont dépourvus de capital ne peuvent espérer prospérer, et sont condamnés à la médiocrité. Il découvre ainsi l'insensibilité d'une société capitaliste où l'argent engendre l'argent. Aussi, dans ses dernières années, Saikaku sera-t-il amené à compatir au sort de la foule des *chônin* médiocres, qui n'ont aucun espoir de s'enrichir, et à décrire leur misérable vie.

C'est ce qu'il a fait dans *Seken muna-zanyô* (cinq volumes publiés en 1692, dans les trois villes). Signée Saikaku, c'est la dernière œuvre éditée de son vivant. Chaque volume contient quatre récits. Ici, la manière change. Jusqu'alors, il avait raconté les faits et gestes de personnages particuliers. Ici, c'est la foule du peuple de moyenne et basse condition qu'il fait défiler, absorbée dans sa lutte pour l'existence. Il la met en scène dans la situation pénible et comique du dernier jour de l'année, celui du règlement des comptes, quand les créanciers sont à la poursuite de leurs débiteurs qui cherchent à se cacher. Les types sont cette fois anonymes et nous font faire plus ample connaissance avec les représentants de ces petites gens qui souffraient de plus en plus à mesure que le règne de l'argent se faisait plus implacable pour eux : maris, pères, retraités des affaires, femmes mariées, distinguées ou vulgaires, vieilles, fils, commis, garçons commissionnaires, marchands, mendiants, hommes tombés dans la misère, etc., tous pitoyables. Mais, fréquemment, à des scènes d'un tragique réalisme se mêle un élément comique bien dosé qui ne tourne pas à la farce. L'œuvre est tragi-comique, sans rhétorique, extrêmement vivante. L'auteur avait vécu en même temps que se développait avec ses abus le capitalisme nouveau; il devait même souffrir à l'époque d'une certaine gêne, l'homme de lettres ne faisant pas alors fortune, tout au contraire d'aujourd'hui au Japon, et Saikaku, qui menait une vie fantaisiste, avait dû dissiper en grande partie son avoir. *Muna-zanyô* est l'œuvre qui a le plus vivement frappé les romanciers réalistes du Japon contemporain, dans une société capitaliste qui engendre les mêmes misères.

Nous n'avons jusqu'ici passé en revue que les œuvres principales de Saikaku.

Voici la liste des œuvres importantes :

1° *Wankyû-issei-monogatari* (« Le roman de toute la vie de Wankyû »), sans nom d'auteur, attribué à Saikaku. Édité à Ôsaka, en deux volumes en 1685. Tenant à la fois des genres conte et *kôshoku-mono*, c'est le récit des débauches de Wan-ya Kyûbei, personnage qui s'était rendu célèbre à l'époque par ses prodigalités pour les courtisanes et qui, tombé dans la misère, se noya accidentellement.

2° *Kindai-yasa-inja* (« Les ermites raffinés du monde contemporain »), sans nom d'auteur, attribué à Saikaku, qui en aurait autographié les vingt-cinq chapitres illustrés d'autant de gravures en noir qu'il aurait dessinées. Ce sont des contes fantastiques, récits d'un bonze qui rend visite aux ermites du pays. Édité à Ôsaka, en cinq volumes, 1686.

3° *Futokoro-suzuri* (« L'écritoire portée sur la poitrine »). Recueil de vingt-cinq contes extraordinaires recueillis par l'auteur au cours d'un voyage entre Kyôto et Edo. Genre des *shokoku-banashi*. Édité à Ôsaka, en cinq volumes, 1687. Illustrations attribuées à Yoshida Hambe.

4° *Irozato sanjo setai* (« Ménages établis dans trois endroits du pays de la volupté ») (*irozato* désignant le lupanar). Paru en trois volumes, 1688. Recueil de contes sur les mœurs amoureuses des militaires. Genre à la fois *kôshoku-mono* et *buke-mono*.

5° *Shin-kashôki* (« Le nouveau Kashôki »). 1688, Ôsaka et Edo, en cinq volumes. Le *Kashôki*, *kana-zôshi* publié en 1642, en cinq volumes, contient environ quatre cents récits satiriques et comiques. Peut se placer dans la catégorie des *buke-mono.*

6° *Kôshoku-seisui-ki* (« Récits sur la grandeur et la décadence des voluptueux »), cinq volumes publiés à Ôsaka et Edo en 1688. Catégorie des *kôshoku-mono.*

7° *Hitome-tamaboko* (« Les routes vues d'un coup d'œil »). Guide illustré de voyage pour tout le pays (une gravure par page), 1689.

8° *Honchô-ôin-hiji.* Transposition, pour l'adapter au Japon, d'un recueil chinois, d'affaires judiciaires, intitulé *Tôin-hiji* (chinois : *T'ang-yin pi-che*), composé par Kouei Wan-jong sous les Songs, dont une adaptation japonaise, le *Tôin-hiji monogatari* était à l'époque assez populaire, comme le sont aujourd'hui les romans policiers. Par allusion comique, fréquente chez lui, Saikaku a changé *tô* poirier sauvage en *ô* (*sakura*, cerisier, symbole du Japon); *in* signifiant ombre, on a ici « à l'ombre du cerisier ».

Cinq volumes illustrés par Yoshida Hambe édités en 1689 à Ôsaka et Edo (récits de quarante-quatre affaires de tribunaux).

9° *Ukiyo-eigwa ichidai otoko* (« Vie d'un homme dans la prospérité en ce monde flottant »), publié à Ôsaka, 1693, sept mois avant la mort de l'auteur.

De 1682 à 1693, Saikaku fit paraître, de la sorte, une vingtaine d'ouvrages du genre *ukiyo-zôshi*, sans compter ses recueils de haïkaïs. Il laissa en outre six autres ouvrages qui sont d'un grand intérêt pour la connaissance de ses idées au déclin de sa vie trop brève.

Dès que lui parvint la nouvelle que son maître Saikaku, malade depuis plusieurs années, était à toute extrémité, Hôjô Dansui (1663-1711), disciple favori qui tenait école de haïkaï à Kyôto, accourut à Ôsaka. Par une pieuse attention pour le défunt, il habita sa maison pendant sept années, au cours desquelles il put mettre en ordre les papiers qu'avait laissés Saikaku. C'est ainsi que, de 1693 à 1699, il fit éditer les six ouvrages suivants :

Saikaku Oki-miyage (« Le présent laissé en souvenir par Saikaku »).

Publié pendant l'hiver 1693 à l'occasion de la cérémonie funéraire bouddhique célébrée le centième jour après la mort, survenue le 10 du huitième mois précédent, en cinq volumes.

En première page, Dansui produit le portrait du maître en tenue de bonze, ainsi que son poème d'adieu au monde : « Aux cinquante années, limite de la vie humaine, il m'a été ajouté un supplément : à la fin j'ai passé deux années encore à voir la lune de ce monde flottant. » Suivent la date : à cinquante-deux ans, le dixième jour du huitième mois de la sixième année de Genroku (1693), et sept poèmes de disciples et d'amis pour le repos du défunt.

L'ouvrage contient quinze histoires qui racontent la misère où sont tombés des richards ayant dilapidé leur fortune pour des courtisanes, mais qui conservent leur dignité et ne regrettent pas leur passé. Souvent les courtisanes qu'ils ont rachetées ne craignent pas de partager leur humble condition. L'ouvrage se propose de montrer à la fois les dangers de la débauche, et la force d'âme de ceux qui supportent patiemment leur déchéance. Il semble bien que ce soit aussi l'attitude morale de l'auteur, typique du *chônin*, chez lequel la condition, devenue précaire, et l'état de mauvaise santé devaient être dus à des prodigalités anciennes et à des excès dans la poursuite du plaisir.

Le même ouvrage parut à Edo en 1694, sous le titre *Saikaku-Higan-zakura* (« Le cerisier précoce qui fleurit à l'équinoxe du printemps »).

La troisième publication est celle de *Saikaku oridome* (« Le tissage interrompu de Saikaku »), dans les trois grandes villes, par les soins de Dansui (1694). Cet ouvrage devait être la suite de *Nippon Eitai-gura* et avait été commencé en 1688. Il se place ainsi avant *Seken-muna-zanyô*. Préfacé par Saikaku, il se divise en deux parties. La première, en deux volumes, s'intitule *Honchô chônin-kagami* (« Le miroir des *chônin* de ce pays ») et comprend neuf récits. Saikaku s'y montre fataliste. Plus encore en effet que la diligence, l'effort, l'intelligence, l'esprit de combinaison qu'il recommandait dans le *Nippon Eitai-gura*, l'auteur considère que le succès n'est que la rétribution accordée, par la volonté céleste, à l'honnêteté et à la pitié. On y peut voir la preuve du renoncement des *chônin* déshérités par le sort, et qui, dépourvus de biens suffisants pour les faire fructifier, sont impuissants à lutter contre la nouvelle société capitaliste.

Dans la seconde partie, en quatre volumes contenant quatorze récits, intitulée *Yo no hito-gokoro* (« Le cœur des gens de ce monde »), Saikaku observe la vie individuelle des petites gens, leurs goûts, leurs distractions. Sa sympathie va de préférence aux plus modestes, et il n'y défend pas les bourgeois riches. Évolution caractéristique de ses sentiments. Elle avait commencé à se révéler dans le *Yorozu no fumi-hôgu*, ouvrage composé vers 1690-1691, mais qui ne fut point publié du vivant de l'auteur et que nous analysons ci-après.

Dans l'ordre chronologique de ces publications posthumes, nous devons placer auparavant la quatrième : *Saikaku-tsure-zure* (« Les propos d'un solitaire à la manière vulgaire », par Saikaku) éditée à Ôsaka et Kyôto, en cinq volumes (1695), dans lesquels Dansui inclut dix-huit histoires curieuses, illustrées d'autant de gravures. Le titre est une réminiscence de celui du célèbre recueil d'essais, le *Tsure-zure-gusa* par Yoshida Kenkô, dont Saikaku faisait sa lecture favorite.

En cinquième lieu, se place la très curieuse œuvre intitulée *Yorozu no fumi-hôgu* (« Dix milliers [soit : un grand nombre] de lettres à jeter à la corbeille ») éditée par les soins de Dansui à la fois à Ôsaka, Kyôto et Edo (1696). Comme son titre l'indique, c'est un recueil de dix-sept nouvelles, illustrées de seize gravures, composées sous la curieuse forme de lettres, réparties en cinq volumes. Le roman épistolaire, composé en une prose de style particulier, n'était pas, strictement parlant, une nouveauté à l'époque. Sans parler des lettres que contiennent les *monogatari*, on trouve des romans composés sous cette forme aux époques de Kamakura (1185-1333) et de Muromachi (1392-1573), par exemple dans les *O-togi-zôshi* (contes populaires inspirés du bouddhisme et du confucianisme, de caractère éducatif fréquent, composés en grand nombre à la fin de l'époque de Muromachi). On y rencontre, avec leur réponse, des lettres d'amour. Mais il s'agit généralement d'affaires entre gens appartenant aux classes nobles. Ces textes servirent de modèles du genre. Mais les circonstances du recueil de Saikaku ne se rapportent pas seulement à des affaires passionnelles; s'y ajoute le drame des difficultés de l'existence et de ses hontes à une époque où les couches moyennes des *chônin*, ne pouvaient plus rivaliser avec ceux entre les mains desquels s'était concentrée la richesse.

Enfin, en tout dernier lieu, vient le *Nagori no tomo* (« Les amis quittés avec regret ») ouvrage publié par Dansui, en cinq volumes (1699). Il l'a préfacé et fait graver sur planches selon la main même de Saikaku. Comme son titre le suggère, c'est un recueil de souvenirs des relations de l'auteur avec ses confrères haïkaïstes.

Par une sorte de pudeur, les auteurs japonais d'autrefois

n'avaient pas l'habitude de se raconter. Saikaku ne fait pas exception. Mais ses réflexions permettent de noter sa moralité, qui est bien celle des *chônin* d'Ôsaka. Ses œuvres concernant les gens de sa classe sont, sur ce point, révélatrices. Il reste optimiste et philanthrope. Satirique, il montre surtout une humeur comique, mais il est sans méchanceté. Pour étonner le lecteur et le retenir par sa drôlerie, il aime travestir les clichés classiques (transposition burlesque, plaisanterie familière aux gens d'Ôsaka, dont, en gros, il incarne l'esprit).

Saikaku avait une personnalité forte, une vitalité intense, et propension à s'imposer. Tout original qu'il était, il ne craignait pas, comme les classiques européens du XVIIe siècle, de s'approprier la matière des autres écrivains, médiocres ou classiques.

A l'époque de Saikaku, il n'y avait pas encore un monde d'écrivains exposés comme de nos jours à la critique littéraire. C'est pourquoi nous n'avons sur la biographie de Saikaku que de très maigres renseignements. Encore n'ont-ils été exhumés qu'assez récemment. Le plus important à ce jour est celui que découvrit le professeur Fujimura Tsukuru, actuellement doyen des spécialistes de la littérature d'Edo, dans le sixième volume d'un recueil d'essais intitulé *Kemmon-dansô* (« Collection de récits de choses vues et entendues »), composés par Itô Baiu (1683-1745), deuxième fils du célèbre lettré Itô Jinsai (1627-1705). Il l'a publié dans un article de la revue spécialisée *Kokugo to Kokubun gaku* (« Langue et littérature nationales »), paru en janvier 1929. En voici la traduction :

« Vers l'époque des ères Jôkyô (1684-1688) et Genroku (1688-1703) vécut au port d'Ôsaka, province de Settsu, un chônin nommé Hirayama Tôgo [1].

« Il avait du bien, mais sa femme mourut tôt [2] et bien qu'il eût une fille, elle était aveugle et elle mourut aussi [3]. Il céda ses affaires à un commis et sans pour cela se faire bonze, mena une vie libre. Tout comme un religieux en voyage, il se mit en route, un sac de moine mendiant passé à son cou, fit le tour des provinces pendant six mois et revint au logis. Très amateur

1. Il est possible que Saikaku, dont le nom de famille est « Ihara », ait pris de temps à autre, à sa convenance, le nom de sa mère.

2. Elle mourut le 3 du quatrième mois de 1675, à l'âge de vingt-quatre ans (il en avait trente-trois alors).

3. Sa fille aveugle mourut le 24 du troisième mois de 1692. Elle partage son tombeau.

de haïkaï, il avait de la prédilection pour le maître Isshô [1].

« Dans la suite, il établit son genre personnel et changea son nom en celui de Saikaku [2]. Il composa le *Eitai-gura*, le *Nishi no umi* [3] et le *Sejô-shimin-hinagata* [4]. Il sut rendre les circonstances heureuses ou malheureuses de ce monde, les sentiments du regret, du malheur et de la privation, et il avait, de naissance, un sens très vif de l'humanité. Il avait un mode de vie particulier, sans cependant être affecté par les habitudes taoïstes. Quand, sur le chemin de son retour à sa province, le marquis Kuroda [5] passa par Ôsaka, il l'appela à sa résidence et écouta les récits qu'il l'avait prié de faire dans une salle contiguë. Il le louangea, disant qu'il avait la capacité d'arriver à réussir en ce monde, si on lui confiait des missions délicates comme celles d'envoyé, d'enquêteur, de gardien. »

Le récit rapporté par Baiu paraît conforme à la réalité. Il a dû en recueillir les éléments de la bouche de son frère aîné Itô Tôgai (1670-1736). Celui-ci avait entendu parler de Saikaku par des amis du défunt qui reçurent son père et lui lorsqu'ils vinrent de Kyôto à Ôsaka. La visite de Jinsai accompagné de Tôgai doit se placer avant 1705, soit au maximum une dizaine d'années après la mort de Saikaku. Baiu avait alors vingt ans au plus.

Jusqu'à la découverte du professeur Fujimura, on ne connaissait guère, concernant Saikaku, que l'envieuse critique du romancier Takizawa Bakin (1767-1848) incapable de juger sainement le talent de son devancier, car il n'était pas haïkaïste et son attention n'était pas tournée vers une observation réaliste des mœurs. Bakin est en effet connu pour ses romans de très longue haleine, œuvres de pure imagination, ou adaptations

1. Isshô est le nom de haïkaïste de Haga (1643-1707). Il appartenait, comme à l'origine Saikaku, à l'école de Teimon. Il a laissé un portrait de Saikaku.

2. Saikaku avait d'abord choisi comme nom de lettré Kakuei (en 1666, à vingt-quatre ans). Il le changea en Saikaku pendant l'hiver de 1673, à trente et un ans.

3 et 4. On ne trouve pas ces titres dans la liste des ouvrages de Saikaku que nous avons donnée ci-dessus. Il est possible toutefois que ce soient des titres ayant servi à dissimuler le nom véritable pour échapper à la censure. *Nishi no umi* signifie « la mer de l'Ouest » et *Sejô-shimin-hinagata*, « Modèles des quatre classes du peuple en ce monde ».

5. Il doit ici s'agir du marquis Kuroda Mitsuyuki (1628-1707), seigneur de la province de Chikuzen ayant son château à Fukuoka (nord de Kyûshû) et qui avait un revenu de 520 000 *koku* de riz. Il avait un *kura-yashiki* à Ôsaka.

de non moins longs romans chinois. Il était fort savant, mais son style monotone manque de vigueur. Voici quels propos il tient sur Saikaku dans le *Sekien-zasshi*, recueil d'essais divers en cinq volumes, publié en 1811.

« Saikaku appartenait à la famille Ihara établie depuis longtemps dans le quartier de Yariya-machi, à Ôsaka. Bien que cet homme n'eût enfermé en son ventre aucun caractère chinois [1], il a été capable d'écrire beaucoup de volumes de littérature légère concernant les mœurs de son temps et pendant un moment grande fut sa vaine popularité. Il a écrit : *Nanshoku-ôkagami* (« Le grand miroir de la pédérastie »), *Saikaku Oridome* [2], *Seken-muna-zanyô*, *Hitome-tamaboko*, *Nippon Eitai-kagami* [3], *Saikaku Oki-miyage*, *Saikaku Higan-zakura*, *Nagori no tomo* et quelques autres ouvrages. Le genre des œuvres comiques que lisent actuellement les gens a été inauguré par lui. »

Le succès que Saikaku avait trouvé de son vivant auprès des lecteurs, et qui se poursuivait encore dans les dix années qui suivirent sa mort, tandis qu'aucun écrivain ne réussissait à l'égaler, suscita quelques remarques malveillantes du romancier Miyako no Nishiki dans son *Shogei Taiheiki*, paru en 1702, en huit volumes (le titre pourrait se traduire par « chroniques [analogues à celles du Taiheiki qui racontent les guerres de la première moitié du XIVe siècle] concernant les arts divers) — et qui contient des jugements et des critiques sur les personnalités des lettres, des éditeurs, des acteurs et des courtisanes de l'époque de Genroku (1688-1703) :

Volume I : « Les libraires font l'éloge de Saikaku et considèrent que personne n'a pris sa place après sa mort. »

Mais, volume II, dénigrement :

« Saikaku n'est qu'un amuseur, ni lettré, ni instruit. Son esprit n'est capable que de jugements fragmentaires. Il tient

1. Il est vrai que Saikaku commet souvent, aux yeux d'un puriste, des fautes grossières quant à l'écriture des caractères chinois, bien que sa calligraphie de genre cursif et mi-cursif soit très élégante. Ce qui comptait pour lui, c'était le style plutôt que l'orthographe. Quant à la grammaire, connue alors seulement d'une façon empirique, il en ignorait parfois les règles, surtout celles de l'accord des formes du verbe avec des particules emphatiques. La jalousie de Bakin, qui eût été bien incapable d'égaler Saikaku pour le style, est ici évidente. On ne le lit plus guère aujourd'hui, car il est fastidieux.

2. Le sens des titres des œuvres de Saikaku a été donné plus haut; nous ne le répétons pas ici.

3. Il s'agit évidemment du *Nippon Eitai-gura*.

des propos inconsidérés et médisants qui nuisent au renom des gens. »

Dans le volume III, médisance : « A noter son indifférence à tenir sa parole : ayant promis au libraire Ikenoya Jirôemon d'écrire, en trois volumes, un ouvrage intitulé *Kôshoku ukiyo no odori* « Les danses voluptueuses de ce monde flottant », contre remise d'une avance de trois cents *ryô*, il fait traîner la chose, et meurt sans avoir remis son manuscrit au libraire. »

S'il est vrai que Saikaku ne trace pas toujours très correctement les caractères chinois, est-il juste de lui reprocher son ignorance de la littérature ?

La lecture même de ses œuvres permet de rectifier aussitôt un jugement aussi malveillant. Comme haïkaïste, il avait, sans nul doute, une connaissance assez étendue des anthologies poétiques classiques. En outre, dans ses œuvres en prose, on relève nombre de réminiscences ou d'allusions aux œuvres anciennes. Pour *Gonin onna*, nous les avons indiquées fréquemment dans les notes; il en est de même pour ce roman-ci. Nous avons eu en outre la curiosité d'en faire la statistique pour la première œuvre en prose, le *Ichidai otoko*. Elle montre que la source principale est dans les nôs, à proportion de trente-cinq pour ceux-ci; onze emprunts à l'anthologie poétique du *Kokin-shû ;* six au *Shin-kokin-shû ;* six au roman *Ise-monogatari*, cinq au *Tsure-zure-gusa*, recueil de pensées et de récits divers. En outre, Saikaku aime rappeler les dictons et les proverbes. Son savoir en chinois écrit est plus difficile à découvrir, mais il avait dû lire Confucius et Mencius.

Les disciples de Saikaku, qui assistèrent à ses derniers moments, déposèrent ses cendres dans la tombe de famille qui devait avoir reçu, dix-huit ans auparavant, celles de sa femme, morte à vingt-quatre ans, et l'année précédente celles de sa fille aveugle. Le nom de celle-ci est gravé sur l'un des côtés de la stèle.

Cette tombe se trouve encore dans le cimetière du temple bouddhique Seigan-ji, dépendance, à Ôsaka, de celui qui, à Kyôto, porte le même nom (secte du Jôdo-shû). De face, la stèle porte, gravée, l'inscription qui se lit : « Senkô-Saikaku » et signifie : *Sen* (l'immortel, le génie de la croyance taoïste), *kô* (illustre, d'un blanc étincelant) *Saikaku*, soit Saikaku, illustre comme un immortel. *Senkô* est le *hômyô*, nom posthume donné au défunt par le temple. Des travaux ayant été exécutés en bordure du temple, la stèle se trouva, comme résultat, enchâssée dans le mur d'enceinte. Le romancier Kôda Rohan (1867-1947), grand admirateur de Saikaku, à la recherche de la tombe quasi abandonnée, ayant découvert la stèle, la fit dégager et transférer au sud-ouest du temple. Tout le quartier, affecté à un grand nombre de temples, ayant été détruit par les bombardements de la dernière guerre, ses temples ont été incendiés, y compris le Seigan-ji, dont il nous a été assez difficile de trouver l'emplacement en novembre 1957. Les tombes étaient cependant restées et nous avons pu fleurir, selon les rites, celle de Saikaku et brûler l'encens devant sa stèle.

Mais il nous reste aussi quatre portraits authentiques de Saikaku, qui permettent de se le représenter à diverses époques de sa vie.

Le premier, qui le montre à trente et un ans, se trouve dans le *Ôsaka-hai-kasen*, recueil, publié en 1673, de trente-six portraits de haïkaïstes connus à l'époque à Ôsaka. C'est l'année où il composa 10 000 pièces de haïkaï à Ikutama, Ôsaka. Il n'a pas encore la tête tondue.

Le deuxième, inséré dans le recueil de haïkaïs intitulé *Haikai-hyakunin-ikku Naniwa-shikishi* (« De haïkaïs, une centaine, une pièce par poète, tracées sur un carton à Naniwa » [autre nom pour Ôsaka] publié en 1681, Saikaku a alors trente-neuf ans. Il a adopté la tenue dite *hôtai* (tenue de la loi bouddhique), semblable à celle d'un bonze laïque : tête tondue, comme il convient. Il conservera dès lors cet aspect. Il porte un court manteau blanc et un sabre très recourbé.

Le troisième se trouve en première page de l'ouvrage posthume *Oki-miyage* et serait dû au pinceau même de l'auteur qui l'aurait tracé, comme souvenir, à la demande de son disciple Dansui.

Mais c'est le quatrième, peinture en couleurs faite par son camarade, le haïkaïste et peintre Haga Isshô (1645-1707), qui en donne l'aspect le plus vivant et familier. On l'y voit participant apparemment à une causerie, dans l'attitude de celui qui écoute, les mains posées l'une sur l'autre. Dans tous ces portraits, on note sa grosse tête, d'une rondeur caractéristique.

L'école Danrin ne survécut pas longtemps à Saikaku. Cette école de haïkaï, qui traduisait si bien, par son objectivité, le sentiment populaire, tomba dans une telle vulgarité que peu à peu ses adeptes, aspirant à un idéal plus relevé, l'abandonnèrent pour passer à celle de Bashô (1644-1694), d'une tenue plus haute.

Cependant, le roman était arrivé, avec Saikaku, à tenir la première place dans la production littéraire. Toutefois, il n'eut pas de véritable continuateur. Son style est inimitable. Aucun de ses successeurs, bien que généralement plus instruits, n'avait eu de formation comparable à la sienne (mûrie longuement par le haïkaï). Aucun d'eux ne possédait, à son degré, un talent aussi personnel d'observation réaliste.

Nous ne pouvons pas retracer ici l'histoire du roman japonais, depuis la mort de Saikaku (1693) jusqu'à la Restauration de Meiji (1868), qui consiste en une grande différenciation des genres, due à la variation du goût des lecteurs, à la formation plus facile et plus complète des auteurs, aux exigences commerciales des libraires éditeurs et aux difficultés créées par le gouvernement shôgunal. Différenciation dans le style également, qui devient soit académique avec Bakin, soit trivial avec les auteurs des *kokkei-bon*. Mais aucun des auteurs (à l'exception de Ueda Akinari [1734-1809]) ne retrouve à la fois la plénitude forte et concise du style de Saikaku. Ce qui montre qu'il n'est pas absolument nécessaire d'être un érudit pour écrire avec sincérité et objectivité, qualités qui se perdirent peu à peu après lui et qui ne se sont retrouvées au Japon que de nos jours. Pendant cette longue période de près de deux siècles où nous assistons à la décadence du roman, Saikaku avait été presque oublié.

Les écrivains de Meiji vont peu à peu le retrouver, et admirer son style, qu'ils chercheront d'abord à imiter. Au sein de la confusion qui après la Restauration régna dans les esprits surtout occupés de réformes politiques, la question importante était de trouver un style nouveau, de créer un vocabulaire pour rendre les idées étrangères. Les prosateurs voulaient rompre avec le style de la fin du shôgunat. C'est alors qu'ils se souvinrent de l'existence de Saikaku. Mais les exemplaires de ses œuvres, devenus très rares, ne se trouvaient plus que chez des bibliophiles.

L'un d'eux, Awashima Kangetsu, né à Edo (1859-1926), écrivain et journaliste, avait dès 1879 commencé une collection de *share-bon*, ouvrages alors délaissés, et dont un lot de deux cents volumes lui était, par hasard, tombé entre les mains. C'est ainsi qu'il se mit à la lecture de Saikaku. Dès 1880-1881, il avait réussi à en réunir partiellement les œuvres. Il les admira au point de choisir comme pseudonyme d'écrivain, celui de « Ai-

Kakuken » (L'auvent de celui qui aime la grue) (le caractère *kaku* qui figure dans le nom de Saikaku signifiant « la grue de l'ouest »). Ce fut lui qui en conseilla vivement la lecture à Kôda Rohan (1867-1947) et Ozaki Kôyô (1867-1903), deux futurs maîtres du mouvement littéraire, à l'époque de Meiji.

Ainsi se préparait un mouvement pour la réhabilitation de Saikaku. Il fut soutenu par la réimpression graduelle de ses œuvres entre 1887 et 1891. L'année 1894 vit paraître, en deux volumes, dans la *Teikoku-bunko* (Bibliothèque impériale), collection destinée à la réimpression de la littérature d'Edo, l'ensemble des principales œuvres, dont l'édition fut revue par Kôyô lui-même.

Ce fut tout d'abord le style de Saikaku qui emporta l'admiration. C'est l'opinion exprimée par Rohan dans son étude sur le romancier et par Kôyô dans son *Genroku-kyô* (L'engouement frénétique pour [la littérature de] Genroku), article paru dans le journal *Kokumin* le 8 mai 1890, et c'est à quoi surtout s'intéressaient les jeunes écrivains du groupe « Kenyûsha » (Société des amis de l'écritoire) fondé en février 1885 sous la direction de Ozaki Kôyô, avec le concours de son camarade Yamada Bimyô (1868-1910). Jusqu'à la mort prématurée de Kôyô, en octobre 1903, l'effort de ce groupe tendait à créer un style nouveau qui répondît aux changements de l'époque.

Aeba Kôson (1855-1922) dans son *Hasuha-musume* (« La fille feuille de lotus », c.-à-d. La fille légère) (1888), Rohan dans *Issetsuna* (« Un instant ») (1889) et *Fûryû-butsu* (« Le bouddha élégant ») (1889), adoptèrent un style relevé, voisin de celui de Saikaku. Mais ce fut surtout Kôyô qui fut le plus attiré vers ce style comme on peut le constater dans *Ninin-bikuni irozange* (« La confession amoureuse de deux bonzesses ») (1889), *Ninin-nyôbô* (« Les deux épouses ») et, plus manifestement encore, dans *Kyara-makura* (« L'oreiller parfumé au *kyara* »).

D'autre part, et bien qu'étrangère au groupe du « Kenyûsha », Higuchi Ichiyô (1872-1896), née à Tôkyô et de formation toute classique (elle fut aussi poétesse de *waka*) fut, quant à la rhétorique et à la syntaxe, profondément influencée par Saikaku, en particulier dans son roman le plus célèbre *Takekurabe* (« Comparaison des tailles ») (1895), mais sa sensibilité de femme, sa mélancolie, lui donnent, pour le fond, un caractère très différent du réaliste de Genroku. Ces auteurs ne trouvèrent leur satisfaction que dans l'aspect brillant de Saikaku.

Cependant, ce furent surtout ceux-là qui, après la dissolution du « Kenyûsha » à la mort de son chef Kôyô (octobre 1903), acclimatèrent au Japon le naturalisme étranger et parvinrent, par comparaison, à mieux comprendre l'œuvre du romancier japonais. L'influence de Saikaku, jusqu'alors superficielle, et marquée dans la forme de l'intrigue, s'exerça alors plus sérieusement.

Après la guerre russo-japonaise (1904-1905), les romanciers naturalistes japonais régnèrent bientôt en maîtres sur la scène littéraire. Ils abandonnèrent le style de Saikaku, car ils se montraient partisans exclusifs du langage parlé. Ozaki Kôyô, pour sa part, ne s'y était résigné jusqu'alors que pour les parties dialoguées de quelques-uns de ses romans, du dernier en date notamment, qu'il laissa inachevé, le *Konjiki Yasha* (« Le démon doré ») (1897).

Le nouveau style, nommé « Gembun-itchi » (accord du langage parlé et du style écrit), avait été introduit par Yamada Bimyô. Ce mouvement avait été préparé d'abord par l'introduction du réalisme russe, celui de Tourgueniev en particulier, que les traductions modèles de Futabatei Shimei (1864-1909), en angage parlé, firent connaître dès 1888. Sous le titre de *Aibiki* (« Le rendez-vous »), tiré des *Récits d'un chasseur*, sa traduction fut pour eux une révélation. Mais le mouvement ne devait se déclencher complètement que plus tard, en août 1907, par la publication de *Futon* (« Le matelas »), de Tayama Katai (1871-1930). Il fut le véritable initiateur de ce mouvement où le poussa surtout l'étude des naturalistes français, Flaubert, Maupassant et Huysmans, celle des Russes Tchekhov, et des Allemands. Le naturalisme japonais devait naturellement ramener l'attention sur le réaliste Saikaku; Katai n'avait pas manqué de s'y intéresser. Il raconte en quelles circonstances cela se fit, dès 1891, quand il rendit visite à Kôyô qui venait de publier en feuilleton, dans le journal *Yomiuri*, *Kyara-makura*, roman fortement influencé par Saikaku : style et composition imités de *Ichidai onna*. C'est alors que le célèbre écrivain engagea le jeune homme à lire les œuvres de Saikaku, dont il trouva les originaux non expurgés à la bibliothèque nationale d'Ueno. Sa première impression fut l'étonnement que lui causa la concision du style, mais il se demanda pourquoi la sexualité en avait fait l'objet. C'est ce qu'il raconte dans son article « Kindai no shôsetsu » (« Le roman moderne »). La mode était alors au romantisme, et Katai y sacrifiait. Mais vers 1905, à son retour de Mandchourie, lorsqu'il lut Maupassant, il se rappela les contes de Saikaku et, à cette occasion relut l'œuvre entière. Ainsi, c'est par l'intermédiaire de Maupassant qu'il reprit contact avec cette expression du réalisme japonais. Il admira surtout *Kôshoku ichidai onna (Une amie de la volupté)*, considérant que l'auteur y montre une observation plus profonde de l'érotisme que Maupassant lui-même. Il fait cette réflexion dans un recueil de pensées *Inki-tsubo* (« L'encrier »), où il souhaite voir présenter aux Européens, ne serait-ce que le contenu des œuvres de Saikaku, vu que leur style en rendrait difficile une traduction intégrale. Il pensait que l'étude de littérature comparée qui pourrait en résulter serait un élément qui, tout en ayant ses racines dans le Japon de Saikaku, y appuierait le développement du mouvement naturaliste, venu de l'étranger. Katai publia, en 1917, son *Saikaku shôron* (« Petit examen critique de Saikaku »). De nouveau, il revient sur la « sexualité » telle que la décrit Saikaku, accusé d'érotisme vulgaire. Mais, selon lui, Saikaku considère le désir sexuel comme un penchant naturel; ni vil, ni sacré. Il a bien su en montrer les extrêmes; l'amusement folâtre ou la passion profonde, absolue jusqu'à la mort; et en distinguer le caractère particulier à chaque sexe : positif chez l'homme et détaché (dans *Ichidai otoko*); passif chez la femme, (dans *Ichidai onna*), avec le besoin de se confier à autrui. Katai admire beaucoup l'œuvre posthume de *Oki-miyage*, à la fois pour le style dépouillé, et pour l'attrait de situations dont on ne trouverait, selon lui, que rarement l'équivalent chez Maupassant ou Tchekhov. Enfin, il apprécie surtout les *chônin-mono* et, en particulier, la manière dont sont traitées les questions d'argent, sur lesquelles il est généralement difficile, et de peu d'intérêt, d'écrire, car, dit-il, « si la femme a de la poésie, l'argent n'en a point ». Et il remarque que, dans *Muna-zanyô*, Saikaku a traité ce sujet avec un réalisme auquel, à ses yeux, Tchekhov n'est pas parvenu.

Katai parlait de Saikaku, non en érudit, mais en homme de lettres et comme critique.

Parmi les nombreux romanciers qui sont influencés par Saikaku, notons surtout Takeda Rintarô et Oda Sakunosuke, parce que, d'une part, ils l'ont pris comme guide par affinité de tempérament, et que, de l'autre, ils lui ont consacré des études.

Takeda Rintarô (1904-1946) est né à Sakai, port situé au sud d'Ôsaka et qui en est la banlieue immédiate. Il passa son enfance à Ôsaka, entra au lycée supérieur de Kyôto, et commença des études supérieures à l'Université impériale de Tôkyô (Section de littérature française). Il les interrompit pour participer à des manifestations socialistes, et s'adonner à la littérature réaliste de cette tendance. Il y avait été poussé par le spectacle de la détresse du petit peuple à Ôsaka et à Tôkyô; dès son adolescence, il avait dévoré les œuvres de Saikaku, les *chônin-mono* surtout, et avait été fortement impressionné par *Muna-zanyô*. Sa première œuvre *Bôryoku* (« La violence ») fut donc un roman socialiste. En 1930, il n'hésita pas à paraphraser le troisième récit du cinquième volume de *Muna-zanyô*, en créant un personnage du type de « Heitarô-dono » dans *Aru joya* (« Une certaine nuit de fin d'année »). A la manière descriptive de Saikaku, il écrivit *Nihon Sammon Opera* (« Un opéra en trois sous ») (1932), *Ginza-hatchôme* (« Le huitième bloc du quartier de Ginza »), *Gekai no nagame* (« Contemplation de l'ici-bas »). En 1936, il fonda la revue *Jimmin-bunko* (La bibliothèque du peuple), avec des confrères partageant ses idées, afin de lutter contre l'oppression idéologique et de maintenir chez les auteurs le sens critique que leur faisait perdre la propagande militariste. La sévérité de la censure condamna la revue à disparaître en janvier 1938.

Dans un long article intitulé « Impressions diverses sur les *chônin-mono* de Saikaku » publié en 1939 dans les *Propos des rues*, Takeda montre, par la comparaison de judicieux extraits de *Eitai-gura*, *Muna-zanyô* et *Honchô Chônin-kagami* (Première partie de *Oridome*), les variations par lesquelles passe l'opinion du maître quant au pouvoir de l'argent, allant d'un optimisme romantique pour aboutir à la reconnaissance de l'horrible réalité : l'incurable misère, contre laquelle l' « ingéniosité » des petits *chônin* ne peut plus rien. Désespéré, ruiné par la guerre, Takeda mourut en 1946.

Oda Sakunosuke, né à Ôsaka en août 1913, mourut tout jeune dans un hôpital de Tôkyô, en janvier 1947. Sa compréhension de la mentalité des gens d'Ôsaka le mettait à même de goûter pleinement le génie de Saikaku, dont il fut l'admirateur. Il abandonna ses études pour s'adonner entièrement à la littérature et, dès juillet 1940, à vingt-sept ans, recevait le prix du roman pour *Meoto-zenzai* (« Bravo, les époux! ») qui décrivait, sous forme de contes à la Saikaku, la vie des petites gens d'Ôsaka. Il avait un attachement pour Stendhal, dont *Le Rouge et le Noir* l'avait vivement impressionné et il trouvait une ressemblance de caractère entre l'auteur français et le romancier de Genroku (le même détachement, le même athéisme, la même sobriété dans le style). En 1942, il publiait à Ôsaka une très longue étude : *Saikaku Shinron* (« Nouvel examen de Saikaku »), en un volume de deux cent soixante-dix pages. Cet ouvrage, tentative d'explication générale de la personnalité et des œuvres de Saikaku par un compatriote qui se sent en profonde parenté d'esprit et de sentiment, nous a beaucoup aidé. Sa conclusion est à retenir. En voici le sens : « Alors que s'effondre l'ancienne structure, pour faire place à une organisation nouvelle, il conviendrait d'agir comme en son temps Saikaku, c'est-à-dire de rompre avec le passé, et de composer une nouvelle littérature réaliste, conforme à l'époque actuelle, comme celle de Saikaku avait répondu à la sienne, ère de nouveautés; littérature qui affirmerait, en un style ferme et puissant, la saine confiance de l'homme en ses propres forces. »

Après la guerre, Oda, considéré à tort comme décadent, continua d'écrire des contes qui décrivent les mœurs populaires, dans *Sesô* « (Aspects du siècle »), *Keiba* (« Les courses de chevaux »), il s'y révolte librement contre les mœurs d'avant-guerre. Il mourut de la poitrine, laissant inachevé le roman *Doyô fujin* (« Femmes du samedi ») que publiait en feuilleton le journal *Yomiuri*.

Nous dirons donc que le *chônin* Saikaku avait eu une conscience nette de la valeur de sa classe, mais que l'état social de l'époque l'obligeait à s'y confiner et à se contenter de sa condition. Il sut pourtant inaugurer un genre nouveau : l'*ukiyô-zôshi*, conte réaliste. Peu après sa mort, ce réalisme ne tarda pas à disparaître du roman, qui ne fit que dégénérer, en dépit de la variété de ses aspects, sous un régime féodal qui n'admettait pas la liberté. Avec la restauration de Meiji, les écrivains se mirent à la recherche d'un style nouveau, mais la plupart n'étaient que des dilettantes.

L'influence de Saikaku s'affirma plus tard avec l'avènement d'un réalisme importé. Un nouveau style, en langage parlé, s'était créé, de sorte que les littérateurs japonais ne cherchèrent plus à imiter celui de Saikaku, dont ils ne retinrent que la concision et la plénitude, entre 1912 et 1930. Enfin, plus tard, quand le mouvement vers le libéralisme s'accentua, avec la prise de conscience d'un peuple que gênaient encore les survivances féodales, des auteurs tels que Takeda Rintarô et Oda Sakunosuke surent enfin pleinement et sincèrement apprécier la pensée de leur compatriote d'Ôsaka. Ces deux écrivains sont morts jeunes. Ils ont des continuateurs et nous ne doutons pas qu'après eux l'influence de Saikaku ne continue à s'exercer, vu la faveur avec laquelle sont accueillies maintenant les éditions annotées et les traductions nouvelles, en langue parlée, de ses œuvres, ce qui les met à la portée du grand public.

Les historiens étrangers de la littérature japonaise, trop peu nombreux jusqu'ici, n'ont guère contribué à faire estimer convenablement Saikaku. Le principal responsable, qui vient au premier rang, à la fois dans le temps et pour le savoir, est l'Anglais Aston (William George, 1841-1911), qui, par son âge, appartenait à l'époque, dite « victorienne », où les mœurs anglaises étaient empreintes d'une extrême pudibonderie. Venu au Japon en 1864, comme élève interprète auprès du ministre d'Angleterre Parkes, Aston acquit bientôt une grande connaissance du langage, grâce à laquelle il put composer des ouvrages (grammaires, traductions) qui devinrent une base pour les étrangers dans leurs études de la langue et de la littérature japonaises. Mais, comme la plupart des spécialistes européens et américains, il ne semble pas avoir poussé bien loin l'étude des œuvres de Saikaku, dont le style, très particulier, irrégulier, a généralement rebuté les étrangers, qui lui ont préféré celui de la grande époque classique de Heian. Bakin, les *ninjô-bon* et les *kokkei-bon* étaient restés populaires à la fin des Tokugawa, et aucune littérature nouvelle n'était encore née en 1864. On ne se souvenait vaguement de Saikaku que comme d'un auteur de *kôshoku-mono*, jugés obscènes selon la tradition qui les avait proscrits. Aston semble avoir enregistré tel quel ce jugement tout fait, sans chercher à vérifier s'il était ou non fondé. Retiré du service diplomatique en 1899, il publia, la même année, sa célèbre *History of Japanese Literature* (London, Heinemann, traduction française par H.D. Davrey, 1902, rééditée en 1921). Des pages 268 à 272 de cet ouvrage, il dit d'abord que la poésie de Saikaku a été volontiers oubliée (ce qui n'est plus aujourd'hui l'avis des savants japonais, qui trouvent de la valeur à ses renkus). Ensuite il répète la médisance de Bakin. D'après lui, les romans de Saikaku, dont la plupart sont sans intérêt, sont surtout la description des mœurs des lupanars, qui forment encore maintenant, dit-il, l'un des traits caractéristiques des principales villes du Japon. Page 269, il a ajouté que les titres mêmes de certains de ces romans sont trop crus pour être cités (Est-ce le mot *kôshoku* qui le gênait ? ou, plutôt, le mot *nanshoku*, si fatal dans sa réalité à Oscar Wilde ?).

Avec ce parti pris bien victorien d'hostile intolérance, Aston conclut que Saikaku n'a écrit qu'un livre décent, un recueil de bavardages avec ses camarades haïkaïstes, le *Saikaku Nagori no tomo*. Cet ouvrage d'importance littéraire secondaire n'est aujourd'hui apprécié que pour les indications qu'il fournit sur les poètes de haïkaï. Encore Aston ne nous en donne-t-il aucun extrait. Des pages 269 à 272, il préfère citer, comme exemple lisible d'un conte pudique de Saikaku, le quatrième récit du premier volume d'un autre ouvrage, le *Futokoro-suzuri* (« L'écritoire placée sur la poitrine »).

S'il revenait en ce monde, le grand savant Aston, auquel je suis très redevable, car il a guidé, par sa grammaire, mes premiers pas dans l'étude de la langue japonaise ancienne, ne pourrait plus maintenir son jugement et je pense qu'il se convaincrait aisément, avec l'esprit libéral de ses compatriotes actuels, que Saikaku n'a jamais écrit délibérément de livres obscènes, pas plus que n'a voulu le faire Maupassant, dont certaines œuvres ont été assez longtemps bannies en Angleterre.

Avant de clore cette introduction, nous n'avons pas encore pu trouver l'histoire de la littérature japonaise (*Geschichte der Japanischen Literatur*, Leipzig, 1909), publiée par Karl Florenz, professeur de littérature allemande à l'Université impériale de Tôkyô, de sorte que nous n'avons pas été à même d'enregistrer son jugement, qu'on peut imaginer moins sévère.

Le professeur W. Gundert, qui donne un excellent résumé des origines des *ukiyo-zôshi* aux pages 111 et 112 de *Die Japanische Literatur* (Wildpark-Potsdam, 1929), continue, pages 113 à 115, en citant les diverses œuvres de Saikaku dont il loue le style. Mais il n'attaque pas l'érotisme des *kôshoku-mono*, blâmant seulement les excès de leurs imitateurs. Ce savant comprenait que Saikaku ne se proposait nullement d'exciter le lecteur, et que l'érotisme chez cet écrivain résultait des situations naturelles où se trouvaient ses personnages. En vue d'un succès de librairie, les auteurs de *kôshoku-bon* venus après lui discréditèrent le genre, qui tomba dans l'obscénité et fut interdit.

M. Kuni Matsuo (Matsuo Kuninosuke) ne s'étend pas

longuement sur ce sujet dans l'*Histoire de la littérature japonaise* qu'il publia en français à Paris (1935) avec la collaboration de M. Alfred Smoular, mais il considère que « ses descriptions de l'amour [...] allant jusqu'à l'obscénité et la pornographie font qu'on le considère comme un écrivain licencieux ».

Il est vrai que M. Matsuo ajoute : « On aurait tort de repousser Saikaku, à cause de son caractère particulier [...], il influença sans aucun doute les écrivains naturalistes qui fleurirent au Japon à la fin du XIXe et au début du XXe siècle. »

En fin de compte, je persiste à penser que le seul remède capable de casser ce jugement d'obscénité, c'est de lire Saikaku d'un esprit libéré de tout préjugé et de réfléchir à la conception toute simple, et sans hypocrisie, que les Japonais se faisaient des rapports charnels à la fin du XVIIe siècle.

Reste à examiner jusqu'à quel point les Européens et les Américains ont à ce jour connu la littérature de Saikaku.

Le trop court exemple donné par Aston n'est pas assez typique pour être retenu, bien qu'il soit le premier en date.

Sur le conseil de M. Gorai Ga, son traducteur, le professeur Michel Revon donne, dans son excellente *Anthologie de la littérature japonaise* (Paris, 1910), la charmante description de l'ermitage où s'est réfugiée l'héroïne de *Ichidai onna*.

En 1927, sous le titre *Contes d'amour des samurai*, M. Satô Kennosuke publia en français à Paris quelques récits tirés des *buke-mono*. Or ce genre n'est pas celui dans lequel Saikaku, homme du peuple, a le mieux manifesté son talent de réaliste puisqu'il ne pouvait connaître directement la classe des militaires.

Ainsi qu'il l'annonçait dans une conférence de mai 1930, le professeur Walter Donat, qui enseignait alors à Hiroshima, doit avoir traduit complètement en allemand *Kôshoku gonin onna*, avec l'aide d'un collègue japonais et les conseils du professeur Suzuki Toshiya, spécialiste d'études sur Saikaku. Une partie de son travail, accompagnée de notes explicatives, ayant paru en 1933, dans le tome I publié par la *Deutsche Gesellschaft für Natur-und Völkerkunde Ost-Asiens*, en célébration du soixantième anniversaire de sa fondation, j'ai pu dernièrement en prendre connaissance. Il s'agit (pages 263 à 280) du troisième volume de l'original traduit sous le titre *Geschichte vom Kalendermacher*, et j'ai constaté avec quel soin M. Donat avait accompli son travail à une époque où il n'avait pas sous la main l'aide des publications faites ultérieurement par les Japonais.

La société allemande m'ayant demandé, à l'époque, de m'associer à sa publication de caractère international, a fort obligeamment imprimé en français, dans son tome II (pages 270 à 304), accompagné de notes, le livre premier de ma traduction de *Kôshoku ichidai onna (Une amie de la volupté)*, qui était prête depuis 1932.

En 1934, le professeur Rahder, de l'Université de Leyde, a publié en anglais, une version du deuxième livre de *Ichidai onna*, dans la revue de son université.

Pendant l'occupation du Japon, qui eut pour résultat de développer les relations culturelles avec les Alliés, de nombreux Américains étudièrent la langue et la littérature de ce pays. L'un d'eux, M. Richard Lane, venu au Japon en 1952-1953 pour y travailler sous la direction des spécialistes japonais, nous semble, parmi ses compatriotes, le mieux informé, de la langue de Saikaku. Il a donné, depuis lors, la primeur de ses travaux dans sa thèse « Post-War Studies of the Novelist Saikaku », publiée dans le *Harvard Journal of Asiatic Studies*, vol. XVIII, 1-2, p. 181-199, juin 1955. Revenu de nouveau au Japon, il y a publié un certain nombre de contes de Saikaku.

La mode étant aux États-Unis aux recherches et publications sur la sexualité, les *kôshoku-mono* de Saikaku ne devaient pas manquer d'y exciter l'intérêt. M. W.M. Theodore de Bary a voulu y répondre en faisant publier, en septembre 1956, par la librairie Tuttle de Tôkyô, une adaptation de *Gonin onna* sous le titre de *Five Women who loved love.* Le livre est d'une lecture agréable et joliment édité, mais la traduction parfois assez éloignée de l'original. L'insuffisance, peut-être voulue, de notes (pour épargner au lecteur la moindre fatigue), a nui quelque peu à l'intelligence du milieu où se déroulait l'action. Il est vrai que le mémoire documenté de M. Richard Lane, annexé au volume, est venu combler cette lacune.

Notre traduction était presque achevée, quand nous eûmes connaissance de la version anglaise due à la collaboration de MM. Keiichi Fujii et P. D. Perkins (s.l.n.d.). Nous l'avons consultée avec intérêt. L'annotation nous a paru insuffisante, mais ce travail, antérieur probablement à la publication de M. W.M. de Bary, est beaucoup plus proche de l'original.

Les *chônin-mono*, si précieux à titre documentaire, avaient été jusqu'ici négligés par les traducteurs. Cette lacune n'existe plus, une version de quinze des trente histoires de *Nippon Eitai-gura* (les deux premiers volumes en entier; le troisième volume, moins la quatrième histoire; la quatrième histoire seulement du quatrième volume; chaque volume contient cinq histoires et l'ouvrage complet six volumes) fut exécutée par les soins de M. Mizuno Sôji et publiée en 1955 par la librairie Hokusei-dô Press de Tôkyô sous le titre *The Way to Wealth* (« Le chemin de la richesse »), titre qui correspond bien à l'intention de Saikaku.

Désireux de comprendre Saikaku dans la liste des traductions en anglais des œuvres de la littérature classique japonaise, l'Unesco a confié à M. Ivan Morris celle de *Ichidai onna* et de quelques autres contes. Vu la diffusion de l'anglais, Saikaku va se trouver bientôt universellement connu et prendra sa place dans l'histoire générale du roman, où le Japon était surtout représenté jusqu'ici par le *Genji monogatari* pour la période ancienne classique et par quelques autres œuvres des périodes Heian et de Kamakura.

Dans ses grandes lignes, cette traduction était prête depuis 1932, ainsi que l'annotation des trois premiers livres. La censure ne m'ayant pas permis de la publier au Japon (l'original y était expurgé) sinon en souscription particulière, notre travail n'avait été connu que par la publication fragmentaire citée plus haut. L'annotation des trois derniers livres n'a été terminée qu'en 1951, après notre retour au Japon.

Nous avons grandement profité des travaux publiés au Japon depuis 1932 et particulièrement après la guerre. Nous n'avons cherché que la précision du sens et à expliquer l'original par des notes. Notre style ne nous satisfait pas plus qu'il ne fera le lecteur. Seul un grand écrivain sachant parfaitement le japonais pouvait se mesurer au livre que nous présentons. Nous ne sommes pas un grand écrivain. Pas même un écrivain. Nous en demandons pardon au grand Saikaku.

***

P.-S. M. Richard Lane nous a communiqué en avril 1959, entre autres tirages à part de ses travaux, une étude bibliographique des œuvres en prose de Saikaku parue dans le volume XIV (nos 1-2) de *Monumenta Nipponica* (1958) (26 pages) qui vient confirmer et compléter la nôtre par divers détails surtout sur les formats et dates des publications. Nous ne saurions trop recommander aux lecteurs cette étude très complète et fouillée.

G. Bonmarchand

Livre premier

Visite à une belle
au lieu de sa retraite cachée.
Son récit sur toutes sortes de femmes galantes
comme il y en a en ce monde.
Plus on l'écoute, plus vif est son intérêt

(Chapitre I)

A la capitale, quand les cerisiers
sont en fleur, l'aspect de Higashi-yama [16]
Dans toutes les provinces, il y a de
belles filles, mais de telles qu'à la
capitale en est-il autre part ?

(Chapitre II)

Pour celle qui est sans rivale,
parmi un millier de belles,
Deux cents ryôs [31] d'avance sont offerts en présent.

(Chapitre III)

Aux yeux de ceux qui ont vu
les courtisanes du Shimabara [32],
Tous autres spectacles, comme ceux des
érables en automne, de la lune et des
femmes du peuple, ne comptent plus désormais.

(Chapitre IV)

TABLE DES MATIÈRES

Sans doute l'union ne devait pas
être éphémère;
Mais elle le fut, elle le fut bien, au
gré de ceux qui le voulurent.

CHAPITRE IV

Impudiques beautés

Femmes choisies parmi les plus belles.
les tayû et leurs manières au Shimabara [32].
Je me montre difficile dans mon
choix des clients.
A raconter leur pensée toute nue,
la vie des tayû a de surprenants secrets.

LIVRE PREMIER. *Gravure du premier chapitre.*

Elle représente l'ermitage de la vieille femme. Au-dehors, à droite du logis, tournant le dos à la source et regardant par une petite fenêtre, se tient celui qui a suivi et épié les deux jeunes gens. L'un de ceux-ci, qui doit être celui qui est affaibli par la débauche, écoute, accroupi sur la véranda, le concert que donne Ichidai-Onna jouant du *koto* avec l'accompagnement à la flûte de l'autre jeune homme.

LIVRE PREMIER. *Gravure du deuxième chapitre.*

Un banquet, partie de plaisir à Higashiyama, au printemps, sous les cerisiers fleuris. L'endroit est entouré d'un rideau à travers lequel un curieux regarde le spectacle de deux fillettes travesties en jeunes éphèbes (elles en portent la coiffure le *wakashû-mage*) qui dansent au son du *shamisen* et au chant du bonze qui doit être le maître Shûraku.

A droite, un samurai de province, accompagné de deux domestiques. Du même côté, dans le fond, paraît, semble-t-il, une partie du temple de Kannon à Kiyomizu.

CHAPITRE I

La retraite de la vieille femme

Un ancien[1] avait déjà dit qu'une belle femme est une hache qui tranche la vie. Les fleurs du cœur tombent et, au soir de la vie, l'arbre qui les portait, devenu sec, n'est plus que bois à brûler. C'est là l'inévitable. Mais la tempête matinale, survenue avant son temps, c'est le sort des jeunes gens qui se noient dans la volupté, et meurent prématurément. Qu'ils sont donc stupides! Et cependant leur sorte est loin de s'épuiser!

Le matin du « jour de l'homme » septième du premier mois d'une certaine année, ayant affaire à Saga, à l'ouest de la capitale, je traversais la « rivière du gué des pruniers ». C'était le moment où les boutons de leurs fleurs s'ouvraient pareils à des lèvres et semblaient dire : « C'est le printemps maintenant! » J'aperçus alors un beau jeune homme vêtu élégamment à la mode du moment. Son visage était émacié par les atteintes de l'amour et son avenir ne promettait que peu d'espoir. Dans la suite, il semblait devoir bientôt laisser sa succession à ses parents. Aussi disait-il : « Ce serait mon unique vœu, moi qui n'ai jamais manqué de rien, de voir, tel le cours de cette rivière, l'eau des serments d'amour (ma semence) ne jamais s'épuiser! » Son compagnon, surpris, lui répondit : « Pour moi, je voudrais qu'il existât un pays sans femmes! Je m'y rendrais pour y poursuivre, dans le calme le plus parfait, une existence qui m'est chère et y contempler tous les aspects de ce monde changeant! »

Leurs idées sur la vie et la mort étaient très éloignées. Pendant leur vie, quelque brève ou longue qu'elle dût être, tous deux marchaient vers un rêve non accompli encore et semblaient échanger des paroles comme s'ils avaient l'esprit absent. Les pensées perverses se pressaient en désordre dans leur tête. Le chemin qu'ils suivaient, longeait tout droit la berge de la rivière. Foulant sans pitié de jeunes pousses de persil sauvage et de chardons pour se frayer un chemin, ils pénétrèrent dans l'ombre de la montagne du nord, éloignée du village.

Poussé par une certaine curiosité, je fus pris du désir de suivre leurs traces. C'est ainsi que j'arrivai à un groupe de pins femelles, près d'une haie clairsemée faite de branches de lespédèzes [2] dénudés par l'hiver. Une porte ruinée faite de bambous *sasa* tressés, était trouée au point de laisser passage aux chiens. A travers on apercevait, tout au fond, une grotte naturelle creusée dans le rocher.

Là, un petit ermitage tranquille penchait son toit d'un seul côté appuyé sur le rocher. Sur l'auvent s'attachaient des polypodes [3], et l'automne passé y avait laissé des feuilles de vigne vierge. Sous le saule, à l'est, de sa conduite en bambou l'eau pure d'une source librement s'écoulait en murmurant. Le maître de la demeure?... Je pensais que ce devait être un vénérable bonze ermite vivant dans la retraite. Mais, contre mon attente, c'était une très distinguée vieille femme, toute courbée par l'âge. Sa chevelure : du givre peigné; ses yeux avaient encore le vague de la clarté de la lune qui se couche. Elle portait un *kosode* [4] ancien de couleur bleu de ciel, orné de blancs chrysanthèmes doubles qui le parsemaient à la manière *kanoko* [5]. Sa ceinture, de largeur moyenne et illustrée de losanges à la manière du *mon* des Ôuchi [6], était nouée par-devant. Maintenant encore, cette tenue [7]! Malgré tout, elle n'était pas laide. Au-dessus de la corniche qui courait autour de ce qu'on pouvait prendre pour sa chambre à coucher, était suspendu un tableau en longueur fait d'une planche d'un goût original; sur lequel était écrit : « Ermitage d'une amie de la volupté. »

Un parfum d'encens s'attardait encore. Ce devait être celui du premier chant, de célèbre renommée. Tandis que, saisi d'une émotion à faire bondir mon cœur par la fenêtre, je regardais, à la dérobée, les deux hommes dont je parlais à l'instant, paraissant bien connaître les lieux, entrèrent sans se faire annoncer.

La vieille femme leur dit en souriant : « Vous avez bien voulu revenir me voir aujourd'hui. Dans le monde, avec les belles, il y a cependant des distractions plus attachantes. Comment pouvez-vous venir voir un arbre mort comme moi? Pour entendre vos propos, j'ai l'oreille dure; pour vous parler, ma bouche est lourde. Il m'était difficile de vivre dans le monde présent. Depuis que je me suis réfugiée ici, sept années ont passé. Je connais le printemps quand s'ouvrent les fleurs de prunier et je sais que c'est l'hiver quand les montagnes, vertes qu'elles étaient, sont enfouies sous la neige blanche. Même par hasard, j'ai cessé de voir les gens. Pourquoi avez-vous daigné venir me rendre visite? »

L'un des deux répondit : « Celui-ci est tourmenté par l'amour; pour moi, plongé dans la passion, je n'ai pu encore connaître jusqu'à leur limite tous les aspects de la volupté. Renseignés par quelqu'un, nous sommes venus jusqu'ici. Aussi veuillez donc nous raconter votre passé, à la manière d'aujourd'hui. » Ce disant, il versa une goutte de saké dans une splendide coupe d'or qu'il offrit à la vieille femme sans lui permettre de refuser. Bientôt troublée par l'ivresse, elle fit vibrer les cordes dont elle jouait habituellement et chanta pendant quelques instants des vers d'amour. Entraînée par son sujet, elle se mit à raconter comme en rêve, les aventures passionnelles de toute sa vie et les vicissitudes de toutes sortes qu'elle avait traversées.

Je ne suis pas, dit-elle, d'une naissance vulgaire. Si ma mère, certes, était sans lignée, mon père descendait de gens à qui leur condition permettait de servir aux côtés des nobles de cour, à l'époque de l'ex-empereur Go-Hanazono [8]. Mais, selon la loi du monde changeant, sa famille étant depuis déchue il menait, en lui survivant, une existence inutile. Douée de naissance, par la nature, d'un visage beau et gracieux, je servis une dame d'honneur dont la condition élevée était sans égale au palais. Je m'y accoutumai à la plupart des manières distinguées et délicates, et, avec les années, mes services finis, ma situation n'eût certainement pas été mauvaise. Mais dès le commencement de l'été de ma onzième année, mon cœur fut troublé par de frivoles désirs. La coiffure que je me laissais faire jusqu'alors me déplut et je nouai ma chevelure dans la forme du Nage-Shimada sans chignon derrière la coiffure. Je choisis aussi pour lier mes cheveux les cordons cachés, en papier noir, alors à la mode.

A l'époque, du matin au soir, je m'appliquais toute à créer des dessins de modèles qui devinrent ensuite à la mode sous le nom de « Gosho-Zome ». Et d'ailleurs le genre de vie des nobles de cour, les sujets des poèmes composés chez eux, les jeux de la balle au pied étaient tout autant de circonstances m'inclinant à la volupté. A ne voir que des gens entièrement occupés aux choses de l'oreiller, je me sentais entraînée à la frivolité; leurs propos éveillaient mes sens. Et naturellement je me sentais portée à rechercher l'amour. C'est à ce moment que, de toutes parts, me parvinrent des billets doux, tous empreints d'une passion profonde qui me pénétrait de mélancolique sympathie. Bientôt je ne sus plus où les cacher. Je les confiai à un garde du palais, sobre en paroles, qui en fit une vaine fumée; mais les serments, prêtés devant les dieux, dont ils étaient remplis, allèrent, sans se consumer, et poussés par le vent se répandre dans le temple de Yoshida [9].

Rien de plus étrange que l'amour. Alors que ceux qui étaient épris de moi étaient tous élégants et qu'il n'y en avait aucun qui ne fût beau garçon, je n'éprouvais rien de particulier pour eux. Un jeune blanc-bec de samurai, de basse condition, appartenant à la maison d'un certain noble personnage et qui aurait dû plutôt me déplaire, avait, dès sa première lettre, usé d'un style qui m'entraînait à sacrifier ma vie pour lui. Souvent il m'écrivait, et je fus bientôt captivée. Un beau jour, je commençai à l'aimer à en perdre toute tranquillité. Malgré la difficulté de le rencontrer, j'en triomphai et je me donnai à lui. Bien que ma frivole réputation défrayât la rumeur publique, je ne pouvais rompre. Un matin, de très bonne heure, je fus surprise avec lui. Comme châtiment on me chassa à un endroit près du pont de Uji [10]. Mais, ô malheur! l'homme perdit la vie à cause de cette affaire. Les quatre ou cinq jours qui suivirent, je ne me possédai plus, soit éveillée, soit la nuit où, près de mon oreiller d'insomnie, apparaissait sa forme muette. Elle me remplissait d'un tel effroi que je pensai abandonner cette vie. Mais, les jours passant, j'oubliai tout à fait cet homme. Quand j'y songe, il n'y a personne qui soit aussi frivole et de cœur changeant que les femmes! Comme à l'époque je n'avais moi-même que treize ans, les gens considérèrent l'incident avec indulgence. Ils se dirent que la chose n'était guère possible. Ce fut le côté plaisant de l'affaire.

Autrefois, quand les filles allaient se marier, c'est avec chagrin qu'elles quittaient la maison de leurs parents. Elles trempaient de larmes leurs manches. Mais les filles d'à présent sont devenues plus intelligentes. Irritées des lenteurs de l'intervention des intermédiaires, elles hâtent leurs préparatifs; impatientes d'avoir eu à attendre l'arrivée du palanquin, elles y montent, la croupe légère et leur joie apparaît clairement au bout de leur nez. Il y a encore quarante ans, les filles jusqu'à l'âge de dix-huit, dix-neuf ans jouaient au cheval, près de leur porte, en montant sur une branche de bambou. Les garçons, selon la règle, faisaient la cérémonie d'accession à la virilité à vingt-cinq ans. Mais le monde a changé bien vite! Moi-même, alors que je n'étais encore que bouton de fleur pour l'amour, dès ce temps j'ai connu le plaisir des sens, comme la fleur de Yamabuki connaît déjà la couleur avant de s'épanouir : dès lors, je connus toutes les souillures de la débauche, je tournai tout à fait mal et ne pus faire autrement que continuer vainement une vie vagabonde.

CHAPITRE II

Les divertissements de la danse et de la musique

Les gens qui, par ouï-dire, sont bien informés, disent qu'en toutes choses la ville haute et la ville basse diffèrent à la capitale. Par exemple, lorsque sur les vêtements ornés de grands dessins, à la manière des peignoirs de bain, la couleur bleu clair des fleurs changeait, comme se fanent les fleurs de cerisier dans le poème d'Ono no Komachi [13], on pouvait voir à cette époque la danse de Komachi. Les enfants du lieu, aux cheveux enroulés sur les tempes, portaient un vêtement à manches flottantes et dansaient au rythme du tambour Taiko. Mais, alors que, jusqu'à la quatrième avenue transversale [14], la danse était calme et aisée et vraiment dans le goût de la capitale, plus bas, à partir de ce point, à la limite du quartier, le rythme des voix était plus rapide, les pieds retombaient avec bruit. Et l'on pouvait se demander comment une telle différence était possible. Mais, parmi les joueurs de Taiko, ceux qui observaient bien les intervalles en battant la mesure et savaient jouer dans le ton, se distinguant ainsi par leur talent, pouvaient être considérés comme étant des maîtres. Pendant l'ère de Manji (1658-1660), un aveugle du rang de Zatô, nommé Plaisir du vin, vint à Edo des environs d'Abekawa dans la province de Suruga. Pour le divertissement des gens des maisons de Daimyô, il s'arrangeait pour jouer en mesure, à lui tout seul, huit instruments de musique, à l'intérieur d'une moustiquaire en papier. Dans la suite, il monta à la capitale où il fit école. Il inventa, en particulier, des airs pour des danses raffinées et les enseigna au public. Des jeunes filles se rassemblèrent à son école pour les apprendre et en faire leur profession. Il ne faut pas confondre celles-ci avec les actrices du théâtre populaire [15]. Les jolies filles qu'il avait formées à son art, étaient envoyées chez les dames de haut rang pour le divertissement d'une nuit. Leur costume était à peu près ainsi fixé : vêtement de dessous avec revers de sa doublure rouge en bas; par-dessus, un *kosode* blanc parsemé de dessins en feuilles d'or ou d'argent et bordé d'un col en satin noir; ceinture en corde tressée à gauche, avec des fils de trois couleurs, nouée par-derrière; un petit sabre de bois plaqué d'or en feuilles y était passé; une boîte à médicaments et une bourse y pendaient. Pour la coiffure, certaines avaient le sommet de la tête rasé au milieu. D'autres le chignon rejeté en arrière, avaient la tenue de jeunes garçons. On leur faisait chanter des chansonnettes; on les faisait danser. Elles tenaient compagnie pour boire le saké et ensuite elles faisaient même le service d'apporter le bouillon.

Quand des samurais des provinces ou des gens âgés étaient conviés au-dehors à Higashi-yama [16], le spectacle de cinq ou sept jeunes danseuses mêlées aux invités était un amusement sans pareil. La vue paraissait cependant un peu tiède dans un salon qui réunissait des hommes dans la fougue de l'âge. Le prix avait été fixé à un *kaku* [17] d'or pour une, ce qui rendait la distraction simple et peu coûteuse. A les voir, toutes n'étaient que de jolies fillettes de onze ou douze ans, treize ans au plus. Mais, étant parfaitement habituées à leur profession et accoutumées aux gens de la capitale, elles se montraient plus expertes encore dans l'art de s'empresser auprès des clients que les *kamuro* [18] des quartiers de courtisanes de Naniwa [19]. Quand petit à petit elles deviennent femmes, à quatorze ou quinze ans, les convives ne les laissaient plus partir simplement, cependant ils n'y réussissaient pas en cherchant seulement à s'imposer à elles. Elles jouaient les coquettes pour sembler s'en remettre à leur désir. Et quand l'un d'eux commençait à s'enflammer, la fille écartait habilement les mains entreprenantes pour se l'attacher davantage. Puis elle lui faisait comprendre que s'il avait des intentions, il devait, en secret, et tout seul, aller trouver le patron, puis remettant alors, pour un instant, l'agréable dénouement et, faisant semblant de s'être enivré au point d'en perdre la tête, il se coucherait. A ce moment, il devrait faire un petit cadeau aux jeunes musiciens de l'orchestre et pendant que ceux-ci feraient, en remerciement, grand tapage, la chose aurait lieu. Tout ce langage rendait le client plus profondément encore amoureux. Par leur jeu accompli, elles soutiraient des sommes considérables aux gens des provinces éloignées. Les clients novices ne connaissaient pas tous ces manèges. Mais en réalité toutes se donnaient et, même une danseuse connue, n'était cotée qu'une pièce d'argent [20].

Quand j'étais toute jeune encore, je venais souvent d'Uji à la capitale où m'attirait mon goût pour le genre de ces jeunes danseuses mais non pour vivre de leur profession. J'y étudiai leur art à la mode et j'arrivai à danser avec beaucoup de talent. Tous les gens ne cessaient de me complimenter et plus je recevais leurs louanges plus mon amusement grandissait. À la fin on me défendit de continuer, mais je n'écoutai pas cette réprimande et je devins tout à fait infatuée de cet art. Je me montrais parfois dans des banquets de grande solennité, mais ma mère m'accompagnant, il n'y avait dans mes manières aucune trace de dérèglement, à la différence des autres filles. Et comme les clients ne pouvaient réussir auprès de moi, ils en souffraient d'autant plus. Il y en eut même qui moururent consumés par la passion.

Une dame des provinces de l'ouest avait loué, dans le quartier de Kawara-machi, des chambres pour s'y soigner. De l'époque où l'on prend le frais à celle où les montagnes du Nord se couvrent de neige, son état n'étant pas tel qu'il nécessitât des médicaments, chaque jour, elle sortait en chaise de luxe pour se promener. C'est ainsi que m'ayant aperçue près de la rivière Takasegawa [21], dès le premier regard elle se sentit aussitôt pour moi une si vive amitié qu'elle me pria, par un intermédiaire, de venir chez elle. Du matin au soir, elle et son mari me cajolaient. Jugeant que mes manières n'étaient pas vulgaires et que je pourrais ainsi convenir comme épouse à leur fils unique resté au pays, ils m'adoptèrent et un avenir heureux fut décidé pour moi. À considérer l'aspect de cette dame, on n'en aurait pu voir de plus laide à la capitale et même à la campagne. Mais la beauté de son mari était telle que, même au Palais impérial d'aujourd'hui, on pourrait difficilement l'égaler. Ils me firent coucher entre eux, pensant que je devais être encore sans désirs. Dès qu'ils prenaient leurs ébats, j'éprouvais un drôle de sentiment. Et grinçant des dents, je supportais l'épreuve, en pensant que, moi aussi, je connaissais fort bien la chose depuis trois ans. Une nuit, m'étant éveillée, toute solitaire, l'un des pieds de Monsieur me frôla. J'oubliai tout alors : je m'assurai, en tendant l'oreille, que Madame ronflait bien; je pénétrai ensuite sous la couverture de Monsieur que je provoquai. Plongés dans notre amour, nous ne pouvions cesser. On s'aperçut bientôt de notre intrigue. « Vraiment, vraiment, s'il est un endroit auquel on ne peut se fier, c'est bien la capitale. Alors que, dans notre pays, les filles de cet âge jouent encore au jeu de *take-uma* [22] devant leur porte... ! » Avec ces paroles, accompagnées de grands rires, je reçus mon congé. Chassée de nouveau, je retournai chez mes parents.

CHAPITRE III

Charmante concubine d'un seigneur de province

De service à cet Edo, « centre d'un empire si paisible que la brise soufflant dans les pins n'en fait pas même bruire les branches », un daimyô venait de perdre son épouse. Sa maison, déplorant qu'il n'eût pas de jeune héritier, la gouvernante des dames d'honneur, par son ingéniosité, trouva quarante et quelques jolies filles de bonne naissance, qu'elle installa tout près de la chambre à coucher du maître pour choisir l'instant où il serait de bonne humeur pour s'en faire aimer. Toutes étaient comme les fleurs d'un cerisier qui, avant de fleurir, n'attendraient, pour s'épanouir dans tout leur éclat, que d'être mouillées par une seule pluie[23]. Aucune, à les contempler, n'aurait lassé le regard. Aussi tous se lamentaient de ce qu'aucune d'elles ne plût au seigneur. C'est qu'en effet les femmes de basse condition élevées dans l'Est sont généralement d'une nature grossière : toutes ont les pieds plats, la nuque épaisse, la chair dure. Bien que d'esprit attentif, leur sensibilité est peu développée; elles ne connaissent pas l'ambition et rien ne les effraie. Si leur cœur a un fond de sincérité, elles ne sont nullement capables de donner des satisfactions en amour. Il est vrai qu'en fait de femmes, quel pays pourrait-on citer comme étant au-dessus de la capitale? En premier lieu, leur manière de dire a une incomparable grâce. Elle n'a rien d'appris; elle se transmet naturellement dans la ville impériale. A titre de comparaison, au pays d'Izumo où, comme le dit le chant ancien, « s'élèvent les nuages amoncelés », même les doux propos des garçons et des filles manquent beaucoup d'élégante netteté. Mais les gens d'Oki, île encore plus éloignée, tout en ayant une rustique apparence, ne diffèrent en rien, pour le langage, des gens de la capitale. Les femmes y sont raffinées au point de s'y adonner aux arts de la harpe, du *go*, des parfums et des poèmes. C'est qu'en effet le prince du sang Ninomiya [24] y fut autrefois exilé. Pour beaucoup de choses, les coutumes de cette époque y ont été conservées.

C'est pourquoi les gens de la maison du seigneur pensèrent qu'il serait plus favorable de s'adresser à la capitale. Or, dans cette maison, servait depuis longtemps un vieillard de plus de soixante-dix ans qui était chargé de la surveillance du personnel féminin. Il ne pouvait voir sans lunettes. Brèche-dent, il avait oublié le goût savoureux de la pieuvre et faisait râper menu les condiments. Sans trouver aucun plaisir aux choses de ce monde, il passait toutes ses journées, et les choses de l'amour n'avaient sans doute plus pour lui le moindre attrait. Il portait bien un pagne, mais il était tout comme une femme. Il ne poussait jamais plus loin la frivolité qu'à ouvrir toute grande la bouche pour tenir des propos licencieux. Comme il était militaire en service, il ne quittait pas son *hakama* [25] et son *kataginu* [26], mais le port de son grand sabre et de son petit sabre ne lui était pas permis. Sans avoir de fonction bien déterminée comme il arrive aux gens affaiblis et incapables, il avait la garde de la clef de la serrure en argent. Si ce fut lui qui fut désigné pour aller à la capitale y chercher une fille de l'endroit, c'est bien parce que, tel « un bouddha de pierre devant un chat », comme dit le proverbe, on pouvait le mettre sans aucune inquiétude à côté d'une femme, « un article » de ce dernier genre ne pouvant guère se confier même à un *shaka* [27] qui fût jeune.

Le vieillard se rendit ainsi chez un marchand d'étoffes dont le magasin, à l'enseigne du Petit Bambou, était situé dans le quartier de Muromachi [28] à Kyôto, la capitale tranquille comme la « lumière calme » du monde bouddhique de la Terre Pure.

Il déclara aux jeunes commis qu'il ne leur pouvait dire quelle affaire l'amenait, mais qu'il désirait instamment avoir un entretien confidentiel avec le vieux patron retiré des affaires et avec sa femme. Ceux-ci, mal à l'aise, se demandaient quelle affaire ce pouvait être. Alors le vieillard, d'une mine sérieuse à l'extrême, leur dit qu'il était venu pour choisir une concubine au seigneur. Ils lui répondirent que semblable affaire se présentait fréquemment chez tous les daimyôs et lui demandèrent quel genre était désiré. Alors le vieux sortit la peinture d'une jolie fille d'une boîte à *kakemono*, en bois de paulownia au fil bien droit, et dit qu'il désirait engager au service du maître une femme qui répondrait à peu près à ce type-là. La peinture représentait une fille âgée de quinze à dix-huit ans, au visage à la mode, c'est-à-dire un peu rond, au teint de fleur de cerisier simple et dont les quatre attributs [29] étaient sans faute. On aimerait des sourcils épais, mais pas des yeux trop petits ni trop rapprochés par rapport au nez, qui serait assez grand, à proportion du visage; la bouche serait petite avec des rangées de dents blanches régulières et pas trop pressées; les oreilles seraient un peu longues avec un bord mince : détachées suffisamment de la tête, elles laisseraient voir leurs attaches; le front devrait s'arrêter à la naissance naturelle des cheveux, sans que rien vienne y contribuer; sur la nuque, nettement dégagée, aucun cheveu ne devrait s'attarder, débordant de la coiffure de derrière la tête; les doigts seraient longs et déliés avec des ongles minces; les pieds longs, au plus, de huit *mon* trois *bu*[30], devraient avoir le gros orteil relevé et la plante cambrée; le buste devrait être plus long que la moyenne; les reins seraient bien ramassés et pas trop en chair, mais les fesses bien dodues. Elle devrait bien s'exprimer et bien porter les vêtements; sa forme aurait de la distinction; son caractère, de la douceur et de la modestie; elle devrait exceller dans tous les arts qui conviennent aux femmes et, en toutes choses, ne pas se montrer ignorante. Son corps ne devrait porter aucun grain de beauté.

La capitale était vaste, les femmes innombrables. Mais, parmi elles, rares devaient être celles qui pour plaire auraient à réunir de telles conditions. Comme il s'agissait, cependant, du désir d'un « gouverneur de province », qui, pour le gratifier, était prêt à donner mille pièces d'or en échange, — les vieux époux promirent de faire des recherches et de trouver un tel sujet, pourvu que dans le monde il en existât un. Ils s'adressèrent, pour cette affaire particulière, à un tenancier de bureau de placement, expert dans le genre, un certain Hanaya Kakuemon du quartier des marchands de bambous.

Voici quels sont les usages observés par ceux qui ont pour profession de placer les domestiques : ils touchent dix pour cent des frais pour préparatifs, soit dix *ryô*[31] pour cent *ryô*, et, sur les dix *ryô*, la vieille qui sert d'entremetteuse reçoit, en argent, dix *momme*. Pendant la période de présentation et d'essai, les servantes dépourvues de vêtements convenables peuvent en louer : on leur prêtera, pour une somme de vingt *momme* par jour, un *kosode* blanc ou bien un vêtement de dessus en satin noir avec dessins et un vêtement de dessous « entièrement tacheté de pois blanc », une ceinture de grande largeur en brocart « tissé à la chinoise » et un pagne en crêpon de soie écarlate, un manteau à la mode des dames du palais à jeter sur tout cet habillement et même les coussins pour la chaise à porteurs. Quand les filles sont définitivement engagées, le placeur reçoit une pièce d'argent. Quand la fille est de basse condition, on s'adresse à un marchand, propriétaire d'une petite maison, pour qu'il lui tienne lieu de père. Ce père supposé, appelé Tori-Oya, envoie la fille en condition en la présentant comme son enfant. Il a l'avantage de recevoir de la maison du maître la somme à toucher au contrat et il peut même avoir la chance de se voir servir par elle une pension en riz si dans la suite la fille met au monde un « jeune seigneur ».

Mais les servantes désirant aussi un meilleur habillement pour leur présentation, cela devient plus onéreux. Un *kosode* se loue vingt *momme ;* un palanquin à deux porteurs, trois *momme* cinq *fun*, ce prix étant le même dans la ville pour toute distance. Elle se fait accompagner de deux suivantes, l'une, petite, payée six *fun*, l'autre, adulte, huit *fun*, leur nourriture, pour les deux repas du matin et du soir étant à sa charge. La présentation a beau se faire, si elle n'aboutit pas, c'est une perte de vingt-quatre *momme* neuf *fun*, triste profession vraiment!

Parfois, comme distraction pendant les instants qu'ils ne passaient pas au quartier des courtisanes à Shimabara[32] ou au quartier des acteurs à Shijôgawara, des bourgeois de Ôsaka ou de Sakai[33] travestissaient en gens de Saikoku les bouffons, compagnons de leurs plaisirs, et invitaient, pour s'amuser avec eux, toutes les filles venues se présenter comme concubines à la capitale. Ils retenaient celles qui avaient arrêté leurs regards et, tout doucement, ils priaient le patron de faire en sorte que soit satisfaite, pour une seule fois, leur fantaisie. Certaines, qui ne s'y attendaient pas, voulaient, indignées, partir. Mais on les persuadait de rester par toutes sortes de bonnes raisons et, enfin, entraînées par leur basse cupidité, elles se laissaient aller à être, pour un moment, une compagne d'oreiller. Pour tous frais elles recevaient deux *bu* d'or, somme pour laquelle, poussées par le besoin, elles se vendaient à tout venant. Mais les filles de gens qui n'étaient pas dans la misère ne se conduisaient pas ainsi.

Le bureau de placement avait déjà choisi et montré plus de cent soixante-dix jolies filles au vieillard qui n'en avait trouvé aucune à son gré. Le *sasaya* était consterné, lorsqu'il entendit parler de moi. Il m'envoya chercher à Uji, où je m'étais réfugiée, par des gens du village de Kohata[34]. Il m'amena sans me faire faire aucune toilette spéciale et simplement me présenta aussitôt. Le vieux trouva que je l'emportais sur la peinture qu'il avait apportée de Edo. Il fit cesser toute autre recherche. Les choses furent réglées selon mon désir. Ce genre de concubine s'appelait *kunijôro* (la précieuse dame de province).

De bien loin, je fus ainsi conduite dans la province de Musashi. Je logeai à Asakusa[35], à l'hôtel secondaire du seigneur. Jour et nuit je m'amusais. Je vivais dans un spectacle de fleurs qui faisait penser à celui d'un Yoshino [36] chinois. On appelait quelquefois la troupe d'un théâtre de Sakai-chô [37] et je passais la nuit à rire. Mon luxe était tel qu'il comblait tous les désirs qu'on peut avoir au monde. Et cependant ... Comme les femmes sont frivoles et misérables! Je ne pouvais oublier certaine chose...

La règle chez les militaires est très stricte. Les femmes des appartements privés ont rarement l'occasion de voir des hommes; elles ont encore moins celle de connaître l'odeur du pagne masculin. Aussi quand elles regardaient les scènes d'oreiller, d'aspect si agréable, qu'a peintes Hishikawa [38], elles éprouvaient, malgré elles, un vertige qui entraînait, bien qu'ils ne fussent pas lascifs, leur talon et le majeur de leur main à des attouchements. Mais il leur était même pénible de s'amuser seules, car elles souhaitaient de l'amour vrai.

Généralement les daimyôs étant très occupés par leurs devoirs officiels, éprouvent un jour ou l'autre de la compassion pour les jeunes pages aux cheveux de devant qui servent matin et soir à leurs côtés; pour les concubines, aussi, ils ont une particulière et profonde sympathie. Si bien que leur épouse principale sort de leurs préoccupations. Quand j'y réfléchis, ceci provient, peut-être, de ce que l'épouse n'a point cette jalousie que ressentent les femmes de condition vulgaire. Haute ou basse, quelle que soit leur classe, chez toutes, rien n'est cependant plus terrible au monde que les femmes qui font des reproches par amour.

Toute précaire que fût ma condition, le seigneur me montrait un amour profond. Avec joie, j'approchais mon oreiller du sien. Mais ce fut bien en vain. Quoiqu'il fût encore jeune, il lui fallait recourir aux pilules Jiô-gan [39]. Il n'arrivait jamais à ses fins! Rien de plus malheureux. Impossible aussi d'en parler à personne! Du matin au soir, je m'en affligeais, tandis que le maître maigrissait et enlaidissait. On dit que c'était à cause de la lascivité de la fille de la capitale et j'encourus des soupçons auxquels je ne m'attendais pas. Sur leur seule responsabilité, les vassaux du seigneur, qui ignoraient les choses de l'amour et de l'affection, me donnèrent subitement congé. De nouveau, je fus renvoyée chez mes parents. A considérer les choses de ce monde, rien n'est certes plus triste, pour une femme, qu'un homme peu puissant de nature!

CHAPITRE IV

Impudiques beautés

A la porte ouest du temple de Kiyomizu, quelqu'un chantait en s'accompagnant sur un shamisen. J'entendis ces paroles : « Pénible est ce monde changeant; à plaindre est ma personne; ma vie, que je ne pourrais regretter, en rosée se changera. » La voix était douce. C'était une mendiante « tireuse de manche ». Elle aurait porté aussi bien un vêtement ouaté en été qu'un vêtement non doublé, comme ce jour-là, quoiqu'elle sût que c'était l'hiver. Des quatre directions, une bise âpre soufflait, tombant des montagnes.

Je m'informai de ce qu'elle avait été autrefois et j'appris qu'on l'avait connue sous le nom de « la seconde Katsuragi », au quartier des filles de joie quand il se trouvait à Rokujô [40]. Voilà quelle était la fin d'une célèbre courtisane de haut rang!

Cet automne-là, quand j'étais allée voir les feuilles rouges des cerisiers, je l'avais montrée du doigt et j'avais ri d'elle mêlée à un grand nombre de femmes. Mais la destinée humaine est inconnaissable!

Moi-même, je subis l'effet des tristes difficultés de mes parents. A la prière de quelqu'un, et sans y prendre garde, mon père s'était laissé porter garant dans une affaire commerciale. Le responsable ayant disparu sans laisser de traces, je fus, en dédommagement de la somme due, et sans qu'on pût me sauver de là, vendue pour cinquante *ryô* à la maison « Kambayashi » du quartier de Shimabara. C'est ainsi que, d'une manière bien inattendue, je pris l'aspect d'une femme du métier. J'avais déjà seize ans, mais le patron prétendait que j'étais sans égale, même à la capitale où l'on voit autant de beautés qu'en recèle le palais de la lune, si belle au seizième jour du mois! Il se félicitait en pensant à mon avenir.

Les manières de celles qui étaient tombées dans le « courant » du fleuve [41] de la prostitution, s'enseignent par l'usage, depuis l'âge de *kamuro*, sans qu'il soit besoin de spécialement les en instruire. Elles apprennent tout naturellement les subtilités de leur art.

Mais moi, étant femme de métier et bien que « de raccroc » comme on disait là-bas, je pris aussitôt les manières d'une courtisane. Ces manières diffèrent, en toutes choses, de celles que goûtent les gens de la ville : les sourcils, rasés, sont remplacés par un épais trait de noir; la chevelure est un grand *shimada* dont le chignon ne contient pas de « petite traverse de bois » et est lié, d'une manière invisible, par un cordon de papier *takenaga* replié en long. Les cheveux égarés sur la nuque n'étant absolument pas tolérés, sont épilés pour égaliser ceux qui restent. Le vêtement, à la mode de l'époque, a des manches de deux pieds cinq pouces. Comme il n'est pas ouaté sur les reins, sa bordure inférieure s'élargit : on aime en effet que les fesses paraissent larges et plates, en éventail étalé. La ceinture, de grande largeur, mais sans garniture intérieure, est nouée négligemment en laissant retomber le nœud. Le pagne de trois largeurs est noué plus haut que chez le commun des femmes. Trois vêtements sont portés l'un sur l'autre. Quand, pieds nus, se cambrant, elles vont en procession, les courtisanes ont le « pas flottant »; elles entrent à l'*ageya* (maison de rendez-vous) d'un « pas sautillant »; au salon, d'un « pas dérobé »; elles montent l'escalier d'un « pas accéléré ». En tout cas, elles doivent chausser les sandales de paille sans les regarder. Elles ne s'effacent pas devant ceux qui viennent vers elles. Elles lancent, comme on dit, des « œillades » même aux gens qu'elles ne connaissent pas et vers ceux qui se sont arrêtés à un carrefour pour les voir passer, elles se retournent, pour leur faire croire qu'elles en sont tombées amoureuses. Quand, à la fin du jour, assise sur un banc devant une *ageya* l'une d'elles aperçoit un homme de connaissance, elle jette de loin un regard sur lui et prend un air absent. Mais si personne ne l'observe, elle se laisse prendre la main par un « bouffon » de quartier et saisit une occasion pour admirer l'armoirie de son vêtement ou la manière dont il est coiffé ou bien encore son éventail à la mode. Elle porte son attention sur de petits détails charmants, s'écriant : « Bourreau des cœurs qui fais mourir d'amour les femmes! qui t'a appris à te coiffer ainsi ?! » pif, paf, elle lui donne une tape et s'en va.

A de pareilles démonstrations de coquetterie, le *sui* [42], galant le plus averti, est obligé de se rendre.

Si l'un d'eux profite de la circonstance d'une rencontre pour chercher à la séduire et qu'il s'imagine qu'il l'aura aisément en son pouvoir; alors il la fera valoir auprès d'un *daijin* [43] (client fastueux) en renonçant à retirer tout profit personnel de sa profession. Que le monde jase sur elle, il prendra son parti même s'il doit en souffrir. Faire plaisir à un client en déchirant une lettre bonne à jeter, dont on fait une boule qu'on lui lance, est une chose qui ne coûte rien et qui est très facile. Pourtant une courtisane insouciante ne le fera pas.

Bien que, pour la beauté, elle ne le cède en rien aux autres, aux jours fixés pour les fêtes *(mombi* [44]*)*, elle chôme et demande à la maison de rendez-vous de la recevoir en *mi-agari* [45]. Elle fait mine d'y attendre un client. La maison la traite négligemment. Dans un coin, elle mange des aubergines hâtivement confites, arrosées de *shôyu* brut, et du riz froid, sans même avoir de plateau pour les y déposer. Elle est bien aise que personne ne l'aperçoive. Revenue à sa maison, elle regarde quelle physionomie a la patronne et ce n'est qu'à voix basse qu'elle dit à la *kamuro* de se baigner. En outre, bien des choses sont une souffrance pour elle. Négliger les clients dépensiers et vivre dans un continuel loisir, c'est ruiner le maître, en personne stupide, article difficile à négocier, qui ne se rend pas compte de sa condition.

Dans une compagnie de buveurs, une fille de plaisir fera bien, suivant les circonstances, de faire la raisonneuse dans ses propos avec les clients, de prendre quelque peu un air d'importance, de faire la difficile et d'être sobre en paroles. Les clients habitués sont à mettre à part, mais les soi-disant « connaisseurs » encore tout novices en éprouvent de la crainte et ne savent pas comment se comporter. Même au lit, ces hommes ne font que halcter, ils ne bougent même pas et, si parfois ils parlent, c'est d'une voix tremblante. Tout en faisant de la dépense, ils sont dans un cas aussi pénible que celui d'un ignorant de la cérémonie du thé auquel on y ferait tenir la place principale. Ce n'est pas parce qu'elle prend ces hommes en aversion qu'elle les rejette. Alors que, pour commencer, ils font mine de « connaisseurs », la femme, de son côté, les entreprendra aussi en faisant la difficile, les traitera avec une cérémonie exagérée mais sans intimité et sans dénouer sa ceinture. Elle se met au lit et fait semblant de dormir. La plupart des hommes se rapprochent alors. Mais elles se taisent encore, même quand il pose un pied sur le leur. Puis, si l'on observe leur manière d'être dans la suite, ils se contorsionnent et l'angoisse les fait transpirer. Dans les lits voisins, les habitués ou les nouveaux venus mettent habilement à l'aise leur compagne qu'on entend s'écrier « votre corps n'est point aussi maigre que je l'avais cru à première vue ». Puis, le bruit d'un enlacement. L'homme ne se préoccupe plus ni du paravent ni de l'oreiller dans ses gestes qui deviennent de plus en plus violents. La femme pleure sincèrement en poussant des cris. Spontanément, elle prend et jette son oreiller. Distinctement, on entend le bruit de son peigne qui se brise dans son désordre. Au premier étage, c'est le froissement du papier mouchoir avec ces paroles « Ah! quand on va jusque-là! » Sur la couche des voisins, c'est l'homme qui repose doucement, brusquement réveillé par le chatouillement de sa compagne qui lui dit son regret de voir la nuit bientôt finir. Mais à moitié en rêve il lui répond : « Excuse-moi; je n'en peux plus, même une seule fois. » On se demande s'il s'agit de saké. Mais c'est ensuite, le bruit d'une ceinture de dessous qui se dénoue! c'est un amoureux extraordinaire. Quel bonheur pour une courtisane d'en connaître un semblable!

Alors que, dans l'entourage, il n'y a rien que choses si agréables, notre pseudo-connaisseur ne peut plus fermer les yeux. C'en est trop! Il fait lever la courtisane et lui tient, comme une médecine à l'essai, des propos qui ont l'heur de plaire à ses pareilles tels que : « Ce sera bientôt la fête [46] du neuvième mois; sans doute, vous aurez des engagements. » Mais elle lui fait voir qu'elle pénètre parfaitement son jeu dans une réponse aussi indifférente que : « Au neuvième, comme au premier mois, il y a quelqu'un qui s'occupe de moi. » Une fois de plus, aucune parole n'amenant de rapprochement, à regret il se lève pour prendre congé comme chacun fait communément, défait sa chevelure à la façon *chasen* [47], renoue sa ceinture, et il est bien drôle de le voir agir comme s'il était arrivé convenablement à ses fins. Cet homme, au fond de son cœur, éprouve une profonde rancune pour la courtisane. La fois suivante, il en appellera une autre auprès de qui il restera cinq jours ou même sept jours de suite, s'amusant splendidement pour donner des regrets à celle d'aujourd'hui. Ou bien encore, il cessera entièrement de mettre les pieds à ce lupanar et décidera de chercher du changement en s'adonnant aux éphèbes [48]. Il presse ses compagnons qui s'attardent avec le regret que la nuit ait été trop brève pour leurs amours. « En voilà assez, dépêchons-nous de partir », dit-il, en les appelant. Mais il y a alors pour la courtisane un artifice qui retiendra l'homme qui veut la lâcher à tout jamais!

En présence des compagnons du client et tandis qu'elle lui lisse les touffes de cheveux en désordre sur les tempes, elle lui chuchote en lui saisissant l'oreille : « En voilà un homme qui s'entête à vouloir partir sans même m'avoir dit de dénouer ma ceinture! oh! le vilain! » Elle lui flanque une tape sur le dos et s'en va, à pas rapides, vers la cuisine. Après son départ, son comportement attirant sur eux l'attention des compagnons, chacun lui dit : « Quelle conquête tu as faite d'une femme que tu n'as rencontrée que pour la première fois! » L'homme en est tout heureux et dit qu'il a été traité « en vrai amant de cœur pour lequel on meurt ». La nuit dernière, il a été particulièrement gâté. Elle a été jusqu'à lui masser les épaules, atteintes de crampes depuis quelque temps. « Je ne sais vraiment pas pourquoi, dit-il, elle a un tel béguin pour moi! Sans doute êtes-vous intervenus et lui avez-vous raconté que j'avais beaucoup de biens. » Et ceux-ci de protester en s'écriant : « Les courtisanes n'agiraient pas ainsi, rien que par cupidité. Non vraiment vous ne pouvez laisser la chose sans suite. » Et flatté, le voilà qui se monte la tête. Et le résultat est que la courtisane en fait absolument ce qu'elle veut. S'il est des hommes qui agissent ainsi, même quand ils ont si mal réussi, à plus forte raison est-il naturel d'en voir perdre la vie pour des courtisanes qui les traitent bien.

Ce n'est pas parce que c'est une première rencontre qu'elle repousse un homme auquel il n'y a rien à reprendre. C'est que cet homme est si intimidé par la *tayû* [49] qu'il rate l'occasion au moment critique de l'approche et que, tout refroidi, il ne se lève que pour la quitter. Dans la condition d'une fille « abandonnée au courant » des vicissitudes, on ne doit pas s'attacher à un homme simplement parce qu'il est beau garçon. Si c'est un homme distingué, et bien connu à la capitale, peu importe qu'il soit par exemple âgé ou que ce soit un homme retiré ayant l'aspect d'un religieux bouddhiste. Que pourrait-elle souhaiter de mieux qu'un homme jeune la comblant de cadeaux et beau, au surplus ? Mais d'aussi belles conditions, toutes réunies, ne se rencontrent guère.

Voici les manières que les *yone* [50] aimaient à l'époque chez les clients :

Par-dessus un vêtement à rayures verticales sur un fond jaune, à l'envers comme à l'endroit teint à la manière *sensujizome*, un autre vêtement, dont le bas est court, en *habutae* noir marqué du *mon* [51]; la ceinture, orangé pâle, en *ryûmon ;* le *haori* [52], marron carminé, en *hachijô-tsumugi*, est dans le bas, à sa bordure, doublé de la même étoffe qu'à l'endroit. Les pieds nus chaussent pour une fois seulement des sandales de paille. Au salon, une tenue calme et aisée. Le petit sabre est légèrement sorti de la ceinture. L'éventail agité fait passer le vent par l'emmanchure.

Peu de temps après son arrivée, le client ira se laver les mains et, même si la cuvette de pierre contient de l'eau, il la fera changer pour se rincer la bouche tout doucement. Il enverra chercher par la *kamuro*, pour le fumer, le tabac, enveloppé de papier *hôsho* blanc, qu'il a fait porter à son suivant. Il posera près de ses genoux son papier mouchoir Nobegami et le jettera négligemment après usage. Il fera venir les « remorquées », compagnes des courtisanes et, priant l'une d'elles de prêter ses mains un moment, les lui fera engager par l'ouverture des manches pour se faire gratter par elle les traces de moxa appliqué pour guérir la crampe de sa nuque et de ses épaules. Il demandera aux courtisanes musiciennes de chanter, en s'accompagnant, les airs de *Kaga* [53]. Mais il n'y prêtera guère d'attention. Au milieu d'une courte chanson, il adressera la parole aux bouffons en ces termes, par exemple : « Hier, l'acteur deutéragoniste du nô de « Mekari » a surpassé Takayasu ! » Après avoir fait l'éloge de cet artiste, il dira encore entre autres choses : « Dernièrement, je me suis informé auprès de Son Excellence Monsieur le conseiller à la cour impériale sur l'origine d'anciens poèmes et il a bien voulu me confirmer ce que j'avais appris, c'est-à-dire qu'ils étaient bien d'Ariwara no Motokata [54] ». Il intervient dans la conversation par deux ou trois propos relevés de ce genre. Mais dès le début, il se montre réservé. La courtisane vivement impressionnée par un client qui, en toutes choses, se montre calme et reposé, éprouve alors pour lui un naturel respect et un sentiment de crainte, car tous les actes de sa part lui paraissent remarquables. Devenue modeste, elle met de côté son grand air de dignité, et, pour lui plaire, l'entoure d'attentions.

Le prestige de toutes les courtisanes est à proportion de l'importance des cadeaux que leur offrent les clients. Au temps de la splendeur du « quartier d'amour » à Edo, il y avait un « maître » nommé Sakakura qui était intime avec la *tayû* Chitose et la rencontrait souvent. Buveur de saké, il l'accompagnait toujours, comme mets, de ces crabes dits « crabes-fleurs » qui vivent dans la rivière Mogami-gawa, au nord-est du pays. Il les aimait confits dans du sel. Un jour, il fit peindre à la poudre d'or, par un artiste de l'école Kano, son *mon* régulier — une feuille de petit bambou *sasa* dans un cercle — sur la petite carapace des crabes. Les honoraires, pour une peinture, furent fixés à un *bu* d'or. Pendant une année, de façon à ce qu'elle n'en manquât jamais, il en offrit à Chitose. A la capitale, un certain « connaisseur » du nom de Ishiko, féru de la courtisane Nokaze, lui offrait toujours avant quiconque des objets uniques ou à la mode; c'est ainsi qu'il lui avait fait teindre un *kosode* d'automne en violet pâle, couleur autorisée, parsemé entièrement de points blancs en saillie du genre *kanoko* qu'il avait fait trouer, à chacun de leur sommet, en les brûlant avec des « chandelles de papier », de sorte que l'ouate teinte en carmin de la doublure transparaissait par les trous. Cette fantaisie d'un amateur du curieux lui avait coûté pour un seul vêtement, une somme de trois *kamme* d'argent. De même, à Ôsaka, un certain Nizô, engageait souvent, pour plusieurs jours de suite, la courtisane Dewa (morte maintenant) de la maison Nagasakiya. C'était alors l'automne, morte-saison, et les courtisanes chômaient dans le quartier de Kuken [55]. Par compassion, il en engageait un grand nombre, et distrayait Dewa. Dans le jardin, il y avait un massif de lespédèzes en fleur. Pendant le jour, alors que la rosée n'y était pas encore tombée, l'eau dont on les avait aspergées s'était logée à la pointe de leurs feuilles. Ce spectacle émut profondément la courtisane qui s'écria : « A l'ombre de ces fleurs, le cerf amoureux de son épouse trouverait une couche éphémère. Les bois, dont il a beau être pourvu, ne seraient guère terribles. Oh! comme je voudrais voir sa forme vivante! — Rien de plus facile », répondit Nizô, et l'on raconte, qu'en hâte, il fit démolir le salon de derrière, sur l'emplacement duquel il fit planter mille plants de lespédèzes, dont il fit un champ à l'intérieur de la maison. Pendant la nuit, il fit venir, par des montagnards de la province de Tamba, qu'il avait commissionnés, plusieurs biches et cerfs. Le lendemain, il montra ce spectacle à Dewa. Après quoi selon ce qu'on raconte l'endroit redevint le salon, comme autrefois.

A la pensée que, dépourvues d'aucune vertu, elles peuvent déployer un luxe que même de nobles personnages ne pourraient s'offrir, il est à craindre que les courtisanes ne soient un jour punies par le ciel.

Cependant, si à l'homme qu'elles n'aiment pas, elles vendent leur corps, elles ne le lui donnent pas. Toutefois à servir en traitant froidement les clients et en se faisant juger cruelle par eux, un beau jour, les gens vous lâchent et du matin au soir, on chôme. On tombe en grade et l'on soupire tout naturellement après le cher passé, quand on avait le rang de *tayû*. Refuser le client ne se peut vraiment qu'à l'époque où l'on est en vogue. Quand la solitude est venue, on est heureuse de toute rencontre, de celle d'un commis, d'un mendiant frappeur de gong, d'un bancal, d'un bec-de-lièvre et de bien d'autres encore. A y penser, rien n'est plus misérable au monde que ce métier.

Livre deuxième

On fait de moi une fleur de *tenjin* [56],
vivante fleur de prunier.
Pour le rossignol [57] réputé en son temps,
mais qui n'en sent pas le parfum.
Il n'y a pas lieu d'ouvrir le bec.

(Chapitre I)

Il est amusant de devenir *kakoi* [66]
(comme il est amusant que brame le cerf).
Et le brocart de son lit aussi
(comparable à la couche du cerf faite des
feuilles rouges de l'automne) on a vu
anciennement quelle en était l'origine.

(Chapitre II)

Les sacs de paille où est assis le Seigneur Daikoku [87]
sont l'endroit où se cache l'amour.
Dans ce temple-là
On y trouve aussi la dorade du dieu Ebisu [88]

(Chapitre III)

L'activité de mon pinceau de femme :
Sans cesse, je me livre au jeu frivole des
lettres d'amour.

(Chapitre IV)

TABLE DES MATIÈRES

CHAPITRE IV

Maîtresse d'étiquette et de style épistolaire

J'écrivais par exemple : « Je ne cesserai de le répéter : je pense,
Monsieur, que vous comprenez bien les choses de l'amour... »
Même l'homme, dur comme s'il était fait de métal, se
mit, un beau jour, à dépérir.
« à l'adresse de celle qui fait périr d'amour! »

LIVRE DEUXIÈME. *Gravure du deuxième chapitre.*

La partie gauche montre un *daijin* couché, fumant une longue pipe et plaisantant avec une *tayû* assise à son chevet. Une *kamuro* se tient debout, à gauche.

Sur la partie droite de l'image, le perruquier de quartier, qui fait partie de l'entourage du *daijin*, est couché à côté de Ichidai-Onna et dispose à son chevet la menue monnaie dont il est parlé dans le texte, afin de s'attirer les bonnes grâces de la *kakoi*, sa partenaire. Celle-ci reste indifférente à ce maladroit déploiement de richesse qui l'a indisposée à l'égard du client.

Contraste intéressant des deux images.

LIVRE DEUXIÈME. *Gravure du troisième chapitre.*

A gauche, dans sa chambre privée, le supérieur du temple, d'aspect bien nourri, vêtu de son *koromo* noir, s'entretient avec le bouffon, entremetteur qui, négligemment assis sur la véranda, la jambe gauche pendante, raconte l'objet de la visite du faux *rônin*.

On aperçoit un cerisier fleuri dans le jardin. A droite, venant de franchir la porte intermédiaire, Ichidai-Onna, travestie en un jeune *rônin*, les deux sabres à la ceinture, est coiffée d'un *ami-gasa* qui lui cache le visage.

Derrière elle, le *yakko*, porteur de sandales, personnage accessoire de cette comédie. Un pin classique, aux branches tordues, s'élève derrière le mur d'enceinte.

CHAPITRE I

Impudique de classe moyenne

A la porte du quartier des courtisanes de Shimabara se présentait un jour un tableau jusqu'alors jamais vu, celui d'un voyageur qui y était arrivé par le nouveau sentier de Shujaku : assis sur une charge de tonneaux de saké de quatre *tô* [58] qui était attachée sur les flancs d'un cheval du relais de Otsu [59], un homme portait un vêtement ouaté en coton, rayé en long. Un sabre sans garde, de moyenne longueur, était passé à sa ceinture. Il était coiffé d'un chapeau conique tressé avec des feuilles de pousses de bambou. Rênes dans la main droite, fouet dans la main gauche, il conduisait la bête, tout doucement, au gré de sa fantaisie. Parvenu chez Maruyama Shichizaemon dans la rue d'Ageya-machi, un palefrenier, qui le précédait, remit à cette maison une lettre d'introduction où on lisait : « Ce Monsieur, qui est de Murakami dans la province d'Echigo, monte à la capitale pour s'y offrir des courtisanes. Il désirerait faire la meilleure chère possible et, après s'être amusé dans votre quartier, voir aussi Ôsaka. Il faudrait que vous lui donniez quelqu'un de chez vous pour l'y accompagner jusqu'à la maison Sumiyoshi-ya ou la maison Izutsu-ya. Je vous prierais de faire en toutes choses comme pour moi, selon votre convenance. » L'expéditeur de la lettre était un homme important de la province d'Echigo. Auparavant, il avait été le client de la première dame Yoshino. C'était un richard comme on en voyait rarement à l'époque. Il avait fait bâtir, uniquement à ses frais, l'étage intermédiaire de la maison. Ce bienfait, aujourd'hui même, n'était pas oublié.

Avec une telle recommandation, impossible de traiter le client avec indifférence. On l'invita donc de bonne grâce à entrer, après avoir attaché son cheval. A le voir, cependant, il n'avait pas l'air d'un homme à être fou de courtisanes. Les garçons de la maison, habitués aux manières des gens de la capitale, éprouvaient un certain embarras. Ils lui dirent : « Ainsi vous voulez faire des folies avec les dames courtisanes! » Et le richard de la campagne de répondre, d'un visage amer : « Celui-ci peut s'en payer! » Ce disant, il lança devant eux une sacoche de cuir qu'il vida de trois *shô* de pièces d'or rectangulaires estampées d'une tige florale de paulownia [60] et il éparpilla, pour chacun d'eux, une poignée de ces pièces d'un *bu* qu'on ne leur donnait guère, alors que présentement la vie leur était bien difficile! « Grand merci! », lui dirent-ils, et il y en avait même qui allèrent, pour leurs préparatifs contre le froid qui se faisait déjà sentir au crépuscule, retirer par là même, des vêtements chauds mis en gage. Après quoi, comme on lui présentait une coupe pour lui offrir du saké, il dit qu'habitué à boire seulement celui de son pays, tout autre ne lui plairait pas. Il en avait apporté de fort loin deux tonneaux, et s'amuserait tant qu'ils en contiendraient. « Conservez-le soigneusement, dit-il, et ne le servez qu'à moi seul! » On lui répondit que si le saké de la capitale ne lui plaisait pas, les courtisanes, pour la douceur de leur peau, ne lui plairaient sans doute pas non plus. « Quel serait donc votre goût? Nous allons vous présenter ces dames les *tayû*. » Mais, à ces paroles, le richard se mit à rire et répondit : « Peu m'importe son accueil au lit! Et, comme je ne sais si nos humeurs s'accorderont dès la première rencontre, faites donc venir celle qui, pour la beauté, est sans pareille dans ce quartier, sans m'obliger à la choisir! » Alors, pour au moins le récréer, on le fit asseoir devant la maison pour lui montrer le spectacle des courtisanes qui passaient en tenue de sortie du soir et on lui enseignait le nom de chacune d'elles avec un éventail-écran doré ou argenté.

Sans annoncer leur rang, on élevait un écran doré au-dessus de la tête d'une *tayû* et un écran argenté pour les *tenshoku* [61]. C'était un ingénieux moyen pour les mœurs du lieu.

Lorsque je portais le titre de *tayû*, je me montrais fière de mes ancêtres qui n'étaient pas de basse condition. Mais les gens ne se préoccupaient guère de mon passé, de savoir si j'étais fille de noble de cour ou de ramasseur de chiffons de papier. J'étais particulièrement orgueilleuse de ma beauté, et, du haut de ma grandeur, je n'adressais même pas la parole aux hommes dont la vulgarité transparaissait clairement. Au chant du coq, même lors de la séparation, cantonnée dans ma fierté, je n'accompagnais pas mon visiteur à son départ. A tous, je montrais habituellement un visage disgracieux. Je fus peu à peu délaissée et je manquai aux devoirs de ma profession. Mon patron ne put supporter de m'entretenir plus longtemps dans ma condition, et, après avoir consulté les gens de la maison et de la famille, me fit descendre au rang de *tenjin*. Dès ce jour-là, je ne fus plus accompagnée des compagnes des *tayû*. Ma literie changea aussi : je n'eus plus que deux matelas. Les inférieurs ne courbèrent plus l'échine devant moi. Ceux qui m'appelaient madame, ne me traitèrent plus que de dame. On ne me mit plus à une haute place au salon. Combien de fois, dans une journée, des choses me firent de la peine. Quand j'étais *tayû*, je ne passais pas même un jour au logis du patron. Vingt jours à l'avance on me retenait par l'entremise de la *yarite* [62] et, en un jour, de quatre ou cinq endroits on m'invitait à venir. J'allais d'une *ageya* à l'autre par un véritable « pont de gens », les uns venant à ma rencontre, les autres m'accompagnant, en faisant grande rumeur. Aujourd'hui, je n'avais pour compagnie qu'une petite *kamuro* et, tandis que j'allais, retenant le bruit de mes pas, mêlée à un nombreux cortège, le client d'Echigo, qui se trouvait à la maison Maruya, m'aperçut et tomba aussitôt amoureux de moi. « Ah! c'est cette dame que je veux! », s'écria-t-il. Mais quand on lui dit qu'elle avait daigné être rabaissée, le jour même, au rang de *tenshoku*, il déclara que, vu le luxe qu'il se devait de déployer pour l'honneur de sa province, il ne pouvait désirer qu'une *tayû*. Il vit encore un grand nombre de courtisanes et, comme il n'en trouva pas une seconde aussi belle que moi, il demanda si je n'avais pas commis à l'égard du patron quelque mauvaise action ayant motivé ma dégradation. Les choses en restèrent là. Mais sa question eut pour résultat de me faire une réputation que j'aurais voulu éviter. Je rencontrai désormais des hommes qu'hier encore j'avais en aversion. J'avais beau essayer de prendre un air sérieux et digne au salon, l'entourage détruisait mon effet : je laissais tomber la coupe dont je connaissais l'habituelle tenue; mes gestes et mes paroles étaient maladroits. Au lit même, le client me faisait effroi. Cependant, je m'efforçais de lui plaire. Je faisais ma toilette et mes préparatifs en hâte. Par souci d'économie, je n'osais brûler, autant que je l'eusse voulu, l'encens *kyara* [63]. Quand le garçon chargé des chambres m'appelait pour m'avertir que le lit était prêt au premier étage, je ne me faisais guère prier qu'une ou deux fois, et je montais lestement. La patronne de l'*ageya* venait près de la porte et demandait poliment au client s'il « avait bien voulu se coucher », tandis que, d'un ton bref, elle me jetait l'ordre, d'une autre manière moins polie, d'avoir à en faire autant. Puis, descendant l'escalier, elle disait à la servante qu'elle fixait d'un regard méchant : « Ici, il faut souffler la chandelle qui est de trop et la remplacer par une lampe à huile. Qui donc s'est permis de faire apporter ici, pour le repas, la boîte à compartiments étagés, en laque en relief, ornementée de dessins poudrés d'or et d'argent, alors que j'avais ordonné qu'on l'envoyât au grand salon? » Ces paroles à propos de choses pourtant évidentes, mais prononcées très haut sans souci que le client les entende, n'en marquaient pas moins que j'avais perdu tout prestige. La plupart des choses changèrent ainsi. En entendant bien d'autres propos aussi amers, je me mettais au lit. Mais l'homme me faisait lever et, après que je l'avais laissé faire selon son désir, il me demandait, avec un air de sympathie, quel était mon pays natal. Poussée par le désir de retirer de lui quelque avantage, je lui racontais tout. Nous nous trouvions alors naturellement en confiance et, de mon côté, je lui demandais de prendre à son compte mes préparatifs pour fêter le premier de l'an. Il y consentait à peu près et j'en étais toute joyeuse. A la seconde rencontre qui nous avait rendus plus intimes, je l'accompagnais, au moment de la séparation, jusqu'à la porte de sortie de la maison et j'y restais debout jusqu'à ce que son image ait disparu à mes yeux. Bientôt, dans la suite, je m'empressais de lui demander des nouvelles, en lui faisant envoyer par quelqu'un une lettre de cérémonie à trois feuillets superposés.

Quand j'étais *tayû*, même après cinq ou sept agréables rencontres au cours desquelles je m'étais fait un ami habitué, je ne lui envoyais jamais de nouvelles. Les *hikifune* ou la *yarite* y veillaient cependant et me rappelaient que je devais écrire une lettre à un certain monsieur. Choisissant un moment où j'étais bien disposée, elles frottaient le bâton d'encre sur la pierre de l'écritoire et, m'ayant passé le papier Hôshô, j'y répandais hâtivement des phrases toutes faites. Je leur laissais plier et lier la lettre que je lançais de côté après y avoir mis l'adresse. Et cependant, le destinataire envoyait chez la *hikifune* une réponse dans laquelle il disait avoir reçu ma lettre avec respect et gratitude et me priait de continuer à le chérir comme jusqu'à ce jour. L'un d'eux alla même jusqu'à offrir à la *yarite* trois grandes pièces d'or [64] pour l'achat d'un *kosode*. A cette époque-là, je ne trouvais rien de rare à l'or ou à l'argent que le monde convoite tant. Comment aurais-je pu alors éprouver quelque regret à m'en séparer pour le faire accepter par toutes sortes de gens? L'or que donnent les *tayû* est, quand on y réfléchit, comme de l'argent gagné dans un tripot. Mais aujourd'hui que je n'en avais plus, j'avais beau, abandonnant toute honte, en demander aux clients, c'était bien incertain.

Généralement, ceux qui s'amusent avec les courtisanes dépensent plus qu'il ne convient à leur condition. Ceux qui disposent de moyens au-dessus de cinq cents *kamme* d'argent [65] peuvent rencontrer les *tayû*. Ceux qui n'ont, au plus, que deux cents *kamme*, peuvent sans inconvénient voir des *tenshoku*. Aux possesseurs de cinquante *kamme*, au plus, conviennent les *kakoi* [66]. Quant à ceux qui vivent simplement sans faire travailler leur argent, ceux-là ne doivent pas y penser.

A observer les mœurs de ces dernières années on voit des gens irréfléchis, disposant seulement de moyens qui ne leur permettraient de s'amuser que pendant moins d'une demi-année, y perdre la tête à grand bruit avec de l'argent emprunté à un taux de vingt à trente pour cent, ce qui absorbe, en paiement d'intérêts, tout leur avoir et met dans la détresse leur patron ou leur parenté.

A se distraire ainsi, en sachant bien pourtant ce qu'il en adviendra, quel plaisir peut-on éprouver ?

Ce « monde flottant » a bien des aspects divers. Ainsi, tandis que je servais comme *tenshoku*, j'eus trois clients aux soins desquels je m'étais confiée. L'un était d'Ôsaka. Il perdit sa maison à l'occasion d'une forte spéculation à la baisse de la noix de bétel [67] dont le cours ne se releva pas. Le second, qui était bailleur de fonds pour des représentations théâtrales, fit de lourdes pertes. Le dernier se lança dans une entreprise de mine d'argent qui tourna mal. En vingt-quatre jours, tout, pour les trois, se terminait par la ruine et ils cessèrent entièrement de donner de leurs nouvelles. Alors que je déplorais l'infortune de cette soudaine solitude, un abcès, gros comme un grain de millet [68], se produisit un beau jour sous une de mes oreilles, vers l'époque du « mois où tombe le givre ». Ce mal ne tarda pas à me faire souffrir et laissa une laide cicatrice. Pour comble de déveine, je fus atteinte par un rhume épidémique qui clairsema ma noire chevelure. Aussi les gens me délaissèrent-ils plus encore, tandis que moi-même, dépitée par mon malheur, matin et soir, j'abandonnais aussi mon miroir.

CHAPITRE II

Au quartier des plaisirs, les filles de rang inférieur

Quand les *chônin*, jusqu'aux plus bas dans leur classe, portent un sabre court il n'y a plus de querelles sous de futiles prétextes et tout se trouve dans l'ordre. S'il n'était permis en ce monde qu'aux militaires de porter un instrument tranchant, les hommes de petite taille seraient toujours maltraités par de plus grands, ayant pour eux la force. Comme les gens faisaient attention à cet objet terrible porté à la ceinture, on pouvait alors passer son chemin, tout seul, même par la nuit la plus obscure.

Les courtisanes aiment les hommes d'un tempérament vif et d'une voyante élégance qui, avec une fière suffisance, mettent leur gloriole à se provoquer sous le prétexte du heurt de leurs sabres et ne comptent pour rien de perdre la vie dans un beau geste. Pour moi, toute courtisane que j'étais, je n'aurais pas reculé s'il s'était agi, par devoir [72], de faire le sacrifice de ma vie. Je m'étais faite à cette pensée du matin au soir. Mais, dans une aussi triste condition, on ne saurait mourir sans un compagnon.

Alors que j'avais été très désappointée d'être rabaissée du rang de *tayû* à celui de *tenjin*, aujourd'hui que je me voyais dégradée de nouveau et faite *kakoi*, je servais dans un esprit tout différent de mon orgueil d'autrefois : Ainsi, en toutes choses, on arrive à se comporter suivant les circonstances du moment. Quand on vint de l'*ageya* m'appeler pour mon premier client, je considérai comme une bonne chance de me vendre, ne fût-ce qu'une seule fois. Aussi n'envoyai-je personne pour voir quel genre de client c'était, par crainte qu'en attendant il ne change d'intention et j'y allai en toute hâte, ennuyée que j'étais de chômer ce jour-là. Mais même alors, j'entendis le garçon de l'*ageya* qui s'exclamait en faisant allusion à moi pour que je l'entende : « Puisque ce n'est qu'une *kakoi* qu'on en appelle une qui soit capable d'accompagner aussitôt le messager dès qu'il viendra la chercher! Qu'une courtisane de mauvaise qualité se permette de s'attarder à sa toilette, c'est autant de perdu! Pour un objet qui ne vaut que dix-huit *momme*, le client n'en donnera pas un de plus! » Il me fut pénible d'entendre ces propos criés à pleine voix. A l'*ageya*, la patronne fit mine de ne pas me voir et ne m'adressa pas la parole. Embarrassée, j'entrai, par contenance, par la cuisine. Là se trouvait un garçon d'une *chaya* [73] sur le chemin conduisant à la route pour la province de Tamba. Il me fit signe de monter au premier étage et, dans l'instant même, me tâta les fesses de l'autre main. Quelque peu fâchée, j'entrai au salon où se trouvaient autant de *tayû* que de *daijin* (clients fastueux). Dans l'assistance, il y avait aussi une *tenjin* pour chacun des compagnons de ceux-ci et en outre quatre ou cinq jeunes gens dont le rôle était de s'empresser auprès des clients. Invitée à entrer et à me joindre à la compagnie sans qu'aucun partenaire me soit désigné, je m'assis à une basse place. On me tendit une coupe égarée qui ne m'était pas destinée, mais comme personne ne m'y versait de saké, ne faisait attention à moi, ni ne m'adressait aucun salut, finalement je la tendis à ma voisine, une courtisane musicienne et j'attendis impatiemment le coucher du soleil.

Quand je me couchai sur mon matelas unique, je trouvai comme compagnon un jeune homme d'une excessive élégance et qu'on pouvait prendre, à coup sûr, pour un coiffeur de la ville. Il ne devait guère connaître que la manière de s'amuser dans les *chaya* de Koppori-chô [74] ou de Ue-hachiken, car ses façons au lit étaient si drôles! Il avait défait et écarté sa ceinture, laissant voir sa nudité, et étalé à portée de sa main le papier mouchoir. Voulut-il faire montre de sa prospérité? Il rapprocha la lampe posée près de son oreiller et sortit de la bourse qu'il portait à son flanc, fixée à une ceinture de cuir, une pièce d'or de un *bu* et pour trente *momme* de piécettes d'argent [75]. Il en fit à haute voix le compte plusieurs fois en me les montrant. Quel homme! C'était vraiment trop fort! Aussi, quand il m'adressa la parole, je ne lui répondis même pas, me bornant à me plaindre de douleurs soudaines au ventre, et je me couchai en lui tournant le dos. Je me demandais comment il allait discuter avec moi, mais, contre mon attente, il me dit : « J'ai " la main amère " [76] » et jusqu'à l'aube il me massa. Poussée par la pitié, je me tournai vers lui pour l'attirer à moi et en venir agréablement à nos fins, quand la voix d'un *daijin* fit entendre ces paroles : « Proche est la fin de la nuit; quant à toi, rentre donc en avance! Les gens vont s'impatienter d'attendre pour se faire coiffer! » C'est ainsi que, sans aucun ménagement, on le fit lever. Ayant entendu ces paroles, je changeai de disposition, car il était bien de la profession que je lui avais tout d'abord attribuée, et cela me déplaisait qu'on ajoutât encore à ma réputation de frivolité, à cause de lui [77]. Sans plus, je me levai et nous nous séparâmes.

Tant que je servais comme *tayû*, ou même comme *tenjin*, je n'avais pas trop éprouvé la misère du métier qu'on dit cependant pénible. Mais ma situation de maintenant était si triste que je me demandais comment il se pouvait qu'aujourd'hui elle différât tant de ce qu'elle avait été autrefois. Les gens grossiers me répugnaient et je ne rencontrais guère souvent de clients d'une conduite convenable. Même quand, par hasard, je me trouvais avec un « connaisseur », dès qu'il se mettait au lit, ses premières paroles étaient sans aucune grâce : « Courtisane! dénoue ta ceinture! » Et si je répliquais, par exemple, d'un air entendu, en faisant la froissée : « Que vous êtes donc impatient! Comment donc avez-vous pu rester dix mois dans le ventre de Madame votre Mère! » il me laissait à peine finir et répliquait : « Il faut bien que ce soit pour cette fin-là qu'on accepte d'y loger! Depuis l'âge des dieux, une courtisane n'aimant pas ça est de bien mauvaise espèce! » et il se mettait aussitôt à m'entreprendre. Et il était clairement visible, à voir sa violente humeur, que si je disais quoi que ce soit, il aurait aussitôt répondu : « Cela ne fait aucune difficulté; vous n'avez qu'à vous en aller; je verrai à changer de courtisane! » Cet homme était effrayant. Mais ce qui aurait été plus terrible encore, c'eût été mon chômage (et que le prix de la passe restât alors à mon compte). C'est pourquoi, lorsque le client est un « connaisseur », une *kakoi* doit avoir le bon esprit de dire, par exemple, en ornant un peu ses paroles, une phrase toute faite de ce genre : « C'est un amusement sans grand intérêt pour vous de me rencontrer, mais quand cette frivolité arrivera aux oreilles de votre partenaire habituelle, ce n'est pas moi qui vous excuserai auprès d'elle. »

A un degré au-dessous des *kakoi*, viennent les *hashi-tsubone* [70] sur lesquelles on pourrait parler sans fin sans que le récit eût quelque intérêt à être écouté. Chacune a, cependant, sa manière de faire à peu près fixe, vis-à-vis du client, et son langage pour le lit. En premier lieu, celles qui touchent trois *momme* ne sont pas trop vulgaires. Qu'un client se présente, elles montent sans hâte à l'intérieur de la maison. A leur suite, une *kamuro*, vêtue de coton, prépare le lit. A côté du matelas recouvert de soie *momi* teinte en rouge, de qualité moyenne, elle dépose du papier mouchoir plié d'une façon assez agréable à voir, baisse la lampe à huile mise derrière le chevet et l'en éloigne convenablement, place deux oreillers faits d'un assemblage de planchettes, et, en disant : « Placez-vous ici, étendu à votre aise », sort de la chambre par la porte basse à un battant pour rentrer à l'intérieur de la maison.

Les clients qui fréquentent les courtisanes de cette même catégorie de *mise-jorô* [70] ne sont nullement des gens foncièrement grossiers. Il en est parmi eux dont les moyens sont si réduits par leurs prodigalités dans les *ageya* qu'ils y sont endettés et ne peuvent plus passer devant la porte de ces maisons que dans l'obscurité. D'autres sont des commis de maisons prospères. De chez les militaires, on voit venir des *chû-goshô* [78]. Ces courtisanes ne défont pas leur ceinture dès qu'elles se couchent. En battant des mains, elles appellent la *kamuro* et lui disent : « Placez les vêtements de Monsieur au pied du lit et faites-lui revêtir ceux-ci, tout malpropres qu'ils soient. » Remarquant la peinture sur l'éventail du client, elles lui diront, gentiment : « Ce noble de cour qui se coiffe la tête de sa manche, n'est-ce pas celui, comme dans le poème, qui s'est arrêté par un crépuscule de neige près du passage de Sano ? [79] » L'homme trouve dans la question un prétexte pour se rapprocher de la femme et lui dire : « Qu'à cette occasion je frôle un peu votre peau blanche comme la neige que chasse la manche du noble de cour ! » Ensuite, c'est l'amour.

Ceux qui, jusqu'à l'instant du retour, s'abstiennent de demander son nom à la courtisane, sont à coup sûr des gens d'une certaine condition. Pour les faire revenir, il y a un moyen. C'est de leur dire, au moment de la séparation : « A la prochaine fois, quand vous viendrez aux barreaux, pour y rencontrer votre amie habituelle », puis de les accompagner un instant. Par ostentation, tout homme trouvera là un prétexte pour revenir causer, à cette prétendue occasion. On l'aura en main. Quand on estime que l'homme est au service d'un patron, on lui dit, par exemple : « Comme vous ne vous êtes pas fait accompagner, je suis inquiète à la pensée que vous ferez seul le chemin du retour. » Aucun ne dira jamais : « Mais je n'ai personne à mon service ! » En les flattant ainsi, on s'en fait des habitués. La courtisane fait en sorte, de cette manière, qu'ils ne puissent plus prétendre être sans personne pour porter le coffre *(hasami-bako* [80]*)* servant à contenir les cadeaux qu'elle leur réclamera dans la suite.

La courtisane à deux *momme* baisse elle-même la lampe. Elle étend une feuille de papier sur l'oreiller en fredonnant un passage connu d'un air de *Kadayû-bushi* [81] qu'elle termine pour demander aussitôt : « Qui rencontrez-vous habituellement ? Passer même quelques instants dans un endroit aussi peu amusant doit être un ennui pour vous. Quelle *ageya* fréquentez-vous ? » Telles sont les phrases toutes faites avec lesquelles la plupart d'entre elles accueillent le client.

La femme qui prend un *momme* sort de derrière un paravent la natte à coucher, en chantant une nouvelle chanson en vogue. Elle avait déjà commencé de dénouer silencieusement sa ceinture. Sans se préoccuper des impressions du client et ainsi que sa maison le lui a ordonné elle change de vêtements, enlève son pagne et le range à un endroit caché. « Je croyais que c'était encore la soirée et voilà que la cloche sonne maintenant la quatrième heure de nuit [82] ! Avez-vous loin pour retourner jusque chez vous ? » Ainsi s'exprime la femme qui a le souci du client pressé, et une fois l'affaire terminée, elle appelle la *yarite*. Et c'est drôle de la voir lui ordonner, d'une voix brève : « Emplissez de thé deux bols de *temmoku* et offrez-les ! »

La courtisane à un demi-*momme* ferme elle-même la porte. D'une main, elle étend une étroite natte de *toshima* et, d'un pied, elle met en place le plateau à fumer. Elle fait tomber l'homme en l'attirant à elle et s'écrie : « Cet homme-là porte un pagne en soie ! Tout usagé qu'il soit, quel luxe ! Et vous, ce que vous faites, je vais vous le dire, sans me tromper ! N'êtes-vous pas veilleur de nuit, puisqu'il fait clair de lune, qu'aucun vent ne souffle et que cela vous donne du loisir ! » Le client répond : « Je suis un grand négociant, courtier en *tokoroten* [83] ! » « Vous parlez comme bon vous semble, réplique-t-elle, mais conviendrait-il à un marchand de *tokoroten* de s'amuser par une nuit chaude comme celle-ci, surtout quand se donnent les danses *kagura* d'été au temple de Kôzu [84] ? Car, même si vous n'étiez pas chanceux vous y gagneriez bien encore quatre-vingts *momme* ! » A passer par les divers degrés du métier, ce qui la met en rapport avec des gens de toutes sortes de conditions, une courtisane devient ainsi très avisée des choses de la vie.

Je quittai la capitale où j'étais descendue à un rang plus bas que celui de *kakoi*, pour être vendue au quartier de Shimmachi [85] où je servis pendant deux ans comme *mise-jorô*. Aussi ai-je pu, dans l'intervalle, voir bien des choses sur les aspects de ce monde.

Mes treize années de service terminées, à l'expiration de mes contrats, comme je ne pouvais compter sur l'appui de personne, je m'embarquai sur un bateau de passagers [86] de la rivière Yodo-gawa et retournai, pour la seconde fois, au pays natal.

CHAPITRE III

Concubine[87] *d'un bonze de temple séculier*[89]

Je rouvris mon vêtement fermé sous les aisselles[91] et repris mon aspect d'autrefois. C'était un avantage que me permettait la petite taille dont la nature m'avait douée et qui m'avait fait donner le sobriquet de « Tekkai fille[92] ».

A l'époque, les temples étaient à leur apogée, mais, bien que la loi bouddhique fût très en faveur, ils ne se cachaient pas du monde pour y entretenir des *tera-koshô*[93]. Moi-même, à l'imitation de ceux-ci, et toute honteuse que j'en étais, je me rasai le milieu de la tête à la manière des *wakashu*. J'appris à contrefaire la voix masculine; je pris à peu près l'allure des garçons, à force de l'observer et, portant même un pagne masculin, j'étais vraiment étonnée de pousser à ce point la ressemblance. Je changeai ma ceinture contre celle, plus étroite, que portent habituellement ces jeunes gens. Avec le grand et le petit sabre, je n'arrivais cependant pas à bien équilibrer ma démarche. Vêtue du manteau, coiffée d'un chapeau en jonc tressé ayant la forme de celui d'un champignon je trouvais, à part moi, cet accoutrement bien drôle. Pour qu'il porte mes sandales, je me faisais accompagner d'un *yakko*[94] à la moustache faite de coups de pinceau et en outre d'un bouffon habitué à ce genre de mœurs.

Après m'être informée des temples de quartier ayant quelque aisance, j'en franchissais la porte intermédiaire, sous le prétexte de voir les fleurs de cerisier du jardin. Le bouffon allait au logement du supérieur et chuchotait quelque chose à l'oreille de celui-ci qui paraissait être de loisir. J'étais ensuite invitée au pavillon des visiteurs où mon introducteur présentait le garçon comme un *rônin* en instance de service auprès d'un militaire mais qui viendrait de temps en temps se distraire et il le recommandait, pour toutes choses, à sa bonne attention.

Transporté d'aise, le supérieur ne se possédait plus et s'oubliait jusqu'à dire : « Hier soir, quelqu'un m'a enseigné une médecine abortive dont les personnes comme vous ont absolument besoin. » Et il était bien drôle de le voir se taire tout à coup, quand il s'était rendu compte qu'il avait laissé échapper inconsidérément ces paroles. Après, c'était le désordre qu'amène le vin; puis un repas qu'avait annoncé une odeur de poisson parvenant de la cuisine. Par nuit je recevais pour « prix de mes bontés » une somme fixée à deux *bu* d'or. Je fis le tour de tous les temples, de ceux des « huit sectes » *(hasshû*[95]*)*, comme on dit, pour y répandre ma religion. Je n'y trouvai aucun de ceux qui sont « sortis du monde » *(shukke*[96]*)* qui ne « coupât son chapelet[97] ». Dans la suite, on s'éprit profondément de moi dans un certain temple et j'en devins la « Madame Daikoku »[87] par un contrat de trois années, pour une somme de trois *kamme* d'argent.

Au bout de quelque temps, je vis combien drôle était un temple séculier[89]. Autrefois, seuls des bonzes liés d'amitié, confrères dans un même temple, se réunissaient pour s'amuser les six jours d'abstinence du mois[98], à l'exception des anniversaires de la mort du Bouddha et des fondateurs de la secte, qu'ils s'engageaient par serment écrit à observer. Quant aux autres jours du mois, ils avaient la conduite habituelle des religieux, « gens sortis du monde ». Les jours d'amusement, ils allaient, la nuit venue, soit au restaurant « A la Carpe », à Sanjô, ou autres restaurants pour y manger du poisson et de la volaille et s'adonnaient ensuite aux femmes. Les bouddhas devaient avoir daigné leur accorder consentement et pardon, car aucun châtiment ne venait les punir. Toutefois ces dernières années, au fur et à mesure que grandissait leur prospérité, les temples sont tombés en un complet désordre. La robe de bonze, portée dans la journée est remplacée la nuit par le *haori*. Un logement pour les femmes est aménagé sur place. A cette fin, un coin de la chambre particulière est profondément creusé; on y pratique un petit vasistas pour la lumière. Une couche épaisse de terre est déposée sur le plafond et les murs de cette retraite cachée ont plus d'un pied d'épaisseur pour que les paroles ne percent pas au-dehors. Pendant le jour, j'y restais confinée; la nuit, j'en sortais pour aller à la chambre à coucher. Cette contrainte, cette existence sans amour que je menais, uniquement pour vivre, augmentaient ma tristesse. A m'abandonner à un vilain bonze pour faire, jour et nuit, l'amour avec lui, tout amusement bientôt cessa, tout divertissement disparut pour moi. Je dépéris graduellement, mon corps s'amaigrit. Mais le doyen des bonzes était sans pitié et son effrayante physionomie semblait me dire : « Si tu meurs, je me charge de te faire enterrer ici. » Avec l'habitude, j'arrivai cependant à ne plus éprouver de déplaisir, et j'attendais impatiemment son retour quand il était allé, pour l'office de nuit, chez un paroissien la veille de funérailles ou celle d'un jour anniversaire d'un deuil. Je ressentais de l'ennui à en être séparée, même quelques instants, lorsqu'il me quittait à l'aurore d'un jour où il rassemblait les ossements du mort incinéré. Même l'odeur d'encens dont s'imprégnait son *kosode* blanc m'était devenue chère en tant que parfum communiqué par mon compagnon.

A la fin, j'oubliai ma solitude et je me plus, par habitude, à entendre le son du gong et des cymbales qui me faisait, au début, me boucher les oreilles. La fumée des corps qu'on brûlait ne me gênait plus l'odorat et je me réjouissais d'autant plus, comme d'un bonheur pour le temple, que le nombre de décès augmentait. Au crépuscule, le marchand de victuailles venait; on se cachait tout de même un peu du monde car, pour éviter que le fumet ne se sentît au-dehors, on mettait un couvercle sur le brasero pour préparer les canetons désossés, la soupe de poisson-lune et les grillades sur planchettes de cryptomère. A l'école de ce désordre, tous, jusqu'aux novices, cachaient dans leurs manches des sardines séchées couleur de rouille qu'ils faisaient griller sous la cendre dans une enveloppe de papier jeté au rebut portant griffonné le nom du Bouddha. A passer leurs journées à ce régime, ils avaient le teint brillant et le corps replet, se livrant avec aisance à leurs occupations. Mais ceux qui, séparés du monde, mangent uniquement les fruits des arbres dans les forêts de leur retraite, ou les bonzes miséreux qui se voient naturellement forcés de se nourrir seulement de végétaux, ceux-là se remarquent aussitôt à leur mine couleur de bois mort. Je servis dans ce temple du printemps au commencement de l'automne. Tout d'abord, profondément soupçonneux, le maître fermait la porte à clef quand il sortait. Mais maintenant il était tranquillisé au point de me laisser jeter un coup d'œil même jusqu'à la cuisine, et je m'enhardis bientôt jusqu'à ne pas m'enfuir au plus vite quand les fidèles venaient au temple.

Un certain jour, à la tombée de la nuit, le vent faisait bruire la ramure des arbres et mettait le désordre dans les feuilles des bananiers. Le spectacle était sinistre. Tandis que, sur la véranda en bambou, je méditais sur les vicissitudes de ce monde, solitaire, appuyée sur mon bras en guise d'oreiller et n'étais pas encore tombée dans le rêve, un fantôme m'apparut : sur sa tête, plus aucun fil noir; sur son visage, des vagues de rides se chevauchaient; ses mains et ses jambes étaient maigres comme des bâtonnets à saisir le charbon. Ses reins ne le portant plus, il s'avançait en rampant. Il me dit, d'une voix pitoyable, à peine perceptible : « Depuis de longues années, je passe dans ce temple pour la mère du supérieur. Bien que je ne sois pas d'une très basse condition, je prenais tout exprès un aspect misérable. De vingt années plus âgée que le supérieur, et en dépit de la honte que j'en éprouvais — ce n'était sans doute que pour y trouver un moyen d'existence —, la nuit, en secret, j'avais avec lui des relations de profonde intimité. Nous avions échangé des promesses d'avenir, mais il n'en tint aucun compte. Devenue vieille, j'ai été reléguée dans un coin et je suis nourrie des restes des offrandes à Bouddha. Et comme je n'arrive pas à mourir, il me regarde d'un air courroucé. Je pense qu'il est bien cruel, mais je n'ai pas envers lui trop de ressentiment. Mais celle contre qui ma haine s'est accumulée de jour en jour, c'est vous. Vous ne pouviez sans doute le savoir, mais quand j'entends vos propos d'oreiller avec le supérieur, même à mon âge, même à l'état où ma personne est arrivée, je ne puis oublier les choses de l'amour. Vous mordre pour assouvir ma rancœur, j'ai décidé que ce sera ce soir. » Je fus vivement impressionnée et je pensai que, de toute manière, il était devenu inutile pour moi de rester là plus longtemps.

Pour quitter les lieux, j'usai d'un stratagème bien comique. Je remplis d'ouate vers le bas le devant de mon vêtement de chaque jour, de façon à laisser croire que j'étais enceinte et je dis : « Jusqu'à maintenant, j'avais caché mon état, mais, avec les mois, ma grossesse s'avance et je ne sais quand la naissance aura lieu. » Fort surpris, le supérieur me pria de retourner au plus vite chez moi et de revenir dès que je serais délivrée. Il rassembla les offrandes accumulées et se préoccupa de tout ce qui pourrait advenir dans l'intervalle et me remit, pour vêtir le nouveau-né, sans y regarder aucunement, tous les petits *kosode* d'enfants morts que leurs parents avaient offerts au temple. Les manches portaient encore la trace des larmes qu'ils avaient versées, mais ils n'avaient pas voulu les conserver comme un souvenir dont la vue n'aurait fait que raviver leur chagrin. Il donna à l'enfant avant qu'il ne naisse le petit nom de « Ishi-jiyo » (Robuste comme une pierre qui dure mille années).

J'en avais assez de ce temple, et je n'y retournai plus, bien que mon engagement ne fût pas arrivé à son terme. Sa condition de religieux, malheureusement pour lui, lui interdisait de porter plainte contre moi.

CHAPITRE IV

Maîtresse d'étiquette et de style épistolaire

« Vous avez bien voulu m'envoyer de superbes fleurs d'iris que je ne cesse de contempler avec un plaisir extrême. » C'est ainsi qu'à la capitale écrivent les maîtresses de style épistolaire.

Après avoir servi chez un noble où elles ont appris la plupart des diverses règles de l'étiquette à observer au cours d'une année, beaucoup de femmes s'établissent finalement dans cette profession et nombre de parents de bonne condition envoient chez elles leurs jeunes filles pour s'y former par l'exemple aux bonnes manières.

Du fait qu'autrefois j'avais servi chez des gens de noble condition, il me fut permis de tenir un cours de calligraphie pour filles. Tout heureuse de loger chez moi, je placardai sur l'un des piliers de la porte d'entrée une affiche où s'inscrivait : « Cours de calligraphie féminine. » J'occupais un petit salon que j'avais arrangé pour en rendre l'aspect agréable; j'avais à mon service une servante non dégrossie qui venait d'arriver de la montagne. Consciente de l'importance de mes obligations à l'égard des jeunes filles qui m'étaient confiées, chaque jour, sans relâche, je corrigeais leurs devoirs d'écriture mis au net et je leur enseignais les règles du savoir-vivre et du maintien que doivent connaître les femmes. Je mis fin, complètement, à toute légèreté de conduite, n'y pensant même plus. Mais un jour un jeune homme, d'un âge où la passion amoureuse est la plus ardente, me demanda de tenir sa correspondance galante. Pour avoir exercé autrefois le métier de courtisane, je comprenais à fond les principes qui lient les hommes et les femmes comme sont unis par le corps et volent de concert les oiseaux *hiyoku* [99] ou les deux arbres unis par une branche commune *renri*. Mes lettres, d'une séduction qui frappait juste au point sensible, ne manquaient pas de troubler le cœur de celles qui les recevaient. Les procédés différaient cependant selon qu'il s'agissait d'une jeune fille naïve dont le sentiment était vite percé à jour, ou d'une de ces femmes à la page, rompue aux intrigues de la galanterie : mais il n'y en avait aucune qui ne se rendît.

A l'exception d'une lettre, il n'y a guère d'autre moyen qui lui soit comparable pour connaître les sentiments d'autrui. Quel que soit l'éloignement du pays, le pinceau exprimera les pensées. Une lettre aura beau comporter une longue succession de phrases : si elles sont trompeuses, on se lassera naturellement de sa lecture et on ne regrettera pas de la jeter. La marche d'un pinceau sincère ira naturellement droit au cœur : on aura l'impression d'une rencontre réelle avec l'écrivain.

Quand je servais au quartier des courtisanes, parmi mes nombreux clients, il y en avait un pour lequel j'étais loin d'avoir de l'aversion. A chaque rencontre, je me confiais à lui, sans plus penser que j'étais courtisane. Je lui parlais franchement et à cœur ouvert de toutes choses. Il ne m'aurait pas abandonnée; mais pour être venu me voir fréquemment, il lui devint finalement impossible de me revoir, par excès de dépense. J'en étais si triste que, chaque jour, je lui faisais par lettre tenir, en secret, de mes nouvelles. Il lui semblait alors qu'il me voyait. Après avoir relu plusieurs fois ma lettre, étendu sur sa couche solitaire, il la pressait contre sa poitrine. Une fois, en rêve, la lettre revêtit ma forme et, s'étant entretenu avec elle toute la nuit, il étonna les oreilles de ceux qui étaient couchés non loin de lui. Dans la suite, il redevint libre de ses moyens, et je pus le revoir comme auparavant. Il me raconta alors, en résumé, ce qui lui était arrivé, et je compris à ce moment que les pensées inquiètes que, chaque jour, j'avais entretenues à son égard, avaient trouvé chez lui leur écho fidèle. Et cela devait être, car chaque fois que je lui écrivais, j'oubliais toute autre chose que l'unique pensée qui m'absorbait et qui n'aurait certainement pas pu dévier de sa destination!

Quand les gens me confiaient des lettres à écrire, je leur garantissais que leur amour serait partagé selon leur désir, quelle que fût l'indifférence du destinataire. Tandis que pour ledit garçon je mettais tout mon cœur à composer des lettres, pour sa part il se troubla et je me mis à le chérir. Une fois, le pinceau en main, je fis mine de réfléchir pendant un moment, puis je lui dis, abandonnant toute honte : « A vous tourmenter ainsi et se montrer cruelle au point de ne pas répondre à vos sentiments, cette femme impitoyable n'a pas sa pareille au monde! Au lieu de poursuivre une cour qui n'aboutit pas, pourquoi ne pas reporter votre amour sur moi? Il s'agit de s'entendre.

Peu importe de mettre en parallèle les qualités et les défauts de cette femme avec les miens. De bons sentiments de mon côté, et, pour vous, satisfaction immédiate en amour, ne sont-ils pas pour vous un avantage du moment ? » Surpris, l'homme resta quelque temps sans paroles. Pensa-t-il que le cœur de la femme qu'il aime était incertain et que le plus court chemin valait le mieux ? Remarqua-t-il aussi, en particulier, que mes cheveux étaient légèrement crêpelés, mes gros orteils retroussés et ma bouche petite[100], il me dit : « A ne vous rien cacher, même pour la femme à qui je fais la cour, je ne voudrais pas dépenser de l'argent. Quant à vous, je ne pourrais vous offrir une ceinture. Même après que nous serions devenus tout à fait intimes, à la demande : " Avez-vous un marchand d'étoffes parmi vos relations ? " je ne pourrais vraiment répondre par la promesse d'une double pièce de soie[101] et d'une demi-pièce de doublure rouge *momi*. Je dois vous prévenir maintenant, ne pouvant garantir ce que je n'aurais pas dit dès le début. » Alors que je lui accordais tant de faveur, l'impertinence de ses paroles me le fit trouver odieux et ignoble. Dans les quartiers de cette vaste capitale, il n'y avait certes pas « sécheresse » d'hommes et je pensais que j'en trouverais bien un autre que lui, lorsque, juste à ce moment, dans le calme rendu pénétrant par la pluie d'été qui s'était mise à tomber, un moineau, venu d'un fourré de bambous, entra en volant par la fenêtre et éteignit la lumière. A la faveur des ténèbres, l'homme me saisit vigoureusement. Déjà il respirait fortement du nez ; il étala près de l'oreiller quelques feuilles de papier mouchoir dit « Kosugiwara » ; et il me dit, en me frappant légèrement les reins : « A toi pour cent ans[102] ! — Téméraire stupide, ignorant des dangers de l'existence ! Te laisserai-je vivre pendant quatre-vingt-dix-neuf ans ? Ce que tu m'as dit, il y a un instant, était bien vexant ! En moins d'une année, je te forcerai à marcher avec une canne, je décharnerai ton menton et je te ferai prendre congé de ce monde éphémère. » Ainsi pensai-je. Et, depuis lors, de jour et de nuit, je le provoquai à la bagatelle. Quant il se sentait faible, je lui faisais prendre du bouillon de loche, des œufs et des ignames de montagne[103]. Comme je l'avais prévu, l'homme s'épuisa petit à petit. Chose lamentable : le quatrième mois de l'année suivante, à l'époque où l'on change les vêtements doublés en ouate contre ceux de demi-saison[104] cela ne lui fut plus possible. Il restait vêtu d'un habit doublement ouaté. Abandonné de la plupart des médecins, la barbe longue et embroussaillée, les ongles poussés longs, obligé de porter la main à son oreille pour pouvoir entendre, il secouait la tête d'un air de rancune, même quand on racontait devant lui d'agréables histoires de femmes.

Livre troisième

Que, ces dernières années, les gens ne prennent
plus à leur service des *koshimoto* [105] aux longues manches,
ce n'est pas parce que la jalousie
les y fait renoncer,
mais c'est parce qu'ils y trouvent plus d'avantage.

(Chapitre I)

La beauté importait peu chez elle,
seule c'était sa manière de parler qui recommandait
l'épouse.

(Chapitre II)

Après avoir écouté leurs chansons,
On ne les laisse pas tout simplement partir,
ces beautés coiffées d'un chapeau de carex tressé.

(Chapitre III)

L'un des attraits d'une femme, c'est aussi
l'aspect de sa chevelure.
Elle s'était bien habituée à l'art de la coiffure,
Cette domestique.

(Chapitre IV)

TABLE DES MATIÈRES

CHAPITRE IV

Le lien de la chevelure, en papier doré aux bouts relevés [145]

Alors que l'aspect du visage dépend surtout
de la chevelure,
Hélas! sans pitié,
celle de Madame ayant été mise en désordre
par le jeu folâtre d'un chat,
Éviter que ne fût révélé ce qu'elle avait caché,
elle ne le put malheureusement!
Quand j'étais coiffeuse à son service,
ce fut mon méfait.

LIVRE TROISIÈME. *Gravure du premier chapitre.*

A gauche : Partie inférieure. La tête sur l'oreiller, l'épouse dort épuisée par sa nuit d'amour. Elle est entourée d'un paravent à six feuilles. Derrière elle, les cloisons à glissière.

Partie supérieure. Le matin du vingt-huitième jour du onzième mois, jour d'actions de grâce rendues à saint Shinran, fondateur de la secte Jôdo-shinshû. Le maître de la maison se dispose à lire les « lettres » qu'il tient dans la main droite. Il est vêtu du *kataginu* de cérémonie. Surpris, il cherche de la main gauche à arrêter Ichidai-Onna, qui vient de le solliciter par une étrange question suivie du geste de dénouer sa ceinture. Derrière eux, l'autel bouddhique sur lequel on aperçoit les trois instruments du culte : vase de fleurs, brûle-parfum, chandelier.

A droite : Souffrant de sa solitude, Ichidai-Onna, en vêtement de nuit, la chevelure défaite, pendante sur le dos, provoque du pied le vieillard couché dans l'office attenant à la cuisine. Effrayé, il invoque contre cet attentat la protection de la déesse Kannon.

LIVRE TROISIÈME. *Gravure du quatrième chapitre.*

Sur le côté gauche : bien clos pour échapper aux regards indiscrets, le cabinet de toilette où se fait coiffer l'épouse du noble.

Ichidai-Onna, debout derrière la dame, tient le reste de la chevelure postiche, déjà nouée par un cordon en papier doré aux bouts relevés.

A droite de la dame, l'un des miroirs ronds posé sur son cadre support. A son côté droit, un peu devant elle, un récipient, sorte de cuvette ronde munie de deux manches, contenant de l'eau chaude pour lisser les cheveux. Devant elle, roulé en boule, le chat qui devait commettre le méfait.

Côté droit de la gravure :

Deux servantes, debout, font le nettoyage de la chambre où se tient habituellement la dame. L'une d'elles, balai en mains, se tient devant l'alcôve, sur la tablette de laquelle on aperçoit un vase cylindrique garni d'une branche fleurie. Dans le fond du *tokonoma*, sur le mur, une peinture pendue. Les servantes sont près de la véranda qui donne sur un

jardin planté d'un pin. Dehors, à droite, attenant à la véranda, un bloc de pierre dont la partie supérieure, creusée, forme une cuvette remplie d'eau pour le lavage des mains. Sur le bord de la cuvette repose une puisette à manche pour verser l'eau sur les mains que l'on ne trempe point dans la cuvette.

CHAPITRE I

Koshimoto[105] *chez un chônin*

Cette année-là, la période de canicule comptait dix-neuf jours[106] et se montrait, comme il arrive dans ce cas, particulièrement chaude et pénible à supporter. Les uns disaient : « S'il pouvait y avoir des pays sans été! » D'autres : « Y a-t-il des endroits où l'on ne sue pas ? » Mais ils avaient beau dire, on n'y pouvait rien. Juste à ce moment-là, un cortège funèbre passait au son du gong et des cymbales. Les intimes qui accompagnaient le palanquin portant le cercueil ne paraissaient pas plongés dans une extrême tristesse. On n'apercevait personne ayant mine d'héritier. Les gens du quartier, en *hakama* et en *kataginu*, vêtements de cérémonie qu'ils portaient malgré eux, par simple devoir, le chapelet bouddhique à la main, s'entretenaient de procès en remboursement de ventes à crédit, ou bien du cours du riz, ou de l'affaire de l'incarnation d'un *tengû*[107] du temple de Sanjaku-bô[108]. Les jeunes gens qui suivaient causaient du menu de la *chaya* pendant une excursion dans la montagne ou convenaient en cachette d'aller aussitôt, de l'endroit de la cérémonie des funérailles, au mauvais lieu. Un peu plus loin, en queue, venaient des gens qui paraissaient être des locataires de maison, et il y en avait qui portaient un vêtement d'hiver, doublé, et un vêtement d'été, en lin; d'autres avaient enfilé des *tabi* de coton, mais ne portaient pas de sabre court à la ceinture; l'un d'eux était drôlement vêtu d'un *haori* doublé d'ouate qu'il portait sur un *katabira*[109] à rayures verticales, tissé à la maison. Dans la confusion de voix hautes, certains disaient les qualités ou les défauts de l'éclairage à l'huile de baleine ou discutaient les rébus-devinettes peints sur les éventails-écrans. On eût souhaité que ces gens connussent un peu mieux le sentiment de compassion pour autrui. Quelle que soit la province où l'on se trouve, quand, en spectateur, on entend de tels propos, on les juge frivoles et misérables.

Quelqu'un qui connaissait de vue la plupart des participants au cortège dit qu'ils demeuraient dans le quartier de Seigwanji-agaru, près de la rue de Gokô-machi[110]. Dans ce cas, le défunt devait être le patron d'une maison à l'enseigne « Tachibana-ya » qui alignait son auvent du côté de l'ouest dans ce quartier-là. La maison était bien connue pour le motif que la femme était très belle, à tel point que des gens avaient recours à ce drôle de moyen pour la voir d'aller se procurer à sa boutique du papier « Kara-kami » (papier orné de dessins) dont ils n'avaient aucun besoin. « Bien qu'une femme soit un objet qu'on ait à regarder toute la vie, il ne serait pas bien qu'elle fût trop belle » : ainsi s'est exprimé Jinta (célèbre entremetteur) de Gion. Un mari pourrait considérer ce jugement comme simple propos d'entremetteur. Cependant une femme dont la beauté fait trop parler d'elle n'est pour lui que sujet d'inquiétude, et il est sans doute bien inutile, pour sa part, de se montrer trop exigeant dans le choix d'une épouse, si son intention est surtout de confier à celle-ci, en son absence, la garde de la maison.

A la vue continuelle de la beauté d'une femme, ou de celle d'un paysage, on se lasse certainement. Je me rappelle à ce sujet mon expérience personnelle. Étant allée, une année, à Matsushima[111], au début de mon séjour, je battais des mains de plaisir et je pensais : « Combien je voudrais montrer ce paysage aux poètes composant en notre langue ou en chinois! » Après l'avoir contemplé matin et soir, l'archipel me sembla répandre une odeur de grève et les vagues, en se brisant sur le promontoire de « Sue no Matsuyama » retentissaient trop bruyamment à mes oreilles. Aussi, sans être allée les voir, laissai-je tomber les fleurs de cerisier à Shiogama[112]; je dormis trop longtemps pour contempler l'aurore sur la neige au mont Kinka-zan[113] ou sur le récif de Nagane; je ne pris guère d'intérêt aux soirs de lune à l'île d'Ojima, mais je m'absorbai à ramasser, à l'estuaire d'une rivière, des cailloux blancs et noirs pour jouer au *mutsumusashi*[114] avec des enfants.

Par exemple, pour les gens habitués à la vie de Naniwa (Ôsaka) et qui, étant allés à la capitale, ont eu la rare occasion de contempler la montagne de Higashi-yama ou, pour ceux de la capitale qui trouvent curieux le spectacle de la mer, tout est intéressant. Il en est de même pour les femmes mariées. Tant que, par égard pour leur mari, elles prennent soin de leur toilette, il n'y a rien à dire encore. Mais elles se laissent aller parfois au point de négliger leur coiffure, de se dévêtir jusqu'à la ceinture en enlevant les deux manches de leur robe, et l'on aperçoit les taches brunes qu'elles ont sur les flancs; il se trouve aussi que, sans apporter attention à leur démarche, elles laissent découvrir qu'elles ont la jambe gauche un peu plus longue que l'autre. Alors que beaucoup de points sont ainsi criticables chez elles, leur mari éprouve pour elles plus encore d'aversion après la naissance d'un enfant. A la réflexion, on ne devrait pas avoir de femme; elles sont cependant indispensables pour passer l'existence.

Une fois, j'étais allée voir le fond de la montagne de Yoshino[36] : il n'y avait là même plus de fleurs et l'on n'y apercevait aucune trace d'êtres humains sensibles à la pitié hors les pèlerins se rendant au sommet de la montagne par l'itinéraire direct. Au loin, le long d'un précipice, une cabane dont l'auvent penchait d'un seul côté. Pendant le jour, c'était l'ouragan dans les cryptomères et, la nuit, on n'y avait d'autre plaisir que la contemplation de la flamme du bois de pin fendu. Je dis à l'habitant : « Le monde est vaste; comment pouvez-vous vivre en un tel endroit, alors que vous pourriez demeurer à la capitale ? » Le paysan me dit, en riant que, grâce à sa femme, il pouvait oublier la tristesse de la solitude. Cela devait être : ce qui ne peut être abandonné ni coupé, ce sont les liens conjugaux.

Pour une femme, vivre seule est sans agrément. Je cessai de m'occuper de mes élèves en écriture pour entrer comme *koshimoto* au service d'un marchand d'étoffes à l'enseigne « Daimonjiya ». Autrefois, l'âge le meilleur pour être « koshimoto » se plaçait entre douze et quinze ans. Mais, dans ces dernières années, pour ranger et déposer la literie, ou parce qu'elles font bonne figure pour accompagner par-devant ou par-derrière le palanquin, on se sert, pour plus de commodité, de femmes d'un âge moyen, entre dix-huit et vingt-quatre ou vingt-cinq ans. Je n'aimais pas les ceintures nouées par-derrière[115], mais je me conformai à la tenue réglée par l'usage; je portai un vêtement étroitement ajusté, de fond couleur brun orangé, orné d'un dessin de modèle moyen représentant « la foudre hachée ». Ma coiffure était un *shimada* moyen, à chignon bas et plat dont le lien, de simple papier, était fréquemment changé. En toutes choses, je jouais à la novice. Par exemple, je demandai à la vieille, qui avait la surveillance générale de la maison, de quoi la neige était faite et comment il se faisait qu'elle pût ainsi tomber ? A quoi elle me dit : « Arrivée déjà à un âge comme le tien, comme tu es enfant! Sûr que tu as été élevée dans le giron de tes parents! » Et, dans la suite, elle se servit toujours de moi sans aucune méfiance. Le sang me montait à la tête quand on me prenait la main, j'étais effrayée d'un frôlement de manche; j'avais, tout exprès, des éclats de voix, quand on me plaisantait. Aussi ne m'appela-t-on plus par mon nom, mais par celui de

« singe non apprivoisé », car, pour eux, alors que ma beauté était en pleine floraison, j'étais comparable au singe sauvage qui se tient perché au faîte des arbres. Fort aisément je réussis de la sorte à me faire passer pour novice.

Comme est drôle la stupidité des gens! Toute honteuse à la pensée que je m'étais fait déjà avorter huit fois, je servais aux côtés de mes maîtres. Mais Madame folâtrait chaque nuit et Monsieur se montrait plus encore d'une blâmable lascivité. Il ne se cachait de personne et traitait avec violence son oreiller et le paravent. Je ne pus me contenir devant l'ébranlement des portes et des cloisons *shôji*. Une nuit, je me levai, sans qu'aucun besoin m'y obligeât. Je jetai un coup d'œil du côté de la cuisine, mais, hélas, pas un bout d'homme! Quel ennui!

Dans un coin de l'office, était couché seul, pelotonné sur lui-même, avec la charge de veiller au garde-manger, un vieillard depuis longtemps au service de la maison. Je pensai : « Ne serait-ce que chez celui-ci je vais tâcher d'éveiller ses sentiments! » et je passai sur lui en lui foulant, tout exprès, les os vers le milieu du buste. « Namu Amida! Namu Amida![116], s'exclama-t-il. Alors que la lampe est allumée, vous maltraitez un vieillard! — Je vous ai marché dessus par inadvertance, dis-je, mais si vous ne voulez pas l'endurer, faites comme vous voudrez! La faute en est à ce pied! et je l'introduisis sous son vêtement à l'endroit de la poitrine. — Que faites-vous là? s'écria-t-il, tout étonné en se ramassant sur lui-même. Ah, Kanzeon[117], daignez me sauver de ce danger! », dit-il à mots pressés. Voyant que mes affaires d'amour n'aboutissaient pas, je lui administrai une gifle et je me retirai toute tourmentée. J'attendis impatiemment la fin de la nuit.

Le ciel du vingt-huitième jour[118] s'éclaircissait enfin. Les étoiles y restaient encore lorsque je reçus l'ordre de nettoyer l'autel bouddhique. Madame, toute fatiguée encore de la nuit, ne levait pas encore la tête de l'oreiller. Monsieur, en mâle vigoureux, se lavait le visage après avoir brisé la glace. Il n'avait qu'un *kataginu*, jeté sur les épaules. Les « lettres »[119] à la main, il me demanda en s'approchant de moi si les offrandes étaient prêtes. Je lui dis : « Ces lettres contiennent-elles tout ce qui concerne l'art de l'amour? » Déconcerté, le maître fut d'abord sans réponse. Souriant un peu, je poursuivis : « Aucune présence n'est maintenant à craindre du côté des chambres sur le devant! » et je commençai à dénouer en désordre ma ceinture, montrant ma brûlante excitation. Le maître ne put se contenir. Tout revêtu qu'il était du *kataginu* de cérémonie, il se laissa aller sans retenue et se livra à des mouvements si violents qu'il fit bouger la respectable image du « seigneur qui regarde en face »[120]. Les chandeliers de l'autel en forme de grue et de tortue tombèrent. Je lui fis oublier le service du Bouddha. Depuis ce temps-là, je vis le maître en secret et l'eus bientôt en mon pouvoir. Je montrai naturellement quelque arrogance et je recevais le dos tourné les ordres de Madame. Finalement, je cherchai un moyen de la faire répudier et je m'effrayais moi-même de mon horrible dessein.

J'eus recours aux sortilèges[121] d'un « Yamabushi »[122]. Mais ils furent sans effet. A part moi, j'en brûlais plus encore d'impatience et, pour donner plus de force à mes pratiques, je priai, tenant en bouche un cure-dent en bambou, après avoir enduit mes dents du liquide brunâtre[123] servant à les noircir. Cela ne fut pas plus efficace. J'en fus, au contraire, punie. Car, un jour, je laissai en parlant échapper mon secret. Alors, sans aucune vergogne, je racontai à fond tous mes mensonges, depuis le début de l'aventure. Le maître y gagna une réputation scandaleuse et mon inconduite de plusieurs mois éclata d'un seul coup. Cette passion amoureuse, voilà bien la chose pour laquelle ceux qui veulent mériter le nom d'homme devraient surveiller leur comportement. Je fus prise alors de folie : aujourd'hui, j'exposais mon visage sur le pont de « Gojô »; la veille, j'avais fait la dévergondée dans la plaine de Murasakino[124]. J'allais, comme dans un rêve, avec des pensées légères, chantant : « *Ce que je désire, c'est un homme! Un homme, je le désire!* » paroles du chant qu'autrefois chantait Komachi en dansant, en proie à la folie, mais qui ne m'inspirait plus aujourd'hui que détresse amoureuse. On disait de moi : « Voilà ce qu'est devenue cette *koshimoto* folle de son corps! » J'allais, dansant au vent de mon éventail. Arrivée à un bosquet touffu de cryptomères, je m'aperçus que j'étais nue et me trouvais près du portique du temple d'Inari. Je revins à moi et retrouvai la sincérité du cœur. Je me sentis débarrassée de mes mauvais desseins. « Comme je suis misérable! pensai-je, j'ai été aussitôt châtiée de mes imprécations! », et je retournai, repentante, à la maison. Rien n'est aussi pitoyable qu'une femme, et ce monde est bien terrible!

CHAPITRE II

Une élégante porte malheur

Le jeu de la balle au pied avait été jusqu'ici pratiqué par les hommes. Mais, à l'époque où j'étais en condition chez un certain noble comme femme de liaison avec le service extérieur, je fus placée auprès de son épouse à sa villa d'Asakusa. Dans le vaste jardin, les azalées de l'espèce « Kirishima » commençaient à fleurir et coloraient d'un rouge sombre aussi bien ses parties plates que ses élévations. De nombreuses dames d'honneur portaient des *hakama* de la même couleur. Au bruit tranquille de leurs souliers, manches flottant à l'intérieur de la clôture en bambou du terrain de jeu, elles se livraient aux jolis jeux de balle dits des « fleurs de cerisiers amoncelées » ou de l' « au-delà des monts ». Pour moi-même, comme femme, et donné par des femmes, ce spectacle que je contemplais pour la première fois, me parut bien curieux. Je considérais comme un passe-temps, assez excentrique même, le tir à l'arc d'osier que pratiquent à la capitale les dames du Palais impérial. Mais puisque la tradition rapporte que la favorite Yang Kouei-fei [125] y avait joué, il peut, même maintenant encore, être un divertissement qui convienne aux femmes. Par contre, depuis l'époque où le Prince impérial Shôtoku [126] avait bien voulu inaugurer le jeu de la balle au pied, on ne connaissait pas d'exemple que les femmes l'aient jamais pratiqué. Les épouses des gouverneurs de province s'amusent ainsi, librement, à un jeu fastueux.

Ce jour-là, le crépuscule s'attardait. Le vent soufflait violemment dans les arbres et, contre l'intention des joueuses, faisait dévier les balles. Le jeu ayant perdu de son intérêt, la maîtresse de maison s'était débarrassée de son costume à cette fin. Quelle pensée avait bien pu traverser son esprit ? Car tout à coup son visage changea, prit un air renfrogné, et il devint difficile de l'entretenir. Ses suivantes, qui se trouvaient à ses côtés, se turent spontanément et se tinrent tranquilles, surveillant leur tenue. C'est alors qu'une d'entre elles, appelée « Kasai no tsubone », qui avait passé de longues années dans la maison, conseilla, d'un ton frivole, en secouant la tête et en agitant ses genoux, de tenir, ce soir-là, encore, une « conférence de la jalousie » jusqu'à ce que les grands cierges soient entièrement consumés. La physionomie de la maîtresse de maison s'éclaira aussitôt et elle s'écria, d'un ton léger : « c'est cela! c'est cela! » Alors dame Yoshioka, directrice des dames de compagnie, tira le cordon, orné d'une superbe houppe, qui était suspendu dans le corridor et servait à agiter un grelot. Toutes les femmes, jusqu'à celles chargées des plus humbles travaux, ou, simplement de transmettre les plats de la cuisine, se rassemblèrent sans aucune gêne. Moi-même, mêlée à ce groupe de trente-quatre à trente-cinq femmes assises en cercle, je regardais ce qui se passait. Dame Yoshioka, leur adressant la parole, les pria de faire leur confession, sans y rien changer, car Madame serait tout heureuse d'apprendre comment elles avaient écarté haineusement leurs rivales, quels reproches jaloux elles avaient faits à leur homme et comment elles avaient empêché ses amours d'aboutir. Je pensais bien que c'était là un goût extraordinaire chez la maîtresse, mais, comme c'était son ordre, on ne pouvait en rire. Bientôt s'ouvrit une porte en bois de cryptomère sur laquelle était peint un saule pleureur. On apporta une poupée, copie fidèle d'un vivant modèle de femme. Quel qu'en fût l'artisan, l'œuvre, par la grâce de sa forme et de son visage, défiait la beauté des fleurs. A sa vue, même les femmes étaient captivées. Alors chacune d'elles raconta ce qu'elle avait sur le cœur. Parmi elles, dame Iwabashi avait un visage et un aspect d'une laideur à attirer le malheur. Pour elle, sans doute, aucun espoir d'intrigue amoureuse pendant le jour; depuis longtemps aussi, même les étreintes de la nuit avaient dû cesser pour elle. Elle ne voyait jamais plus d'homme. La première de toutes, ce fut elle, cependant, qui se mit en avant. « Mon pays natal, dit-elle, est le village de Tôchi, dans la province de Yamato. C'est là que je me mariai. Mais mon coquin d'époux, étant allé à Nara, l'ancienne capitale, y avait rencontré la fille d'un prêtre du temple shintoïste de Kasuga. Elle était d'une extrême beauté et il la fréquentait assidûment. En secret, je le suivis, le cœur palpitant d'angoisse. Tandis qu'au-dehors j'écoutais, elle ouvrit la porte basse et l'introduisit. “ Ce soir, la racine de mes sourcils me démangeait continuellement et j'ai pensé que c'était signe d'une chose heureuse devant m'arriver ”, et, ce disant, sans aucune honte elle avançait vers lui, câline, la taille mince de son corps bien en chair. C'est alors que, m'écriant : " C'est mon homme! " j'ouvris ma bouche aux dents teintes en noir au *kane* [123] et la mordis! » A ces paroles, elle agrippa la poupée. Comme si j'y avais assisté moi-même, j'eus une extrême frayeur.

Après cette première manifestation de jalousie, la femme suivante, ne se possédant plus, s'avança lentement, comme en se traînant. Le cœur des femmes est bien misérable pour être capable de raconter pareilles choses. Celle-là dit : « Dans mon jeune temps, quand j'étais à Akashi [127], province de Harima, ma nièce épousa un mari adopté [128]. Le drôle était d'une incorrigible nature vicieuse, car, jusqu'aux servantes du rang le plus bas, il ne laissait aucune femme tranquille et les femmes, fatiguées, somnolaient toujours, aussi bien de jour que de nuit. Ma nièce s'accommodait nettement de la situation et laissait aller les choses. Imaginant l'irritation qu'elle devait éprouver en son for intérieur, chaque nuit j'allais faire mon enquête; je m'assurais que du dehors la charnière de la porte sur gonds de leur chambre à coucher était bien assujettie et faisais entrer le couple dans cette chambre. Je les forçais à se coucher dès la soirée et je ne m'en retournais qu'après les avoir enfermés à clef. Peu de temps après, ma nièce se mit à maigrir, ne regardait plus son mari que d'un air de rancune et frissonnait à l'idée que, dans ces conditions, sa vie ne continuerait plus longtemps. Cependant elle était bien née dans une année marquée par la rencontre du signe du frère aîné du feu et de celui du cheval [129]. Elle ne répondait point à sa destinée : mangée par l'homme elle était tombée malade. Ce vilain satyre, je voudrais le tourner vers cette femme pour qu'elle le tue à bref délai! » Sur ces paroles, elle renversa la poupée en la frappant et se mit à faire un tapage qui ne cessait pas.

Ce fut ensuite le tour de dame Sodegaki. Originaire de Kuwana [130] dans la province d'Ise, elle se montrait d'une nature profondément jalouse dès avant le temps où elle était d'âge à se marier. C'est ainsi qu'elle empêchait ses servantes de faire toilette, les obligeait à se coiffer sans miroir et ne leur permettait pas de se mettre du fard blanc. Elle forçait à s'enlaidir celles qui, de naissance, n'avaient rien de grossier. Cette manière de les traiter fut bientôt connue du monde qui la délaissa. C'est ainsi qu'il ne lui resta plus d'autre ressource que de venir servir ici, pucelle encore. Elle s'écria : « Cette drôlesse-là, toute belle qu'elle est, se montre vraiment trop délurée et trouve tout naturel qu'un homme vienne passer la nuit auprès d'elle! » Sur quoi, elle infligea des blessures à l'innocente poupée.

Chacune d'elles rivalisait en paroles avec les autres. Mais ce degré-là de jalousie était encore loin de plaire à la maîtresse. Quand ce fut mon tour, je couchai la poupée en la tirant par la tête et me mis à cheval sur elle, en proférant : « En dépit de ta condition de concubine, tu es cause, parce que tu plais au seigneur, qu'il laisse de côté sa femme légitime, et, à ta fantaisie, tu partages avec lui le long oreiller ! Coquine, ça ne se passera pas comme ça ! » Tout en m'exprimant de la sorte, je foudroyais du regard la poupée, je grinçais des dents et ma haine paraissait la pénétrer jusqu'à la moelle. Et, comme ce sentiment répondait juste à celui que la maîtresse éprouvait constamment, elle cria : « C'est bien cela ! C'est bien cela ! Il y a certes quelque signification dans cette poupée ! Comme le seigneur se plaît à ne me compter pour rien, il a daigné faire venir de sa province une jolie fille dont il ne fait que s'occuper du matin au soir. Dans ma tristesse de femme, j'aurais beau le lui reprocher, ma rancune serait sans effet. Du moins ai-je fait faire, à l'image de cette fille-là une poupée que l'on torture ainsi ! » A peine avait-elle prononcé ces paroles, chose extraordinaire, la poupée ouvre les yeux, étend les deux mains, parcourt du regard toute l'assistance et se dresse. Personne ne chercha à s'assurer par la vue de ce qui se passait et toutes s'enfuirent sans savoir même où elles posaient le pied. La poupée s'accrocha au bord de la robe de dessus de Madame. On parvint enfin à les séparer et il n'y eut pas d'autre incident.

Fût-ce pour cette cause ? Dans la suite, Madame tomba malade et laissait échapper dans son délire des propos terrifiants. Toutes supposaient que ce pouvait être l'effet de la tenace rancune de la poupée et étaient d'avis qu'en la conservant on ne pourrait dans la suite en voir se relâcher les effets. Elles convinrent, en tout cas, entre elles, que le mieux serait encore de la jeter après l'avoir réduite en fumée. La poupée fut brûlée dans un coin de la propriété, et ses cendres furent enfouies sans laisser de trace aucune. Mais bientôt on en vint à craindre le tertre de sa tombe. Et à mesure que grandissait cet effroi, les gens se persuadaient que chaque soir des plaintes en sortaient. Le bruit de l'événement se répandit et les gens n'en firent qu'objet de raillerie. La rumeur en parvint à l'hôtel intermédiaire du seigneur qui en fut surpris et ordonna une enquête sommaire. Les femmes chargées du service avec l'extérieur ayant été appelées, je ne pus faire autrement que de comparaître « devant sa seigneurie », comme c'était mon devoir. Désormais, ne pouvant plus rien cacher, je rapportai, telle quelle, l'histoire de la poupée. A ce récit, le seigneur battit des mains pour marquer qu'il comprenait tout, maintenant. « Rien de plus misérable que la pensée d'une femme ! D'ici peu de temps, sans doute, la femme de notre province[131] aurait perdu la vie poursuivie par l'idée obstinée de vengeance de madame mon épouse! Veuillez faire bien comprendre ces circonstances à cette fille, ordonna-t-il, et renvoyez-la au pays! »

L'aspect de cette femme, quand elle s'agenouillait avec une gracieuse souplesse, ne pouvait être rendu par celui de la poupée, faite à son image, dont il a été question précédemment. J'étais moi-même quelque peu fière de ma beauté, mais quand moi, femme, je regardais cette femme, elle m'éblouissait. Quand on pense que, dans des « conférences de jalousie », par sa seule intention obstinée, Madame voulait tuer une si belle fille par ses imprécations! Profondément convaincu de ce que les femmes avaient d'horrible, le seigneur ne pénétra plus désormais dans les appartements de son épouse; il s'en sépara pour la vie et la réduisit à la condition de veuve. Ce que j'avais vu me donna l'aversion du service. Je demandai mon congé et, dans un sentiment tel que, pour peu, je serais entrée en religion, je retournai dans la région de l'Ouest. On ne devrait jamais montrer de jalousie; c'est l'un de ces sentiments dont les femmes devraient se garder.

CHAPITRE III

Bateaux de chanteuses pour le plaisir

En grande quantité, ce n'est pas laid à voir, a-t-on écrit, mais rien n'est plus désagréable que des ordures amoncelées près des maisons d'habitation. La baie de Naniwa et les estuaires des rivières qui s'y jettent étant aussi envahis par les immondices, on n'aperçoit plus les pieux qui les balisent. La mouette s'égare sur la terre, et la plage où l'on ramassait les coquillages « Shijimi », s'est changée en champs où l'on cueille les légumes. Le paysage n'est plus comme jadis : la vue de la rivière Shinkawa [132], au crépuscule, l'a changé, comme celle du temple Shaka-dô [133], construit par « Tetsugen » [134] montrant que la ferveur pour la loi bouddhique est à son apogée comme le soleil est au zénith à midi. Et passé cette heure, dès la fin des théâtres, s'avancent des bateaux de plaisance, les *goza-bune*, recouverts d'un toit. On y commence à boire et, quand l'ivresse des premières coupes se fait sentir, on navigue déjà vers l'ouest depuis le pont de Ebisu [135].

Au gré du courant, nous étions déjà descendus de cent mètres environ, lorsque notre bateau toucha un fond de sable et l'on eut beau essayer de le faire bouger, ce fut en vain. Notre divertissement de ce jour-là en fut diminué; c'était bien désagréable. Faudra-t-il attendre le moment de la marée haute, nous demandions-nous. Notre menu fut tout autre que celui sur lequel nous comptions. A proportion de trois fois cinq seulement pour dix-huit, nous n'eûmes, pour les grillades, que tout juste notre nombre de portions. Avant que l'on servît les plateaux, nous n'eûmes que du poisson cru confit dans du vinaigre, sans laitance jointe. Comme notre arrivée à destination, à Sangenya [136], était incertaine, on nous pria de manger sur place. Le soleil couchant diminuait. Nous aperçûmes de petits bateaux non pourvus de planches aux deux extrémités, conduits à la gaffe, qui se hâtaient, innombrables. Ils n'étaient autres que les barques de transport d'ordures [137], mis récemment en service. Voilà qui était bien imaginé : idée profonde, comme la rivière qu'on voulait maintenir telle pour éviter qu'elle ne fût comblée. Pendant longtemps encore, on pourra ainsi se livrer aux plaisirs du bateau, pensais-je, en m'en réjouissant, lorsqu'au même moment je découvris, au milieu des immondices, une lettre jetée au rebut qui me paraissait avoir un aspect particulier. Profitant de ce que ma main pouvait, par chance, atteindre le bateau, je la saisis un moment. C'était une lettre, assez intéressante, expédiée de la capitale pour obtenir un prêt d'argent : « J'aurais besoin, disait-elle, de quatre-vingts *momme* d'argent que je vous prierais de me fournir de confiance. En gage, je déposerai, jusqu'au remboursement, une statuette de bouddha " *nyorai* " [138], œuvre de Kôbô-daishi [139], devant laquelle je prie matin et soir. L'amour, en ce monde, est chose réciproque. Je m'étais longtemps joué d'une femme. Mais le résultat est qu'en revanche je ne puis plus me dérober. Il s'agit maintenant des dépenses nécessaires à l'époque de l'accouchement. Je vous adresse respectueusement cette demande en comptant sur vous. » A Denzaemon de la Maison Hiranoya. Envoi de Hachibei, Maison Kamoya. Venait ensuite la remarque : « Comme frais de port, j'ai, pour ma part, remis dix *mon* au chargeur de poissons. » L'expéditeur avait dû être bien gêné pour adresser sa demande en un pli dont la suscription portait le caractère *sama* [140] dans le style respectueux des placets présentés à un tribunal, missive qui avait fait un voyage de treize lieues! La chose ne me regardait pas, naturellement. On aurait bien fait cependant de lui consentir ce prêt. Mais, même à la capitale, ce qui manque, là où il n'y en a pas, c'est bien de l'argent! A ces paroles de l'un de nous, nous nous mîmes à rire bruyamment en nous tenant les côtes sans pouvoir nous arrêter, pendant assez longtemps.

Aux gens qui riaient ainsi d'autrui, l'adjoint au chef du quartier qui tenait en mains une louche en métal et un bol de soupe, leur dit en murmurant : « A considérer votre situation de fortune à chacun de vous, elle est plus en danger que celle de cet emprunteur de la capitale. A la fin du mois, l'un de vous perdra sa maison qu'il avait hypothéquée jusqu'à cette ultime échéance; un autre a entrepris des travaux dont il a obtenu l'adjudication à trop bas prix; le troisième, enfin, spécule à découvert à la bourse sur le riz de Kitahama [141]; tous passent enfin d'un bout de l'année à l'autre leur existence avec, comme capitaux, la fraude, la malhonnêteté et la cupidité. Malgré cela, il est cependant une chose dont vous ne pouvez vous passer, c'est des plaisirs de la volupté. C'est vraiment avoir du courage! » A l'entendre, tous eurent honte d'eux-mêmes et se promirent de renoncer désormais à des plaisirs au-dessus de leur condition. Mais s'il est une passion dont il est difficile de s'abstenir, c'est bien de celle-là!

Or, à la bouche de la rivière, les bateaux des provinces du Sud-Ouest mettaient à l'ancre. Des femmes dites « bonzesses chanteuses » recherchaient, pour leur vendre l'amour, les hommes qui sur l' « oreiller des vagues » pensaient tristement à leur femme restée au pays. Les embarcations de ces « belles » se mêlaient pêle-mêle dans la baie. A la poupe, un homme âgé tenait le gouvernail. Les bonzesses, pour la plupart, portaient un vêtement ouaté en coton, couleur bleu clair. De largeur moyenne, leur ceinture, en étoffe de soie *ryûmon*, était nouée par-devant. Un voile noir, en soie *habutae*, leur enveloppait la tête. Pour coiffure elles avaient un chapeau en forme de champignon conique, fait de carex tressé, fabriqué originellement par O-Shichi de Fukae. Elles portaient toutes sans exception des chaussettes de coton renforcées de festons ondulés faits de fils de même matière. Leur pagne de soie était court. Leur tenue, uniforme. La boîte dont elles étaient munies contenait des amulettes du temple de Kumano, des coquillages *sugai* [142] et une paire des assourdissantes claquettes *yotsu-take*. Les petites nonnes portaient, pour recueillir les offrandes, une puisette d'un *shô* de contenance. Les voix traînantes mendiant les dons ne discontinuaient pas. Certaines chantaient des airs en vogue pour exciter l'intérêt. Sans souci de se laisser apercevoir du dehors, elles passaient sur les bateaux de haute mer et, leur affaire terminée, le geste qu'elles faisaient de jeter dans leur manche une ligature de cent sous de cuivre avait sa drôlerie. Certaines recevaient, pour une égale valeur, des morceaux de bois à brûler; d'autres une couple de maquereaux salés, fendus en long de la tête au ventre et étalés sur le dos. Tout en appartenant soi-même à la même profession, à ce spectacle on pense qu'elle est extrêmement vile; mais celle qui est habituée depuis longtemps à la voir se pratiquer à cet endroit n'y trouverait rien de bizarre.

La destinée humaine est bien obscure! Un beau jour, après avoir épuisé le nombre des débauches, je rasai avec regret ma noire chevelure et je me rendis au quartier de *Takahara* situé au nord du temple de Takatsu no miya. Je m'y adressai à une patronne de bonzesses qui demeurait au fond d'une ruelle obscure dans une retraite à l'auvent couvert en courts bambous *sasa* et qui avait une vieille expérience de la profession. Je fis le métier. Mais je m'étonnais moi-même d'être tombée dans une condition aussi misérable. Par la pluie ou par un vent soufflant en ouragan, sans qu'aucun repos me soit permis, il me fallait remettre chaque jour à cette patronne, comme commission, un *shô* de riz décortiqué et cinquante *mon* [30]. Même les enfants, d'un rang inférieur, devaient apporter, suivant la règle, un demi-*shô* de ce riz. Le métier devait, naturellement, s'avilir et, bien qu'autrefois il n'en eût pas été ainsi, les bonzesses étaient devenues filles de joie dans ces dernières années. Celles qui avaient de la beauté faisaient la tournée des quartiers où, à Ôsaka, les nobles militaires avaient des hôtels particuliers. Celles qui avaient moins d'attrait parcouraient les villages des provinces de Kawachi et de Settsu pour y vendre à profusion l'amour au moment des récoltes de l'orge et du coton. Comme il me restait encore des vestiges de ma beauté passée, je fus invitée par les gens des navires. Ce fut le début d'une liaison qui fut suivie d'ébats dans de petites auberges. Par nuit, je recevais un cadeau, « léger comme gouttes de rosée » [143], de trois *momme* d'argent. « Qu'était-ce ? », pensera-t-on. Mais, tandis que « poussaient dru les herbes de l'amour » [144], en fort peu de temps, je leur fis vider, à tous les trois, leur bourse jusqu'au fond. Après quoi, je ne les connus plus. Je leur chantai un petit air, comme dans la chansonnette : « *Que de dureté ! que de froideur !* » C'était naturellement ce qui devait arriver. A force de dépenser pour le plaisir, même de petites sommes, le montant augmente bientôt. « Que ce soit pour vous une leçon, frivoles débauchés! L'aurez-vous comprise ? »

CHAPITRE IV

Le lien de la chevelure, en papier doré aux bouts relevés [145]

Noirs comme le fruit de l'iris sauvage, des cheveux tombés fourrés en désordre dans une boîte à coiffer sans couvercle; une paire de brillants miroirs. L'avez-vous jamais observé, cet aspect d'un cabinet de toilette féminin?

Pour une femme, la chevelure est, dit-on, le couronnement de sa beauté.

Moi-même, je ne sais quand, je me mis à l'étude de la tenue et des manières des gens et je commençai à m'exercer dans l'art de la coiffure selon le genre du *sage-shimada-sôzuri* [146], de mode à l'époque. Puis je servis comme coiffeuse chez un certain noble. La forme du chignon variant avec le temps, celui genre *hyôgo-mage* [147] était alors déjà vieilli, tandis que l'on trouvait laid le genre *godan-mage* [148].

Être mille fois honnête et convenable était considéré autrefois comme le caractère même d'une femme mariée. Mais, ces dernières années, les jeunes épouses n'aiment plus la simplicité. Elles imitent le genre des courtisanes ou des gens excentriques comme les acteurs. Leurs vêtements ont, à la manière des hommes, la manche largement ouverte. En chemin, elles marchent les reins bien cambrés sur les jambes, à la manière de celles qui, écartant les pieds et chassant les bords de leur robe, passent en cortège. Elles ne sont pas satisfaites de laisser leur personne telle qu'elle est, mais se préoccupent surtout de savoir comment le regard d'autrui les verra. Elles cachent la tache que, de naissance, elles ont sur le profil; elles allongent le bas de leur vêtement pour cacher l'épaisseur de leur cou-de-pied; quand elles ont la bouche grande, elles pincent tout à coup les lèvres, renonçant à prononcer les paroles qu'elles voulaient exprimer. Se donner une peine inconcevable est bien le fait des femmes d'aujourd'hui. Quand même leur compagnon les supporte malgré lui, c'est, pense-t-il, que le monde l'exige, et il s'y résigne. En tout cas, à choisir entre deux femmes, c'est la plus belle qui doit l'emporter. Celles qui réunissent en elles les neuf qualités [149] sont, en général, assez rares. Mais à quelle époque la coutume de marier, avec une dot, les filles d'une beauté cependant satisfaisante a-t-elle commencé? Toujours est-il que rien n'est plus insensé! Il conviendrait certes mieux de réclamer à l'homme une somme d'or ou d'argent répondant à la beauté de la fille.

Avec un contrat m'accordant un vêtement par saison [150] et quatre-vingts *momme* d'argent par an, je me rendis dès l'aurore à l'hôtel du seigneur, pour y commencer mon temps de service, le deux du deuxième mois. Madame prenait son bain matinal. Quelques instants après, elle me fit appeler dans une chambre garde-robe un peu retirée où je me présentai à elle. Elle paraissait avoir vingt ans à peine. Néanmoins elle était douce de parler et de manières délicates. Tandis que, toute femme que j'étais, je l'admirais avec envie, séduite par son charme, en pensant qu'on ne pourrait guère trouver en ce monde une pareille dame, elle me parla de toutes sortes de choses sur un ton d'intimité. Elle me dit ensuite : « Vraiment, je n'osais vous en parler, mais je voudrais que, par un serment écrit, vous promettiez de ne pas divulguer au-dehors les secrets de cette maison, quels qu'ils soient, en prenant tous les dieux du Japon à témoin. » Sans savoir ce qui adviendrait dans la suite, j'obéis à sa volonté, puisque c'était le désir de la maîtresse et que, soumise à elle, je ne pouvais contrevenir à son ordre. Selon sa volonté, je pris donc le pinceau. Mais, tandis que j'écrivais, je demandais, dans mon for intérieur, aux dieux et aux Bouddhas, de me laisser liberté amoureuse puisque je n'avais aucun homme déterminé. Je rédigeai le serment comme elle le voulait. Cela fait, elle me dit : « Je vais vous raconter ce qui touche ma personne. Telle que je suis, je ne le cède en rien à personne, mais j'ai à déplorer que mes cheveux soient rares et clairsemés. Voyez plutôt! » Et elle défit sa chevelure. Plusieurs postiches tombèrent. « Comme fond de la chevelure, dix misérables brins de cheveux seulement! » dit-elle, d'un air de regret profond, mouillant sa manche de larmes. « Depuis quatre ans déjà, je suis en intimité avec le seigneur. Quand parfois, il rentre à une heure avancée de la nuit, je ne laisse pas passer la chose ainsi; je me fâche un peu; je m'éloigne de son oreiller et je fais semblant de dormir; ceci amène une scène de jalousie. Mais si jamais ma chevelure se défaisait, son amour tomberait entièrement. Cette pensée m'attriste. Et plus elle me revient, plus je déplore ma situation. Pour toute la peine que je me suis donnée à la cacher pendant de longues années, prenez bien garde de ne jamais en parler! Les femmes doivent s'entraider! » Elle me donna alors le *kosode* qu'elle portait tout couvert de feuilles d'or et d'argent là où n'apparaissait pas le fond orné du tissu. A la pensée des sentiments de honte qu'elle avait dû supporter, je la plaignais d'autant plus. Je la suivis comme son ombre et j'arrangeai si bien toutes choses en les dissimulant qu'elle ne laissa rien paraître.

A quelque temps de là, elle montra une déraisonnable jalousie : elle enviait la beauté de ma chevelure qui, sans que j'y sois pourtant pour rien, était naturellement longue. Elle m'ordonna de la couper. Malgré mon ennui, je ne pus faire autrement puisque c'était l'ordre de la maîtresse. J'écourtai ma chevelure au point de l'enlaidir. Mais elle me dit : « Votre chevelure va redevenir bientôt ce qu'elle était auparavant. Aussi, veuillez épiler les cheveux sur votre front pour les éclaircir! » L'ordre, pour venir de ma maîtresse, était vraiment impitoyable. De sorte que je demandai mon congé. Mais elle ne voulait pas me l'accorder. Du matin au soir, elle me persécutait. J'en maigrissais et ma rancune était profonde. N'ayant en tête que de noirs desseins, je cherchais un moyen de faire savoir au seigneur comment était la chevelure de Madame pour qu'il se lassât d'elle. Cette pensée m'amena à dresser un chat de la maison à jouer toute la nuit avec ma chevelure, si bien que, dans la suite, il se glissait chaque nuit sur mon épaule. Une fois, par une pluie triste, le seigneur, entouré des femmes de sa maison, et d'excellente humeur, écoutait, depuis la soirée, un concert de *koto* que Madame accompagnait. J'excitai le chat qui, sans merci, se mit à griffer la chevelure de Madame dont il fit tomber les épingles et les « petits oreillers » supports des postiches. L'amour de cinq années du maître se dissipa d'un seul coup. L'aspect du beau visage de Madame en était changé. Plongée dans l'inquiétude, elle le couvrit de son vêtement. Depuis lors, le maître espaça ses rapports amoureux avec elle et, sous un autre prétexte, la renvoya dans sa famille.

Dans la suite, je provoquai le seigneur à la bagatelle pour l'avoir en ma possession.

Un jour il pleuvait, sans le moindre répit. Vers le coucher du soleil, moment où les gens se font rares, le maître, sans doute par ennui dans sa solitude, s'était étendu dans sa chambre particulière, la tête posée sur le bord du *tokonoma* [151] et commençait à rêver agréablement. Je pensai : « c'est le moment, aujourd'hui ou jamais, de commencer mes coquetteries. » Il ne m'avait pas appelée. Malgré cela, je répondis : « Oui! oui » et, m'approchant de lui, je l'éveillai en disant : « Plaît-il ? Plaît-il ? Pour quel besoin m'avez-vous appelée? » Mais il me dit : « Je ne vous ai pas appelée! » Ce à quoi je répliquai : « J'ai entendu de travers. » Cependant, je ne m'en allais point et montrais un air égaré. Je recouvris ses pieds d'une couverture; je remplaçai le support de sa tête par un véritable oreiller. Et quand il me demanda s'il n'y avait personne par là, je lui dis que, ce jour-là par une unique exception, personne n'était présent. Il me prit par la main, mais c'était plutôt moi qui « l'avais dans la main » et qui en fis ma chose.

Livre quatrième

Pour moi-même, née pareillement femme,
Prêter l'oreille aux jeux folâtres d'autrui,
représentait vraiment un monde sans intérêt.

(Chapitre I)

Amours nées de la couture. Même une
couturière a la fierté de ses manches.

(Chapitre II)

L'ardeur amoureuse qui me brûlait matin
et soir, je devais la contenir pendant mon
service à la chambre de thé « Fuji ».

(Chapitre III)

Devenue servante de liaison [198], à l'occasion
d'un contrat d'amoureuse union [199],
à moitié du terme de mon engagement,
je m'en vais en recevant en argent une somme de
soixante *momme*.

(Chapitre IV)

TABLE DES MATIÈRES

CHAPITRE IV

L'homme, sous la forme duquel une vieille femme désire renaître, afin de mener une existence masculine somptueuse [200]

Au temps où je me trouvais à Sakai [33], engagée, pour l'amour,
avec le rang de servante intermédiaire, je devins le jouet
de ma patronne. En ce monde, il y a des choses bien drôles.
Mais on les passe sous silence.

LIVRE QUATRIÈME. *Gravure du premier chapitre.*

Départ, en palanquin fermé, de la jeune mariée. Elle vient de quitter la maison de sa famille, dont on aperçoit, à gauche, une partie de la porte, pour se rendre à celle de son mari.

Tout un cortège de gens de sa maison l'accompagne. A gauche du palanquin, probablement la mère qui parle du dehors à sa fille; à droite, l'assistante pour mariages. Toutes deux, signe de distinction, portent un manteau de sortie rabattu sur la tête.

En tête, pour plus de solennité, deux samurais (d'après leur tenue : les deux sabres et le *kami-shimo* qui dépasse aux épaules) ouvrent la marche, à droite et à gauche. C'est la nuit et un domestique, tout en avant, éclaire le chemin avec une lanterne. On aperçoit encore deux autres porteurs de lanterne, un à droite et un autre derrière deux servantes qui suivent le palanquin. Fermant la marche, un domestique porte sur l'épaule gauche un bâton auquel est fixé un paquet fait de diverses boîtes. Le personnage qui lui parle, un peu en avant et à sa droite, porteur des deux sabres et vêtu d'un manteau, est peut-être l'un des intermédiaires garants du mariage.

LIVRE QUATRIÈME. *Gravure du troisième chapitre.*

A gauche, la petite boutique du restaurateur qu'on aperçoit accroupi, en train de faire cuire probablement de l'*oden* qu'il remue avec une paire de bâtonnets dans une large casserole posée sur un réchaud en terre. A sa droite, un plateau sur lequel sont disposés des bols à servir les nouilles; celles-ci, réunies en une sorte de pelote ronde, ont été placées dans les deux boîtes superposées, dont le fond est à claire-voie, avoisinant le plateau. Un store abaissé cache une partie de la devanture.

Arrivent les deux personnages du récit, Ichidai-Onna suivie de son chaperon, le *chûgen*. La femme a caché son visage avec un *kidoku-zukin*. Au sommet de sa tête, on aperçoit les deux cornes relevées de son cordon de chevelure *hanemotoyui*. Le *chûgen* porte un sac. Il a de courtes moustaches, à peine indiquées.

La partie droite de la gravure représente un groupe de quatre passants qui jettent un coup d'œil de curiosité en arrière sur la femme et son compagnon. En avant, deux samurais, que l'on reconnaît tout d'abord comme tels parce qu'ils portent les deux sabres, le second suivi

d'un porte-sandales, jeune homme dont les cheveux sur le devant ne sont pas encore rasés. En arrière, vers la gauche, coiffé d'un *kasa*, un valet porte sur son dos, en un ballot, les bagages des deux samurais. Ses jambes sont entourées de guêtres, comme il convient aux voyageurs.

CHAPITRE I

L'oreiller à deux de la remplaçante

Actuellement, quand il s'agit de mariage, tous, jusqu'aux moindres *chônin* et paysans, qui voient ou entendent parler du faste des gens de qualité, déploient un luxe au-dessus de leur condition et font, pour leurs filles, de magnifiques préparatifs quant aux vêtements et aux meubles. C'est bien parce qu'avec les mœurs d'aujourd'hui les gens oublient leur condition. La plupart des mères ont une intelligence qui ne va pas plus loin que le bout de leur nez : fières d'une fille que la nature n'a que passablement douée, elles la font se farder avec un soin particulier dès sa dixième ou onzième année. Tout naturellement, le grain de la peau s'affine chez l'enfant : sa tenue gagne en beauté, son aspect attire le regard.

Tenant pour des réalités les propos qui s'échangent sur les pièces de théâtre chaque fois que varie le programme, ainsi que l'intrigue habile des pièces, toutes les jeunes épouses sont devenues légères et les sentiments immoraux qu'elles éprouvent tirent de là leur origine. Au surplus, les mœurs se sont mises à imiter le genre théâtral : n'est-ce pas chose à provoquer le dégoût que de voir nouer des ceintures longues de douze pieds ? Autrefois, les ceintures des femmes n'avaient, régulièrement, pas plus de six pieds cinq pouces. Mais, ces dernières années, de plus longues paraissent plus belles, selon la mode. Il en va de même pour les motifs qui ornent les *kosode*. L'un des derniers modèles sortis est un *kanoko* couleur rose fleur de cerisier, entièrement brodé. Vu de côté, à quelque distance, le vêtement paraît teint. C'est bien parce qu'on a employé une multitude de fils de couleur. L'endroit du vêtement coûte, à lui seul, cinq *ryô*. Toutes choses sont ainsi : ce ne sont que dépenses, que les gens ne soupçonnent guère; l'époque s'ingénie de plus en plus à la recherche du rare et du curieux.

Dernièrement, au quartier de Shitadera-machi[152], on a fait la lecture de l'historique du grand bouddha du temple de Tôdai-ji à la capitale du Sud[153]. Parmi l'assistance où se pressaient, manche à manche, le noble et le vulgaire, se remarquait une femme. Elle avait passé déjà l'éclat de la jeunesse; il n'y avait plus en elle ni fleur ni parfum. Elle avait, au surplus, un visage chevalin développé en largeur; à la détailler, elle n'avait de passable que les oreilles. Tout le reste était laid. Mais, comme elle avait dû naître chez des gens bien, elle était élégamment vêtue. Sa chemise était de satin broché tout blanc. Son vêtement intermédiaire était, endroit comme envers, en *kanoko* couleur violet pourpre. Le vêtement de dessus, en soie rayée dite *hachijô*, couleur d'iris *ayame* était doublé en soie rouge *momi* aux endroits cachés (manches et dos). La ceinture, de grande largeur, portait des rayures disposées par paires. Aucun des ornements féminins dont elle était parée ne laissait à désirer. Un jeune marchand d'étoffes qui, à ce moment, se trouvait justement là, fit, en la regardant la remarque, en connaisseur homme du métier, que « sa toilette pouvait bien coûter, au vendeur, un *kamme* et trois cent soixante-dix *momme* d'argent ». Que notre époque est fastueuse! Avec le prix de ces vêtements on eût pu acquérir une habitation de onze à treize mètres environ de façade sur le côté sud. Tous la contemplaient, en pensant : « Quel chic! quel chic! En voilà une élégante raffinée! »

Depuis l'époque où, en été, se remplacent les domestiques[154], j'avais quitté mon service. Je logeai du côté de Yokobori[155] à Ôsaka, mais sans y demeurer constamment. Je me faisais engager, de-ci, de-là, comme assistante pour mariages. A Ôsaka, je trouvai les gens plus frivoles et aimant le luxe que je ne l'aurais pensé, car ils faisaient de splendides cérémonies de mariage sans se demander s'ils pourraient, à la fin, régler leurs comptes. Les parents de la jeune fille désiraient un gendre au-dessus de leur condition; les parents du jeune homme préféraient une union avec une maison « au toit plus élevé que celui de la leur ». Dès le moment où l'alliance était décidée, on s'ingéniait, de part et d'autre, à manifester d'inutiles apparences pour se faire valoir : du côté du beau-fils, en hâte, on se mettait à construire; chez la belle-fille, on préparait un trousseau. Les dépenses projetées dans les conciliabules, où prenaient part l'ensemble des femmes d'une maison, dépassaient toujours les estimations. Sur les cent *kamme* d'une fortune, somme évaluée à grand-peine, on affectait dix *kamme* à la dot et quinze *kamme* aux dépenses du mariage. Et ce n'était pas tout. Il s'y ajoutait tous les frais accessoires après la cérémonie, les cadeaux à échanger mutuellement au cours de l'année, à l'occasion des fêtes : pour le maquereau genre *buri* [156], on choisissait la première qualité provenant de la province de Tango; quant aux maquereaux fendus, dits *sashi-saba*, on offrait ce que la province de Noto produit de mieux. En toutes choses aucun moment n'était laissé pour reprendre haleine dans cette continuité de présents. Quand c'était au tour de la cadette d'aller se marier, on ne pouvait plus, certes, faire autant pour elle que dans le cas précédent, mais on accomplissait tous les préparatifs nécessaires. C'était ensuite au frère cadet de prendre femme. Bientôt les vagissements du premier-né s'étant fait entendre, il convenait aussitôt d'offrir un petit sabre protecteur *(mamori-gatana* [157]*)* et un jeu de vêtements de bébé. C'étaient, à tout propos, de continuelles visites entre parents. De sorte qu'un beau jour, sans qu'on s'en fût aperçu, l'or et l'argent avaient diminué; pour avoir marié leurs filles, innombrables étaient les gens qui s'étaient ruinés.

Quant à la mère du gendre, elle voulait également faire montre d'une situation au-dessus de la sienne. Elle cessait de recommander les économies que, d'habitude, elle s'appliquait à faire avec minutie. Elle remplaçait l'éclairage à l'huile par des bougies de cire; elle ne couvrait plus la grande chaufferette [158] d'une couverture en coton. Si bien que Monsieur le gendre, lui-même, en arrivait à traiter la femme qui était sa compagne pour la vie comme une fille de joie ou une fille du même genre avec qui l'on n'a qu'une liaison d'un moment; il lui dissimulait ce qu'il n'y avait même pas à cacher; il ne s'occupait guère que de l'aspect de sa personne et, devant elle, sans se préoccuper de dépenses, faisait étalage d'opulence et posait au beau garçon. Quelle sottise, vraiment!

Comme assistante pour mariages, il m'arriva d'aller personnellement à beaucoup d'endroits. Mais partout, je ne constatai aucune différence, en ce qui touche ces diverses actions fort éloignées de l'amour conjugal dont les hommes devraient être honteux mais qu'ils commettent pour la façade. Un jour cependant, que j'étais allée servir comme assistante chez un certain marchand de Naka-no-shima [159], le fils de la maison, par exception, ne daigna pas s'approcher de moi. Plutôt que de sacrifier aux apparences, il préféra donner à toutes choses un caractère réservé et, pour la première nuit de noces, il ne dissimula en rien et mena à bien la chose, sans se préoccuper de moi. Je pensai qu'il était bien chiche de ses attentions. Mais cette maison existe, maintenant encore, tandis que les autres ont décliné par comparaison à cette époque-là et l'on peut déjà y voir les maîtresses de maison réduites à se passer de palanquin.

CHAPITRE II

Une doublure libertine ornée de peintures érotiques à l'encre de Chine

La manière de coudre les vêtements de femme fut réglée, pour la première fois, à l'époque de l'impératrice Kôken[160], la quarante-sixième à régner dans la lignée des empereurs humains et les mœurs du Japon gagnèrent dès lors en beauté. D'une manière générale, pour confectionner les *kosode* ou autres vêtements de personnes distinguées, on commence par vérifier le nombre des aiguilles fichées sur le porte-aiguilles. On fait de même quand le travail est terminé[161]. Le plus grand soin est apporté à ce travail, pour tous les détails. En particulier, on se purifie le corps et les femmes qui ont leur indisposition mensuelle ne doivent pas pénétrer dans la salle de couture. Un beau jour, je ne sais quand, comme j'étais habile de mes mains pour ce travail, je servis moi aussi comme couturière. Le cœur tranquille, j'avais une conduite régulière. Sans soucis, je cessai de penser à l'amour. J'avais plaisir à me trouver sous la fenêtre qui prenait jour du côté du sud; je réjouissais mes yeux à la vue des « iris qui croissent sur les pierres[162] ». En consommant l'achat, fait en commun, de thé Abe-cha[163] et de gâteaux *manjû* de chez Tsuruya[164] du quartier de Iida-machi[165], je passais mes journées dans une compagnie composée seulement de femmes. Exempte de tout blâme, mon âme n'était pas plus obscurcie de nuages que la lune éclairant les quartiers élevés d'Edo[166]. Je croyais bien être en cet état de grâce que donne le sentiment de permanence, de bonheur, de l'affranchissement des passions et de pureté (vertus d'un Bouddha parvenu au Nirvâna[167]). Mais il arriva que je fus chargée de tailler, pour le jeune homme fils du maître, un vêtement de dessous, à rayures, en soie apprêtée. Quel pouvait avoir été le peintre dont le pinceau s'était promené sur la doublure du vêtement pour en faire l'ornement? Unis, un homme et une femme y exposaient leur nudité. La femme y étalait ouvertement sa peau superbe. Les talons en l'air, les orteils crispés, elle s'ébattait. La vue était éblouie par le spectacle; l'on ne pouvait croire, tant elle était vive, que ce ne fût qu'une image de la forme humaine. Des bouches immobiles on avait cependant l'illusion que sortaient de doux propos. Brûlante d'excitation, je m'appuyai un moment sur ma boîte à ouvrage : le désir de l'homme venait de se lever en moi. Ni le dé, ni la bobine de fil ne me tenaient plus en mains. L'esprit ailleurs qu'à coudre le *kosode*, toute distraite, j'étais obsédée par la même chose, me disant que, la nuit venue, je devais, hélas, tristement coucher seule encore! Passant, une à une, les choses de mon passé en revue, je me prenais en pitié et m'affligeais : la sincérité avait été dans les larmes que j'avais versées, tandis que mes rires n'avaient été que tromperie. Mais, sans souci du vrai et du faux, je ne trouvais aucun homme antipathique parmi ceux qui me revenaient à la mémoire. Et pourtant, à cause de l'excès de l'amour que j'avais pour eux, peu de temps après notre union, je les avais fait s'abandonner à la luxure jusqu'à en mourir, au vin et à la bonne chère, de sorte que l'existence qui, pour eux, aurait dû être longue, n'avait été que trop brève. A y penser maintenant, je trouvais qu'alors j'avais été bien impitoyable. Quant aux hommes dont le souvenir me revenait à cause de quelque circonstance particulière, ils étaient en si grand nombre que je n'arrivais plus à les compter. En ce monde, cependant, il est des femmes qui, de toute leur vie, ne connaissent qu'un seul homme et qui, si elles en sont séparées par la fatalité, ne recherchent plus un second mari. D'autres séparées par la mort de leur époux, entrent en religion. D'une conduite sérieuse et rangée, celles-ci comprennent toute « la douleur de la séparation d'avec un être aimé[168] ». Moi, par contre, je n'avais eu que de regrettables intentions. Et, me remémorant les innombrables faits du passé, je me promettais bien, en mon for intérieur, de montrer désormais plus de persévérance. Bientôt l'aurore parut. Mes compagnes, dont les oreillers s'alignaient près du mien, s'éveillèrent aussi. Je pliai moi-même ma literie pour la ranger. Impatiente d'attendre ma ration d'un *go* de riz[169], je cherchai le tison qui se consumait depuis la veille au soir et je fumai d'une manière désordonnée. Ma tenue n'était pas à montrer. A la hâte, je rassemblai ma chevelure dérangée et, sans me préoccuper que le chignon en fût de travers, je la liai prestement avec un vieux cordon. Au moment de jeter l'eau qui avait servi à lisser les coques de mes cheveux sur les tempes, je jetai un regard furtif à travers le grillage d'épais bambous de la fenêtre. J'aperçus un homme qui avait l'air d'un *chûgen*[170], serviteur des samurais logés dans un « long appartement en façade ». Sorti le matin pour faire ses achats, il avait placé dans une corbeille de petits poissons pêchés à Shiba [171]. D'une main, il tenait la bouteille à vinaigre ainsi que des allumettes soufrées. Sans se douter qu'il était vu, il se tenait debout, les pans retroussés de son *dainashi* [172] couleur indigo, l'organe abaissé dans la main, et urinait. Comme la cascade d'Otowa [173], il faisait rouler les pierres du fossé, creusant le sol, et me plongeant ainsi dans un abîme de sensations. « Hélas! pauvre garçon, il ne fera que vieillir dans la même condition, sans jamais pointer " sa lance " dans le " camp de Shimabara [174] " à la capitale, sans accomplir aucun exploit! » Ainsi pensais-je, en le plaignant. Je fus soudainement envahie de désirs qui s'accrurent au point qu'il me fut impossible de continuer mon service. Sous prétexte de maladie, je demandai mon congé au milieu même de la période de mon engagement. Je quittai mes maîtres pour aller loger dans une case, derrière les boutiques en façade, à Hongô [175], sixième chôme. Sur le poteau, à l'entrée de ma ruelle, je collai une affiche où s'inscrivait : « Dans le fond, couture et confection en tous genres. » Je pensais pouvoir vivre ainsi pour satisfaire librement ma passion, et me faisais un plaisir à l'idée que des hommes viendraient me voir. Mais il ne vint que des « dames de bonne condition » avec lesquelles je ne tenais pas à avoir affaire. Elles me demandaient de coudre, selon leur goût, des vêtements à la mode. Je m'en chargeais à contrecœur et j'étais assez déraisonnable pour en bâcler la couture en quelques points peu soignés.

Du matin au soir, des pensées lascives s'élevaient dans mon cœur, mais je ne pouvais les exprimer ouvertement. Une fois, une idée me prit : accompagnée de ma servante, à qui je fis porter un petit sac, j'allai au quartier de Hon-chô [176]. J'y visitai le magasin d'étoffes « Echigo-ya [177] » qui était fournisseur de la maison d'un seigneur quand j'y avais autrefois servi. Je leur dis : « Je ne suis plus en service actuellement, je vis seule, sans même un chat à la maison; le voisin à l'est est toujours absent; à l'ouest, c'est une vieille femme, de plus de soixante-dix ans, et dont l'ouïe est fort dure; en face, rien qu'une haie vive d'*ukogi* [178]; pas âme qui vive. Si jamais vous allez à un hôtel de seigneur situé dans ces parages, pour affaire de votre commerce, veuillez ne pas manquer de passer chez moi pour vous y reposer. » J'achetai une demi-pièce de soie Moro-Kaga [179] tissée avec des fils triples; de la soie *momi* de couleur rouge, pour une manche; et une ceinture de soie *ryûmon*. J'emportai le tout et, bien que la règle stricte de la maison fût de ne pas vendre à crédit au magasin, les jeunes commis, séduits par moi, n'osèrent refuser et me remirent la marchandise sans se soucier d'en recevoir le prix.

Le huitième jour du neuvième mois [180] arriva bientôt. L'ordre ayant été donné d'aller toucher la somme due, une quinzaine de commis cherchèrent à esquiver, en discutant entre eux, la pénible tâche d'aller chez la couturière. L'un d'eux, d'un certain âge déjà, n'avait aucune notion de l'amour ou des choses du cœur. Il n'oubliait pas plus son abaque en rêve qu'éveillé son écritoire à compartiments. Le patron de la capitale l'avait appelé « la souris blanche [181] ». Adossé au pilier principal du magasin, il était d'une perspicacité sans rivale pour discerner le bien et le mal dans le caractère des gens. Il s'impatienta en entendant la discussion des jeunes gens et leur déclara : « laissez-moi l'encaissement de la note de cette femme. Si elle ne la règle pas, je reviendrai avec l'argent, dussé-je lui arracher la tête ! » Plein d'impatience, il alla voir la femme et s'emporta brutalement en paroles. Mais elle ne montra aucune émotion sur son visage et dit : « Je vous ai fait venir de bien loin pour fort peu de chose. Voilà qui vous a causé vraiment beaucoup d'ennui ! » A peine avait-elle prononcé ces paroles qu'elle enleva son vêtement reteint couleur fleur rouge de prunier et poursuivit : « Je ne l'ai porté que deux jours, hier et aujourd'hui, après l'avoir fait reteindre à ma fantaisie. Quant à la ceinture, la voici ! et elle la jeta à terre. Je suis sans argent pour le moment, et bien que cela doive vous contrarier, reprenez donc encore ceci ! » dit-elle en larmoyant. Et elle se mit toute nue, ne conservant plus que son pagne rouge.

Son corps était splendide, tout blanc, ni gras, ni maigre, sans traces de brûlures de moxa. A la vue de sa chair dodue, et tout de mœurs sévères qu'il fût, l'homme se mit à trembler en se débattant. « Mais, mais, dit-il, comment pourrais-je emporter ceci ? Je n'ose pas, car je crois que vous allez sûrement vous enrhumer ». Et il prit les vêtements et se disposait à m'en habiller quand je m'emparai prestement de lui avec une vivacité de femme et, m'appuyant sur lui, je lui dis : « Par les dieux, quel galant homme vous faites ! » Le vieux papa en fut tant ébranlé que, tout ému, il appela l'apprenti Kyûroku, lui fit ouvrir le coffre porté sur l'épaule au bout d'un bâton [80], y prit, à la poignée, cinq *momme* quatre à cinq *fun* de petite monnaie d'argent qu'il lui tendit avec ces mots : « Prends ceci ! va à la grand-rue de Shitaya [182] voir le Yoshiwara [183]. Je te donne quelques moments de loisir. » Kyûroku, tout agité, ne pouvait croire que c'était vrai. La rougeur au visage, il ne savait que répondre. Mais enfin il comprit et se dit à lui-même : « Pendant que celui-ci s'arrangera avec elle, ma présence va le gêner. D'habitude, il est très regardant, mais c'est le moment d'en tirer de force quelque chose. » « De toute façon, lui dit-il, je ne pourrais jamais me rendre au quartier des courtisanes avec un pagne en coton! » Le premier commis en convint, et lui donna un coupon, mesuré à vue d'œil, de soie de Hino en grande largeur. Kyûroku s'en ceignit aussitôt, tel qu'il était, sans même que les bouts en fussent ourlés et sortit, se dirigeant en courant vers l'endroit où l'entraînait son désir. Après son départ, le vieux commis poussa le loquet de la porte et, de son large chapeau de jonc boucha la fenêtre. Puis ils s'unirent en un amour qui se passait d'intermédiaires. Lui, par la suite, oublia tout sentiment de lucre et perdit la tête. On ne pouvait pourtant dire que c'était une folie de jeunesse qui l'avait amené là. Les affaires du magasin d'Edo ayant par sa faute considérablement périclité, il fut renvoyé à la capitale. La femme, se prévalant de son nom de « couturière », allait, cultivant de-ci, de-là, les bonnes grâces des hommes, offrant ses services pour un *bu* par journée. Elle allait, faisant porter sa boîte à ouvrage et, en fin de compte, elle pouvait habilement subvenir à ses besoins, sans exercer son métier de nom. C'était le cas de dire qu'il s'agissait d'une vie relâchée comme « le fil dont l'extrémité est laissée sans être nouée ».

CHAPITRE III

Servante à l'hôtel d'un noble militaire, le teint terne de mon visage se polit

On a beau dire que c'est la mode! Partout, à en avoir les yeux obsédés, on voit les femmes d'aujourd'hui porter une ceinture aux extrémités teintes en modèle *kanoko* de couleur violette, en la nouant aussi bas que la cambrure de leurs fesses. Quel détestable genre!

Mais moi-même, en prenant de l'âge, je me laissai déchoir. C'est ainsi que, me louant pour une année, je devins « servante pour la chambre du thé » chez un noble. Ma tenue habituelle était alors, pour le vêtement de dessous, un *kosode* lavé et apprêté à nouveau; mon vêtement de dessus était en coton. Mon service était de me tenir dans la chambre attenante à la « haute salle à manger » et de m'occuper des ustensiles qui s'y voyaient ordinairement. A ne me nourrir, matin et soir, que de riz non décortiqué et de bouillon léger, je perdis bientôt l'éclat de mon teint, et je m'étonnais moi-même d'être devenue si laide. Quoi qu'il en soit, j'attendais avec impatience mon congé du printemps et de l'automne, et quand je quittais la maison du maître pour aller à la rencontre d'un amant clandestin, ma joie était semblable, en traversant le petit pont de planches près de la porte de derrière, à celle de la « Fileuse [185] » qui, une fois l'an, passe le pont du ciel. Je m'en allais alors d'un pas rapide, vêtue autrement que d'habitude. Je recouvrais, bord sur bord, un vêtement jaune uni d'un vêtement orné de dessins disposés en long. Je ceignais une ceinture de brocart *ima-ori* [186] à fond bleu indigo, la nouant par-derrière. Je l'entourais solidement, sur un seul tour, à la façon d'un cordon, d'une étoffe lâche en une seule largeur *(kakae-obi* [187]*)* de couleur violette. Ma coiffure était un *shimada* abaissé noué d'un cordon aux bouts relevés. Je rasais la naissance de mes cheveux sur le front en sorte que la ligne ait la forme du haut d'un châssis de fenêtre *katô*[188] et je noircissais fortement mes sourcils à l'encre de Chine. Mon voile *kidoku-zukin*[189] ne laissait paraître que les yeux. Au *chûgen* âgé qui m'accompagnait, je faisais porter un sac fait de morceaux d'étoffe rapiécés, dans lequel j'avais fourré trois *shô* et demi environ de riz que j'avais épargné sur mon allocation; quelques os de grue salée, et même jusqu'à des boîtes vides à compartiments, en copeaux de bois de cryptomère, ayant contenu des gâteaux. Pour m'attirer les bonnes grâces d'une vieille, tenancière d'hôtel borgne, c'était un bien singulier cadeau à lui offrir! Quand je passai la porte « Sakurada no go-mon[190] », je tirai de ma manche quelques pièces de menue monnaie de cuivre[191] que j'offris à mon vieux compagnon pour le récompenser de la peine que je lui donnais ce jour-là. « Avec ceci, lui dis-je, bien que ce soit peu de chose, achetez par exemple du tabac pour le fumer! » Mais lui : « Votre présent vient d'une bonne intention, mais je ne saurais l'accepter et c'est tout comme si vous m'aviez fait un cadeau. Mais je ne fais qu'obéir aux ordres du maître et, si je ne vous accompagnais pas, je devrais m'occuper d'une autre besogne, celle de puiser de l'eau. Ne vous préoccupez pas particulièrement de moi. » En dépit de sa basse condition, les raisons de son refus étaient admirables. Ensuite nous passâmes devant les hôtels nobiliaires du quartier de Maru-no-uchi[192] pour arriver à la cité. Tandis que je m'impatientais de ne pas avancer plus vite, à cause de mon pas féminin, le *chûgen*, au lieu de me conduire à mon auberge de Shimbashi[193], me faisait tourner quatre ou cinq fois de droite à gauche en passant par les mêmes endroits. Dans mon ignorance de la disposition des lieux, j'allais distraitement. Mais, ayant levé la tête, je fus surprise de voir que le soleil s'inclinait déjà vers le donjon ouest du palais (Nishi no maru[194]). J'examinai alors attentivement mon vieux compagnon et je m'aperçus qu'il faisait mine de vouloir m'adresser la parole. Cela se voyait bien au bout de son nez qui se ridait. Je me demandais ce qu'il pouvait bien me vouloir. Profitant d'une interruption dans le passage des gens, je l'attirai derrière une barrière de quartier et chuchotai à son oreille : « Que désirez-vous donc? » Le *chûgen* montra un visage tout joyeux, mais n'en expliqua point la raison et se mit à tortiller son unique sabre au fourreau fendu. Puis il dit : « Pour vous, je ne regretterais pas de perdre la vie. Et quant à la rancune de ma vieille femme restée au pays, je ne m'en préoccupe pas. J'ai soixante et onze ans, mais je n'ai jamais menti. Tant pis si vous me trouvez osé. Les dieux et les bouddhas sont honnêtes. Si je vous trompe, toutes les prières que je leur ai adressées jusqu'à ce jour deviendront vaines! Je les prends à témoin que jamais, au grand jamais, je n'ai porté de tort à personne même pour un seul cure-dent! » C'était bien comique d'entendre toute cette longue tirade sortir de sa bouche qui portait moustache. Et quand je lui dis : « Ne pouviez-vous me résumer tout cela par le seul propos : je suis amoureux de vous? » le vieillard répondit en larmoyant : « Puisque vous aviez si bien deviné mes sentiments, je ne puis comprendre pourquoi, inhumaine que vous êtes, vous m'ayez laissé vous solliciter par de si longs discours! » Déraisonnable mécontentement dont je ne pouvais tout de même lui tenir rigueur, et je me laissai attendrir par ce vieillard si sincère. Une fantaisie me prit. Si j'étais allée à mon auberge, j'aurais pu y satisfaire mes désirs. Mais je ne pus attendre jusque-là. Abandonnant toute honte, je me précipitai chez un petit restaurant situé sur le quai près du pont de Sukiya-bashi[195]. Tandis que je commandais des nouilles, le patron me montra l'escalier du coin de l'œil, comprenant bien la situation, et quand j'y mis le pied, sa femme me pria de prendre garde à ma tête. Je me demandais ce qu'elle voulait dire quand je m'aperçus que le toit était si bas qu'on n'avait pas la liberté de se tenir debout. La pièce, d'une étendue de deux nattes seulement, et tapissée sur tout son pourtour de papier teint au brou de kaki prenait jour par un vasistas de coin. La présence de deux oreillers en bois, posés sur les nattes avait quelque chose de suspect et laissait penser qu'elle n'était pas seulement due au hasard de ce jour-là. M'étant couchée auprès du vieillard, je lui tins sans fin et jusqu'à m'en fatiguer des propos pour le mettre en joie et je choisis le moment où je le vis se replier sur lui-même tout congestionné pour commencer à dénouer ma ceinture fortement serrée. Mis quelque peu en gaieté, il me pria d'un ton léger de ne pas considérer comme sale son pagne qu'il avait lavé quatre ou cinq jours auparavant. Toutes ces inutiles excuses étaient bien risibles. Je le pris par l'oreille, l'attirai à moi et lui frictionnai les reins à lui faire mal à l'échine. Mais j'eus beau le provoquer de tout mon zèle, je n'aboutis à rien. Quand il faut en arriver là, c'est bien regrettable. Mais je le tranquillisai en lui faisant comprendre que le soleil était encore haut tout en glissant ma main sous son aisselle. Et comme il se dressait, tout remué et que j'attendais avec impatience qu'il s'exécutât, il me dit : « L'épée d'autrefois n'est plus aujourd'hui qu'un couteau à couper les légumes! Bien qu'ayant pénétré dans la montagne des trésors, je m'en retourne vainement. » Sur cette vieille comparaison, il se mettait à renouer sa ceinture, quand je le fis rouler à bas en le tirant à moi. Tandis que nous échangions propos sur propos, le patron de la *chaya*, monté sur la deuxième marche de l'escalier nous cria d'un ton pressé : « Hé là! hé là! les nouilles s'allongent bien trop! Comme c'est dommage ! » Il ne resta plus dès lors au vieux qu'à renoncer définitivement. Un coup d'œil jeté en bas me montra un *yakko* [94] la chevelure rasée très bas accompagné d'un porteur de sandales âgé de vingt-quatre à vingt-cinq ans laissant encore pousser ses « cheveux de devant [196] ». Il n'était que trop clair qu'ils venaient pour affaire d'amour, car j'avais entendu qu'ils demandaient une chambre. Comprenant la situation, je tirai de ma bourse faite d'un carré d'étoffe de soie enroulée quelque menue monnaie d'argent que je déposai sur un côté d'un plateau rond, et je sortis en hâte après avoir remercié. Mais je n'étais encore pas parvenue à la porte que j'entendis ces propos : « A ce vieux-là, il arrive une bonne fortune qui ne se rencontre guère qu'en rêve. Dans ce vaste Edo, il se passe bien des choses ! » le tout suivi d'éclats de rire. Toute mortifiée de ces réflexions nullement justifiées [197], je me disais qu'en toute chose c'est la jeunesse qui compte et que, devenu âgé, on n'aboutit à rien. Ce n'était pas sa faute, à ce vieillard. Tandis que j'allais ainsi en considérant ce qu'a d'éphémère l'existence de ceux qui s'approchent du « trou », j'arrivai à ma petite auberge de Shimbashi. Je demandai s'il n'y avait rien de nouveau. On me dit alors : « Notre petite servante " La tortue " pour laquelle vous étiez si aimable est morte l'hiver dernier après deux ou trois jours de maladie. Elle n'a cessé de parler de vous jusqu'au moment d'expirer, en vous appelant sa " tante ". » Puis on se mit à pleurer. Mais je répondis : « Cette enfant ne connaissait pas encore le cœur des hommes, peu importe donc. J'ai si rarement de congés que je ne suis pas venue pour prendre des nouvelles de ce genre. Je voudrais savoir s'il n'y a pas d'homme plus jeune que ce samurai fantassin que j'ai rencontré la dernière fois. »

CHAPITRE IV

L'homme, sous la forme duquel une vieille femme désire renaître, afin de mener une existence masculine somptueuse[200]

Même pour une femme, rien de plus amusant que de servir à l'aventure en changeant souvent de place. Après avoir été longtemps en condition à Edo, à la capitale et à Ôsaka, je me rendis cet automne-là, à l'époque où se font les engagements, à la ville de Sakai[33] dans la province d'Izumi. Je pensais qu'à y demeurer j'y trouverais aussi quelque chose de nouveau et de curieux. A l'ouest du lieu dit Nakabama, dans le quartier de Nishiki no chô, il y avait un placeur nommé Zenkurô. J'y pris pension pour six *fun* par jour, tous frais compris. Quelque temps après, une vieille femme vint chez le placeur pour lui dire qu'une personne qui s'est retirée des affaires, habitant une certaine maison située dans la grand-rue, désirait engager à son service une servante qui, près de sa chambre à coucher, serait chargée du soin de sortir et de ranger la literie. Dès qu'elle m'eut vue, elle trouva que j'étais sans défauts, tant pour l'âge que pour la beauté et les manières, et affirma que je ferais une domestique qui lui plairait. Elle ne discuta point l'avance à me remettre pour mes préparatifs. La vieille femme, qui paraissait avoir servi longtemps dans la maison, m'emmena tout heureuse. Chemin faisant, elle me donna aussitôt divers conseils qui me seraient profitables. Bien que sa physionomie fût détestable, elle avait d'aimables attentions et, pour l'écouter, je tendais l'oreille toute joyeuse, me disant, selon le proverbe, « en ce monde, il n'y a pas de démons ». J'appris ainsi que la maîtresse de maison[201] était profondément jalouse et qu'elle n'aimait pas qu'on parlât même avec les jeunes gens qui se tiennent dans le corps principal du logis (le magasin de commerce). « Aussi ne conviendrait-il sans doute pas de rapporter les bruits qui courent sur les amours des gens et il faudrait aussi faire semblant de ne pas voir les ébats des coqs. Comme elle appartient à la secte Hokke-shû [202], faire bien attention de ne jamais, même une fois, prononcer l'invocation au Bouddha Amida. Elle fait grand cas d'un chat blanc portant collier. C'est pourquoi, même s'il s'empare d'un poisson, inutile de le poursuivre. La jeune dame, femme du patron du magasin sur le devant de la maison, se donne des airs d'importance et tient souvent des propos arrogants : faire comme si on n'entendait pas! Sous le nom de "O-Shun", elle avait d'abord été amenée comme servante par la précédente épouse. Après la mort de celle-ci, enlevée par la grippe, le maître de maison, par curiosité, jeta les yeux sur elle. Encore si elle était jolie femme! Aujourd'hui, en parvenue qu'elle est, elle se livre à tous ses caprices. C'est bien extraordinaire qu'elle ne devienne pas bossue, ses reins s'affaiblissant à force d'accumuler, pour s'y reposer, coussin sur coussin, dans sa chaise à porteurs ». Ainsi allait-elle, se répandant en médisances de toutes sortes. Je l'écoutais malgré moi, puisque je ne pouvais empêcher mes oreilles de jouer leur rôle, mais ses propos me semblaient bien drôles. « Alors que partout ailleurs, poursuivit-elle, on ne mange, soir et matin que du riz *akagome* [203], chez nous n'est servi que du riz *tenshumai* [204] de la province de Harima. Quant au *miso* [205], on en fait venir chaque fois qu'il en est besoin de chez le marchand de saké, gendre de la maison. Chaque jour, on chauffe le bain et si, par négligence, vous ne le prenez point ce sera autant de perdu pour vous. A l'époque de la "grande fête" du dernier jour de l'année, si vous voyiez la quantité de cadeaux, soit gâteaux de riz, soit poissons, reçus des personnes en relations avec la maison! Car la ville de Sakai est bien vaste sans doute, mais, dans la partie sud divisée en deux par la grand-rue Ôshôji il n'est personne qui ne soit notre débiteur. A deux cents mètres environ d'ici, au coin du côté du nord-est, se trouvent aussi des maisons que tiennent pour leur compte des commis principaux sortis de chez nous. Vous n'avez peut-être jamais vu la fête de "Sumiyoshi" [206] ? Elle n'aura pas lieu avant longtemps. A ce moment-là, c'est l'habitude de la maison que tous se rendent à un endroit déterminé depuis la veille au soir de la fête. Ensuite, quelque temps après cette fête, on va admirer les glycines en fleur à Minato. On emporte alors une grande boîte à compartiments superposés garnie de feuilles de *nanten* [207] et remplie jusqu'aux bords de riz cuit avec des haricots rouges [208]. Pour quelqu'un dont la condition est de servir, c'est un bonheur que d'être dans une maison comme celle-là! Pensez à ne la quitter que pour vous établir par son entremise. La seule chose est de plaire à *go-inkyo-sama* [209] et de ne désobéir à aucun ordre qu'il vous donnera; et ne laissez échapper au-dehors la moindre chose sur l'intérieur de la maison! Sans doute, puisqu'il s'agit d'une personne âgée, elle montrera de l'impatience, mais ce sentiment est chez elle comme l'eau quand elle commence à jaillir, abondante d'abord pour diminuer aussitôt ensuite : il disparaît bientôt sans laisser de traces et sa bonne humeur revient. Faites votre possible pour répondre à ses désirs! Le *go-inkyo-sama* a, pour sa part, reçu beaucoup d'argent, chose qu'ignorent les gens; et si demain il venait à fermer les yeux quelle récompense vous pourriez recevoir! La personne a déjà soixante-neuf ans. Elle est toute ridée. L'avenir d'un vieillard est connu à l'avance. Tout ce qu'elle dira, quoi que ce soit, ne vous en tracassez pas! Nous ne sommes pas encore intimes, mais vous êtes si gentille que je vous ai à fond tout raconté. »

A écouter ce récit, je compris l'ensemble de la situation : d'un homme âgé, je ferais ce que je voudrais, cela dépendrait uniquement de ma conduite envers lui. Si la chance faisait que je puisse le servir longtemps d'une manière intime, je tromperais la surveillance pour prendre un amant, dont, peut-être, je deviendrais grosse. Je mettrais alors l'enfant au compte du vieux et je lui ferais laisser un écrit par lequel sa fortune me reviendrait après lui. De la sorte mon existence serait assurée. J'arrangeais ainsi les choses, chemin faisant, quand ma compagne me dit : « C'est ici, veuillez entrer! » et, prenant les devants, elle entra. A la porte intermédiaire, j'enlevai mes sandales de paille, je passai au plancher attenant à la cuisine et m'y assis. Une vieille dame à la retraite, d'environ soixante-dix ans, de robuste apparence, arriva. Elle m'examina d'un regard pénétrant. A la suite de quoi, elle déclara qu'elle était très contente parce que rien en moi n'était au-dessous de la norme. Ce que je voyais était bien différent de ce que j'avais imaginé. Je regrettais de me trouver là, car, si j'avais su qu'il s'agissait de servir la vieille mère du maître de maison, je ne serais pas venue. Mais comme ses paroles paraissaient empreintes de bonté, je pensai qu'un demi-terme serait vite passé et que faire l'expérience de « fouler le sel amer de cette baie » (faire dans ce lieu une amère mais salutaire expérience[210]), suivant le dicton, me serait peut-être bon. Aussi décidai-je de rester. En apparence, rien ne différait ici de la capitale. Mais à l'intérieur de la maison il y avait beaucoup plus d'activité : un valet actionnait par une pédale le pilon du mortier à écraser le riz; le travail de reprisage des chaussettes *tabi*[211] ne laissait aucun loisir aux servantes. Tout ce personnel était bien stylé. Une tâche particulière avait été fixée pour chacune des cinq ou six servantes qui le composaient. Moi seule avais le rôle de la personne inoccupée qui regarde travailler les autres.

La nuit venue, je reçus l'ordre de disposer le lit. Tant que les choses n'allaient que jusque-là, je n'avais qu'à obéir; mais je n'arrivais pas à comprendre qu'on me priât de placer mon oreiller à côté de celui de la vieille dame. Toutefois je ne refusais pas puisque c'était l'ordre de la maîtresse, croyant que j'aurais à lui masser les reins. Mais il ne s'agissait pas de cela : je dus faire la femme, tandis que la maîtresse, jouant le rôle de l'homme, folâtra toute la nuit. Il m'arrivait une bien désagréable aventure! Cependant vaste est le monde et dans toutes sortes d'endroits, j'avais jusqu'alors servi. La vieille dame me dit que son vœu serait, pour une fois, de renaître homme dans un monde futur pour s'y livrer à tous ses désirs [200].

Livre cinquième

Tout en sachant bien que c'était mal de leur part, certains opulents viveurs de condition, dont on reconnaîtrait facilement le nom, venaient par occasion au quartier de Yasaka [212].

(Chapitre I)

Bien que l'eau, au sortir du bain, si elle est tiède [227], soit aussi peu agréable que les « femmes de bains » quand elles-mêmes le sont, dans ce cas, au lieu de s'amuser avec elles, on se contente de « changer le ventre pour le dos » [228], pour en enlever la crasse.

(Chapitre II)

Une femme qui, par sa beauté, attire la clientèle et fait acheter par ses admirateurs des éventails ornés de dessin de chaînes de cercles [238]. Elle captive et s'offre aussi les clients.

(Chapitre III)

Jusqu'à ce que les représentants de commerce aient réglé leur compte et se soient rembarqués, des femmes leur vendent la bonté de l'amour.

(Chapitre IV)

TABLE DES MATIÈRES

CHAPITRE IV

Chez les commissionnaires, écritoire toujours humide [255]
(Femmes légères y sont préposées au service amoureux)

Ces femmes légères comme feuilles de lotus trouvent leur plaisir à coucher dans les auberges pour domestiques. Leur condition reste ignorée, et, pour ne pas les confondre, on les appelle de noms particuliers.

LIVRE CINQUIÈME. *Gravure du deuxième chapitre.*

A gauche, la maison « Yamaya » comme le montre le caractère « montagne » imprimé sur le rideau qui pend sous l'auvent. En bas, deux clients assis sur un large banc. Un store est relevé au-dessus d'eux. Derrière eux, à l'intérieur, on aperçoit un plateau à fumer avec une longue pipe posée en travers, un pot à tabac finement découpé et, de droite à gauche, un crachoir et un petit cendrier contenant un charbon rouge pour allumer la pipe.

Au premier, un groupe. A droite, deux personnages dont l'un, à gauche, a la tête tondue comme un bonze, type fréquent chez les compositeurs de haïkaï (genre de Saikaku à la fin de sa vie). Il porte un pardessus, ce qui lui donne de la distinction, et tient, de la main droite, une large coupe dans laquelle une femme lui faisant face se dispose à lui verser du saké contenu dans un récipient en métal ayant la forme d'une théière. Sur la table, entre les trois personnages, un support pour la coupe et deux boîtes laquées carrées, séparées d'une boîte à étages, contenant quelques mets pour accompagner le saké.

Sur la partie droite de l'image, en bas, la rivière Kamo-gawa qui coule au pied du mur de

pierre *ishi-gaki* donnant son nom au quartier. Debout, quatre personnages dont les troisième et quatrième, à compter de la gauche, sont des clients coiffés d'un *ami-gasa*, chapeau de jonc qui cache leur visage et leur évite d'être reconnus. Ils sont arrêtés devant la maison qui est voisine de « Yamaya », ces *chaya* étant toutes alignées au bord de la rivière.

LIVRE CINQUIÈME. *Gravure du deuxième chapitre.*

Sur une seule page, l'intérieur d'une maison de bains publique, principalement le plancher devant la grande baignoire-piscine. On voit pénétrer dans celle-ci un baigneur vu de dos, la tête cachée par une cloison disposée au-dessus de lui à plus de mi-hauteur de l'ouverture et fermant ainsi en partie, par le haut, la chambre où se trouve la baignoire, la protégeant contre l'air extérieur. La vapeur d'eau s'élevant de la baignoire se trouve ainsi interceptée par la cloison et s'échappe par des ouvertures percées sur les côtés du plafond. Au fond de la chambre, indication des barreaux d'une fenêtre.

Sur le plancher, près du pilier qui encadre à droite l'entrée de la piscine, un homme venant de se baigner se repose, assis sur sa serviette-enveloppe. A sa droite, et venant vers lui, une *yuna*, fille de bains, apporte à deux mains, un seau d'eau chaude puisée en dehors de la baignoire. Elle va probablement laver le dos de ce client.

C'est à quoi se livre une de ses compagnes aperçue à gauche.

Remarquer le vêtement *(yukata)* porté par ces filles, relevé sur le devant et tombant par-derrière sur les talons, ceinture nouée sur les reins. Le *yukata* de celle de droite est orné

d'une branche de saule pleureur, et la bordure des manches et du bas du vêtement d'un dessin en damier (ainsi que l'indique le texte du chapitre).

En haut du panneau de droite qui limite le passage sur le côté de la piscine, est fixée une boîte rectangulaire où se déverse par un tuyau de bambou, sur le côté gauche le plus étroit, de l'eau froide qui y est filtrée pour servir à la boisson. Elle s'écoule par un robinet enfoncé au milieu et au bas de la boîte sur son côté le plus long.

LIVRE CINQUIÈME. *Gravure du quatrième chapitre.*

Sur une seule page, elle montre quatre *hasuha-onna,* dont l'une, au premier plan, est en train d'apprêter un gros poisson sur une grande planche à découper. Portant sur la tête une serviette, elle relève et attache ses manches avec un cordon pour faciliter le travail. Derrière elle, les trois autres bavardent. Celle de droite montre à ses deux camarades le dessin de son vêtement qu'elle avait fait faire récemment sans doute. Celle de gauche, tout en écoutant, fume, une longue pipe à la main; à côté d'elle est placé un plateau à fumer.

CHAPITRE I

Ma déchéance dans la carrière galante au quartier d'Ishigake[213]

J'en avais certes bien assez de ce métier de vendeuse d'amour. Mais, quand on y est poussé par la nécessité, on revient finalement à son ancienne condition, comme Mokuami[214]. Après avoir étudié à la maison Kurumi-ya la manière experte de traiter les clients à la façon des *niboku*[215], je revins à la profession et devins fille de *chaya* à la capitale. Il me déplaisait bien de porter à nouveau un vêtement ouvert aux aisselles, mais ma petite taille me donnait cet avantage de pouvoir revenir au passé bien que j'eusse pris de l'âge. En Chine, comme en ce pays, ne préfère-t-on pas également les jeunes ? Le poète chinois Tôba[216] a dit en effet, dans un de ses vers : « Les belles passent pour avoir seize ans, car elles savent se farder habilement » et vraiment, comme dans cet autre vers du même « elle reçoit dans ses deux bras délicats mille hommes sur son oreiller », j'étais très affairée aux choses du lit, sans distinction de jour et de nuit. Mais pour la fille voluptueuse le service est tout de même intéressant. Tantôt elle a affaire avec un commis de maison de commerce ou avec un ouvrier, tantôt avec un bonze ou un acteur. Elle s'amuse ainsi avec des clients de différente qualité. Elle n'y trouve cependant pas un plaisir particulièrement intense. Quand on pense à la courte intimité de chaque rencontre, qu'il s'agisse d'un homme qui plaise ou d'un autre pour lequel le cœur reste indifférent, on éprouve le sentiment du voyageur traversant en bac, jusqu'au moment où le bateau touche à l'autre rive. Quand quelqu'un était à mon goût, je lui adressais la parole, mais sans expansion. Vis-à-vis d'un homme déplaisant, je secouais la tête et appliquais mon attention vers quelque objet étranger, en comptant, par exemple, les solives du plafond, jusqu'à ce qu'il eût terminé son affaire. Je me conduisais en m'abandonnant au courant d'eau trouble de ce monde éphémère.

A l'époque où je me trouvais dans le quartier d'Ishigake, un homme au teint blanc, dans tout l'éclat de la jeunesse et de la fortune, venait s'y amuser en secret. Sa distinction donnait du raffinement au salon. Sa personne d'aspect robuste était comme saturée d'encens *kyara*. Dans la suite, je demandai qui il était à quelqu'un de bien informé. J'appris alors, ce qui me rendit confuse en raison de ma condition modeste, que c'était un viveur fortuné connu à la capitale. Parfois se montrait quelqu'un de bel aspect et mis avec élégance. Ce devait être aussi une personne de condition.

Quand je dis *chaya*, il y avait sept ou huit femmes par maison dans ce quartier-là. Rencontrant des hommes habillés avec recherche, j'apprenais aussi les nouvelles du quartier des courtisanes de Shimabara. J'acquis aussi quelque talent dans la manière de faire circuler les coupes de saké. Les habitués connus de la ville haute disaient de moi que j'étais une fille auprès de qui on ne s'ennuie jamais. Formée par un jongleur tel que Gwansai, j'appris le battement du tambour auprès de Kagura, la manière aimable de présenter les coupes avec Ranshu et l'art de raconter de petites histoires plaisantes auprès de Ômu. Tout naturellement le talent de ces hommes qu'on appelait les quatre rois jongleurs se communiquait à moi et je devins à mon tour experte dans leur art.

Mais, là aussi, je m'enlaidis bientôt. Je fus renvoyée et, dans ce même courant du métier, je changeai pour une condition hélas bien différente. A Yasaka, quartier de Gion, je devins fort affairée à appeler le passant à travers les stores, pour l'engager d'une voix séduisante à entrer quelques instants. Triste condition à quoi j'étais réduite!

Dans l'intention de s'amuser dans ce quartier, une bande de compagnons était descendue de Kiyomizu[11] jusqu'au bas de la colline. Puis ils étaient remontés. A faire ce manège cinq à sept fois pour regarder et comparer les filles, leurs jambes, comme des bâtons étaient devenues raides de fatigue. L'un d'eux, orfèvre de son métier, cherchait à se distraire de la monotonie de son état : d'autres, ouvriers couvreurs que la pluie forçait au chômage, s'étaient concertés. En quittant leur logis, ils s'étaient mis d'accord pour ne dépenser que deux *momme* d'argent par personne, à la recherche d'un plaisir comparable à celui d'une excursion en montagne qui n'aurait lieu qu'une seule fois en mille années, et pour le prix d'une fleur rare comme celle qui pousserait sur les rochers.

Pour deux filles, il y avait généralement cinq clients et, à peine ceux-ci avaient-ils pris place qu'ils tiraient au sort leur tour. Avant le saké, ils mangeaient les coquillages salés qui devaient l'accompagner; bien qu'ils eussent à portée de la main un crachoir pour recevoir les détritus, ils jetaient sur le plateau à fumer la peau des graines de *kaya*[217] qui leur étaient servies; ils trempaient dans l'eau du vase à fleurs leur peigne à lisser les coques de cheveux sur les tempes : si on leur présentait une coupe, alors, après l'avoir vidée, ils la remettaient cérémonieusement en place, l'ayant eux-mêmes bue, comme il est d'usage le premier jour de l'an. Alors que ces gens sans éducation s'attardaient, traînant au salon, ils me faisaient bâiller inconsciemment. Tandis que je pensais à ce que tout cela avait vraiment d'ennuyeux, un autre visiteur était introduit dans la chambre voisine par la patronne et j'entendais la voix de celle-ci qui lui disait : « Les gens du fond vont bientôt partir, veuillez d'abord attendre ici. » Là-dessus, une autre compagnie survenait qui s'asseyait dans l'entrée, près de la bouilloire pour le thé. « Patronne, disaient-ils, quelle prospérité! » Et elle de répondre : « Ces clients-là, il n'y a pas à se gêner pour eux. Venez donc par ici! » Et elle les faisait monter au premier étage, bas de plafond. Ensuite, deux ou trois hommes, en passant près de la porte, annonçaient qu'ils allaient en visite au temple de Ryôzen[218], mais qu'au retour ils entreraient.

Divertissements hâtifs! Je donnais le plaisir dans un coin de la chambre que je cachais en y dressant un paravent bon marché. Deux oreillers en bois y étaient posés. Debout, je dénouais ma ceinture que je jetais de côté. Et je déclamais moitié chantant d'une voix rapide : « C'est le service, tout pénible qu'il soit! » Puis, je tirais par l'oreille l'homme qui prenait une pose pour se donner un peu d'importance, en disant : « Puisque ça ne coûte rien, lavez-vous donc un peu. Venez donc, approchez-vous. Oh! comme c'est fâcheux que vous ayez les mains et les pieds si froids! » Je remuais vivement, pressée d'en finir. Une fois l'homme levé, je disais : « A celui qui voudra! » d'une voix à demi endormie. Quand je ronflais, un autre me réveillait en me chatouillant et je me livrais à sa fantaisie. A peine avais-je pris le temps d'aller me laver les mains, qu'on me poussait aussitôt vers un client qui attendait. Quand j'en avais fini à cet endroit-là, alors, du premier étage venait le bruit de mains battues avec animation, et ces paroles m'arrivaient : « Impossible de boire seul, une femme au moins ne pourrait-elle venir? Ou bien veut-on me faire entendre par là que je dois m'en aller? Puisqu'il s'agit de faire de la dépense, je trouve insupportable qu'on me laisse m'ennuyer seul! J'ai bien visité déjà cent dix-neuf *chaya*[279], mais je n'y ai jamais bu de saké, en me contentant de l'accompagner d'une simple soupe aux coquillages *shijimi*[220] ou d'un plat de méduses *tô-ku-*

rage [221]. De toute ma vie, je ne suis jamais parti en donnant de la fausse monnaie! Je n'ai jamais emprunté de parapluie sans le rendre! Il est bien regrettable qu'on me méprise sur la vue de l'ajustement [222] de mon col, et si mon vêtement est en coton doublé d'ouate, je n'en ai, en tout cas, jamais porté de rapiécé! » Emporté par la colère, il faisait étalage de ses larges manches ouvertes sur huit pouces et demi. On chercha à le calmer. Dans l'intervalle, il se fit un grand tapage : quelqu'un appela à grands cris la servante O-Kame pour lui dire : « Les pagnes de femme qu'on avait mis à sécher sont tombés! » Quelqu'un vociféra : « Le chat a emporté les boules de riz garnies de poisson carassin qui allait être servi! » Du fond de la maison, l'un des premiers visiteurs s'en allait en déposant un paquet de pièces de monnaie que l'on saisissait prestement afin de calculer au jugé la valeur du contenu. Tandis que le client montrait encore son dos, on suspendait le paquet à une balance dont la coche du fléau marquait le poids. On allait ensuite le montrer à la voisine pour lui demander son avis sur la qualité de la monnaie. On était plus affairés que l'acteur jouant à lui seul plusieurs rôles.

On a beau dire qu'il faut un métier pour gagner sa vie, il n en est point d'aussi éprouvant et d'aussi misérable que celui-là. Sans doute, je me faisais des salaires de trois cents, cinq cents *momme* qui augmentèrent même peu à peu jusqu'à huit cents *momme* d'argent. Mais je devais moi-même me fournir en vêtements pour des sommes équivalentes. Comme j'avais à m'acheter ceintures de dessus et de dessous, pagnes, papier mouchoir, peignes à piquer dans la chevelure, une brosse à dents et de l'huile pour les cheveux, rien ne me restait de mes gains. Mais ce n'était pas tout : j'envoyais aussi de l'argent à mes parents; je versais ma cotisation pour des achats en commun, qui se faisaient par des nuits de loisir. Pour toutes choses, ce n'étaient que dépenses. Aussi, quel que fût le moyen envisagé, je n'en trouvais aucun pour mettre de côté en vue d'un mariage. Je passais mon temps à boire du saké, indifférente à un avenir incertain, de sorte qu'à ce jeu ma beauté finit par se flétrir. Par la suite, pour la durée de la maladie d'une jeune femme, ou bien engagée pour trente jours seulement, j'allai servir dans une maison où la clientèle était nombreuse. Je me faisais bien un visage en me fardant, mais les os saillaient sous ma peau semblable à celle d'une poule. Aussi, quand un client la frôlait, disait-il sans se soucier d'être entendu qu'il ne voudrait pas de cette femme-là, même si on le payait. Ces paroles me pénétraient de tristesse. N'y aurait-il pas d'autre moyen de gagner ma vie en dehors de cette profession, me demandais-je, au point d'éprouver du ressentiment envers Aizen Myôhô[223] dieu protecteur de l'amour. Mais, comme le ver qui, par un goût inexplicable, ronge la plante du *tade*[224], de même quelqu'un trouva quelque attrait à ma personne déjà âgée, herbe d'amour qui se fanait peu à peu. Je reçus fréquemment ses faveurs, il m'offrit un vêtement à rayures noires verticales en taffetas de soie *chau*[225]. Ce fut pour moi une chance inespérée. Il ne m'abandonna pas; au surplus, il me fit quitter le métier et me logea à sa maison particulière du quartier de Monzen-chô[226] comme femme entretenue au-dehors qu'il venait voir de temps à autre.

Même dans la vaste capitale, ce monsieur était connu de tous comme homme distingué et opulent, parfait connaisseur des mœurs galantes. Précisément à cette époque, il était en bons termes avec la célèbre courtisane de premier rang Takahashi par laquelle il se faisait habituellement masser les épaules et auprès de qui il se livrait à tous ses caprices. Aussi était-ce une joie pour moi que la chance m'ait liée à lui. Mais quoi donc en moi avait bien pu lui plaire ? D'autant plus qu'à Kyôto on trouve des femmes comme on veut! Et je n'étais pas de trop pour lui! C'était à se demander si, réellement, il se trouvait de vrais connaisseurs en femmes. Comme une boîte à thé neuve ou une peinture récente et qui sont cependant considérés autant que de précieux objets anciens, j'entrai chez lui et il prit grand soin de moi! Or l'objet qui ne s'achète qu'après un minutieux examen, c'est bien cependant une femme qui est à vendre!

CHAPITRE II

Femmes de tradition pour les chansonnettes [229]

(Les femmes des maisons de bains)

Les filles que, pour une nuit, on « appelle » au prix de six *momme* d'argent et qui évoquent le nom de *yobuko-dori* [231] sont aussi *denju-onna* [232]. Le sens de l'expression ne m'étant pas clair, j'ai demandé pourquoi et l'on m'a dit que c'était peut-être parce que les filles des maisons de bains sont également nommées « singes ».

D'une manière générale, le caractère et les mœurs de ces femmes ne varient pas sensiblement dans les diverses provinces. Leurs manières, c'est de chaque jour se baigner, ce qui est leur propre élément; de porter un grand chignon *shimada* abaissé, tenu par un cordon en papier plié en largeur et noué en losange, et dont les extrémités sont vivement recourbées. Un peigne, épais d'un demi-pouce, semblable à une planchette à hacher, est planté dans leur chevelure. Comme, dès la soirée, leur visage est destiné à aguicher les clients, elles en bouchent les trous de fard blanc et, sans aucune réserve s'enduisent les lèvres de carmin. Le cordon de dessous de leur vêtement, en soie de *kaga*, devenu grisâtre par l'usage, ne fait qu'un tour, soutenant le vêtement dont le bas est serré. Leur peignoir de bain porté relevé par-devant mais tombant sur les talons, est du modèle qui leur plaît : branches de saule pleureur associées avec des balles dispersées par cinq et teintes à la manière *shibori;* ou bien encore ornement des manches en damier. Il ne couvre pas le talon et les manches en sont courtes. La ceinture, en tissu épais de soie *ryûmon* [233], en demi-largeur, est nouée par-derrière. Chacune à son tour prend son service sur le plancher de la salle de bains.

« Entrez, soyez le bienvenu je vous prie », appellent-elles, d'une voix rapide mais caressante, en disant le nom du client qui arrive, créant ainsi, chaque soir, une ambiance amoureuse.

Lorsque les clients, sortis de la baignoire, prennent chacun leur place assis sur leur serviette, une fille du vestiaire où l'on se déshabille s'approche d'eux et, qu'elle ait ou non avec eux une liaison, elle s'informe, pour les flatter, de ce qui leur est arrivé. Elle dit par exemple à l'un, de façon à ce que les autres puissent entendre : « Êtes-vous allé au théâtre aujourd'hui ? » ou bien : « Revenez-vous du quartier des plaisirs ? » Alors celui-ci, par une bien vaine ostentation, de sortir d'un portefeuille pour papier mouchoir des lettres venant de courtisanes et d'en faire étalage, prétendant que le style des *tayû* a un je ne sais quoi de très particulier. Comme elle n'a jamais vu de leur écriture, la fille ne peut savoir si elles sont, comme il le dit, dues au pinceau des courtisanes Ogino, Yoshida, Fujiyama, Izutsu, Musashi, Kayoiji, Nagahashi, Sanshu, Kodayu ou bien à celui de Mikasa, Tomoe, Suminoe, Toyora, Yamato, Kasen, Kiyohara, Tamakazura, Yaegiri, Kiyohashi, Komurasaki, Shiga. Ce ne sont en réalité, que des billets doux qu'il s'est fait écrire par une courtisane de dernier ordre, comme Yoshino. Cela n'a d'ailleurs aucun effet sur la fille pas plus que de « donner à flairer de l'encens *kyara* à un chien », car elle n'y comprend rien. Tout honteux qu'ils soient, en leur for intérieur, d'exhiber des peignes marqués du *mon* de *tayû* ou de *tenjin*[51] qu'ils n'ont cependant jamais rencontrées, la plupart des hommes ne se laissent pas moins aller à ce travers, car, dans leur jeunesse, s'ils ne disposent pas, à leur gré, d'autant d'argent qu'ils voudraient en dépenser, ils ont le désir de faire l'important. Même les jeunes gens qui ne viennent pas accompagnés d'un domestique font étalage d'un nouveau pagne ou bien se procurent un peignoir qu'ils laissent à la maison de bains à la garde d'une fille leur amie, trouvant à cela un certain plaisir, chose qui, en elle-même, est gracieuse.

Le client sorti de la baignoire, une femme l'accompagne. Elle porte d'une main un plateau à fumer et de l'autre une tasse d'infusion parfumée qu'elle vient de puiser. Redoublant d'empressement à ses côtés, elle appelle un vent frais avec son éventail orné de peintures à l'imitation du genre *Yûzen-e*[234]; passée derrière lui, elle change les rondelles, enduites d'emplâtre qui recouvrent les brûlures des moxas qu'il s'était fait poser sur le dos; elle lui lisse les cheveux qui se sont échappés des coques de sa chevelure sur les tempes. Elle traitera, au contraire, en relevant le nez avec dédain, les gens de passage, nouveaux venus, et par ces choses, cependant sans guère d'importance, leur fera éprouver un dépit mêlé d'envie qui les amène à inviter une de ces filles à une auberge d'amour clandestin. Alors, tandis qu'elle prend le dernier bain, elle soigne sa personne et se farde, tout en préparant un bol de riz trempé de thé. A peine, ce repas terminé, a-t-elle déposé ses baguettes, qu'elle apparaît après avoir passé sur elle des vêtements d'emprunt dont, pour cette raison, elle ne prend guère de soin. Un domestique, pour l'accompagner, allume une lanterne et la voilà qui se hâte de descendre dans l'entrée et de s'en aller en battant des pieds comme si elle s'enfuyait. Dans les premières heures de la soirée, elle se coiffe d'un chapeau d'ouate, mais, quand la nuit est assez avancée, elle conserve au-dehors sa chevelure découverte. D'un pas léger, elle entre à l'auberge, sans aucune honte, puis s'installe au salon et on l'entend bientôt dire; « Excusez-moi! C'en est trop de trois épaisseurs de vêtements! » Et elle se déshabille, ne conservant que celui de dessous dont elle tire en arrière le col, pour dégager la nuque. « Dites-moi! Bien proprement, offrez-moi donc un verre d'eau pure très fraîche! Jamais on n'a étouffé de chaleur comme ce soir! C'est mal qu'il n'y ait pas ici, dans le toit, de cheminée pour le dégagement de la fumée! » Elle commande tout ce qui lui plaît, sans retenue, et se met librement à son aise. Il n'y a là pas de quoi s'étonner, car on doit s'attendre chez elle à ce genre-là, mais il choque pourtant par ce qu'il a d'osé. Elle ne touche cependant pas aux gâteaux. Par habitude, elle tient la coupe en la penchant pour ne la faire emplir qu'un peu. Alors que sont servis comme mets des coquillages crus et de l'omelette, elle n'en prendra pas et pincera plutôt entre ses bâtonnets des haricots cuits dans leur jus réduit ou de la peau de *sanshô* (sorte de poivre). Cette façon délicate et aimable rappelle le genre du quartier de la volupté. Chaque fois qu'une coupe lui arrive, elle l'accepte volontiers et, suivant la formule d'usage dit : « Je la garde un moment et vous la rends. Veuillez la vider, il faut que je vous verse. » Sur cent rencontres avec ces filles, jamais leurs manières ne varient. Mais faute d'autres, il faut s'en contenter. A considérer les choses, elles donnent une impression aussi singulière que celle qu'éprouverait celui qui, habitué à vivre à Ôsaka et à y manger des dorades pêchées dans la mer d'en face, se rendrait au temple de Kumano[235] et y trouverait, au neuvième mois, les couples de maquereaux salés fendus par le dos de l'époque du *bon*[236]. Il ne convient pas en effet de les regarder avec les mêmes yeux que les courtisanes. L'amusement avec une fille de bain ne consiste pas seulement à se nettoyer de la crasse du corps, mais à lui faire gratter celle des passions qui nous tourmentent. Le courant d'eau qui l'entraîne a la brièveté de ce plaisir.

Tandis qu'à l'auberge les filles, comme d'habitude, échangent des propos où reviennent des mots à la mode, l'une d'elles, qui vient d'entendre la cloche de minuit, leur dit : « N'allons-nous pas nous coucher, fatiguées que nous sommes par notre travail de chaque nuit ? Notre corps n'est pourtant pas de fer et nous n'avons pas besoin de souper ! » Mais quand elle entend parler de nouilles de sarrasin, « Oh ! certainement », dit-elle, et l'on entend le bruit des plateaux qu'elles préparent elles-mêmes. Ensuite, c'est le repos. Pour trois femmes, un seul matelas de dessous, d'un modèle rayé en long et deux vêtements ouatés, en guise de couverture. Même les oreillers en bois sont en nombre insuffisant. Une literie de pauvre auberge. Entre elles, elles parleront de tout autre chose que d'amour. Par exemple des travaux d'aménagement du canal[132] Aji-kawa ou du pays de leurs parents. Ensuite, comme toujours, ce sont des racontars sur les acteurs des théâtres. Qu'on leur touche les mains et les pieds en se rapprochant d'elles, ils paraissent tout refroidis et c'est en ronflant fortement qu'elles livrent leur corps. On a dit que « le plaisir charnel que prennent un homme et une femme évoque l'embrassement de deux cadavres en décomposition[237]. » L'expression répond bien au spectacle de désordre qui s'offrait en ce lieu.

Moi aussi, je partageai la condition de ces femmes et j'y laissai se troubler la limpidité de mon cœur.

CHAPITRE III

Un vent d'amour que dégagent de beaux éventails[239]

Médecin pour les « yeux » qu'elle avait figurés par ce dessin sur l'enseigne pendue à l'entrée de son logis pour indiquer que, toute femme qu'elle était, elle exerçait cette profession, elle habitait au sud de Shimmachi et de l'avenue de Shijô-dôri.

Sur la façade, des fenêtres en treillis de bambou fermaient la maison construite en profondeur et légèrement obscure. A l'intérieur, adossées aux murs, étaient réunies des femmes dont on soignait les yeux en leur faisant contempler l'extrémité des feuilles toutes vertes de joncs des marais plantés dans un paysage rocheux en miniature où leurs racines entremêlées s'accrochaient à un fond de pierres de Nachi[241] d'un noir brillant. Les rapports sexuels et le vin leur étaient strictement interdits et il ne leur était pas non plus permis de se coucher à leur aise. D'une voix ordinaire, elles imitaient les airs de jôruri du musicien Yamamoto Kakudayu[242] ou les chants de Sayonosuke[243]. On leur avait ordonné de ne pas être précipitées dans leurs mouvements, de ne pas se mettre en colère et de se montrer patientes en toutes choses. Quand elles s'ennuyaient par trop, chacune racontait sa vie. L'une d'elles avait été colporteuse[240] dans le quartier de Muro-machi[244]. Ces femmes ont en vue les chambres louées par les voyageurs venus en excursion des provinces ou pour se livrer à la débauche, sous le prétexte d'une feinte maladie. Elles vendent toutes sortes de vêtements en soie teinte. Qu'elles aient ou non un mari, elles se fardent de manière à ne pas attirer les regards. Suivant leur condition, elles flattent les gens de rencontre et, quand elles jugent qu'un homme est porté au libertinage, elles lui tiennent compagnie pour boire du vin. Pour la suite, selon les circonstances, elles finissent par avoir des rapports avec lui. Comme il s'agit pour elles de gagner leur vie, elles font de tête un compte répondant à la situation et par exemple, demandent à l'acheteur, tout disposé à l'accepter, le prix de quinze *momme* d'argent pour un cordon de dessous en soie ne valant que neuf *momme* et demi. Une autre malade avait été *itoya-mono* [245], c'est-à-dire vendeuse chez une mercière, mais d'un aspect destiné à aguicher le client. Préposées au service des samurais, on les envoie suivant l'attitude de ceux-ci livrer les achats à leur auberge. C'est alors que, les circonstances aidant, elles font un commerce en outre de la vente prévue d'une ceinture d'homme tissée avec plusieurs fils, en forme d'un large ruban frangé aux deux bouts ou un *shige-uchi no sageo*, cordon tissé de plusieurs fils attaché au fourreau du sabre pour le maintenir à la ceinture. On apercevait aussi dans l'assistance une ouvrière de teinturerie [246] où elle préparait les étoffes *kanoko*. Celles-ci ne sont pas si ouvertement dévergondées. Leur vêtement est teint en carmin ou en violet pourpre et elles copient le genre du quartier des courtisanes. De manières douces, elles attirent les hommes en se faisant passer pour des femmes mariées. Certains les aiment et en font grand cas, leur offrant des vêtements à chaque saison ou des secours en argent. Des amants ne cessent de les rencontrer en secret. Outre celles-ci, se trouvaient aussi des femmes du même genre qui négligent le soin de leur corps. Elles cachaient les manifestations des mauvaises maladies, dont elles avaient été atteintes autrefois, en prenant à cette fin des infusions de salsepareille [247]. Elles en souffrent péniblement quand ces manifestations réapparaissent à l'époque du *doyô* [248] et des périodes des huit jours néfastes [249] de l'année. A mesure qu'elles prennent de l'âge, la maladie leur monte au haut du corps et produit une suppuration des yeux [250]. Réunies là, ces femmes se consolaient en se racontant la honte de leur passé.

Atteinte du même mal, j'étais venue aussi à cette maison. La chevelure enroulée négligemment et le visage dépourvu de fard, portant un vêtement en tissu de Hayakawa sur lequel j'avais cousu un faux col, à tête légèrement baissée, j'essuyais avec un morceau d'étoffe de soie jaune les gouttes de chassie sortant de mes yeux qui malgré cela ne paraissaient pas particulièrement enlaidis. Mon aspect avait quelque chose encore de séduisant.

Il y avait alors, dans l'avenue du pont de Gojô un grand magasin d'éventails très connu. Son patron, un original, ne voulait pas prendre femme, même munie d'une dot. Alors que la capitale est connue pour ses jolies jeunes filles, il hochait la tête pour les refuser. L'or et l'argent sont, disait-il, comme la source qui sort de terre, et faits pour être dépensés; tout en s'adonnant aux plaisirs de la volupté, il était arrivé à dépasser la cinquantaine. Or, dès qu'il m'eut aperçue, il se sentit tourmenté du désir de m'avoir comme épouse, même si je venais chez lui « toute nue », sans aucun apport comme un panier plein de vêtements, moitié d'une charge de porteur ou une boîte à peignes. Brûlant de passion et cherchant à me gagner par tous les moyens, il s'adressa à un intermédiaire qui me transmit sa demande en mariage en même temps que le tonneau de saké rituel [251] pour en consacrer la promesse. On m'envoya donc à cette maison comme épouse du patron. Par un bonheur imprévisible qui échoit parfois aux femmes, il m'arriva ainsi d'être appelée « madame l'épouse du fabricant d'éventails ». Fière de ma beauté, je me tenais assise dans le magasin parmi de nombreuses plieuses de papier.

Celui qui oubliait de marchander pour trois garnitures d'éventails à cinq branches, le bonze qui passait commande de ces articles à bon marché qu'il offre à ses ouailles en réponse à leurs dons, tous enfin venaient voir l'épousée, et le magasin où le flot des clients ne s'arrêtait pas même un instant prospérait au point que l'ancienne maison « Miei-dô » s'en trouvait désertée. Les peintures genre Yûzen [234] en arrivèrent à passer de mode. Seules furent en vogue les images cachées *(kakushi-e* [252]*)*, modèles nouveaux inventés par ce magasin dans le goût du moment elles font rire à part soi, laissant voir par transparence les beautés du corps féminin. Portée comme par un vent favorable, la prospérité de la maison ne faisait que grandir.

Au début, mon mari, quant à lui, comprenait bien les choses et fermait les yeux quand je ne faisais que toucher la main d'un client ou lui donner une tape sur les reins. Mais un bel homme vint chaque jour se procurer un éventail de luxe au prix d'un *bu* la pièce. Ce qui fut avec lui une plaisanterie sans aucune intention, devint par la suite une réalité. Je me sentis gênée par les rapports entre époux et de ne pouvoir agir librement. Soir et matin, je regrettais ma situation. Mon mari ne pouvant supporter de me voir dans de tels sentiments, me chassa finalement. Je me mis bien à la recherche de cet hommelà, mais je ne pus savoir où il demeurait et je connus la tristesse de mon inconduite. Je me vis dès lors forcée de mener du côté de O-Ike-dôri [253] l'existence d'un rônin, personne ayant perdu le secours d'un patron. Je vécus au jour le jour du produit de la vente de tous les vêtements dont je dus me dépouiller. Mon vœu était de trouver quelque bon emploi. Mais, quant à ce qui est en nombre à la capitale, ce sont les temples et les femmes, et je ne trouvais aucune place satisfaisante. C'est ainsi que, pour gagner ma vie, je me fis embaucher comme dévideuse dans le quartier des tisserands de Nishijin. A chacun de mes six congés par mois, [98], je prenais un amant de nuit. Mais ce n'était pas amusant.

Un certain laïque qui se donnait l'aspect d'un bonze de la secte zen vivait dans la retraite au quartier de Kami-Chôja-machi [254]. Il affectait le revenu du loyer de sept ou huit maisons en sa possession à ses dépenses de toute une année : vinaigre, *miso* [205], amusements divers. Matin et soir, il ne se nourrissait que de poisson séché. Vivant avec une femme et un chat, il ne s'occupait que de plaisir. Je m'engageai chez lui comme servante-concubine. Il avait été entendu que dans la journée je devais puiser de l'eau et la faire bouillir pour le thé et que, la nuit, j'aurais par exemple, à frictionner les pieds de « Monsieur le bon vieux ». Ni besogne pénible, ni obligation de m'empresser auprès de quelqu'un d'autre. Le comble de mon bonheur eût été que ce bonze fût jeune comme un quadragénaire, souhaitant oublier auprès de lui la solitude de mes nuits. Mais il ne me restait que le sombre regret de ma déconvenue. Ce vieux s'entourait le cou d'un couvre-chef en ouate et se coiffait, été comme hiver, d'une sorte de béret rond ayant la forme d'une casserole à rôtir. Pour descendre du haut de l'escalier jusqu'en bas, il lui fallait bien deux heures, tant il était gêné dans ses mouvements. Je le plaignais, me disant qu'on ne devrait pas vieillir. Pour la forme je m'occupais de lui et lui disais : « Reposez bien et prenez garde de ne pas vous enrhumer. Si vous avez des étourdissements, éveillez-moi. Moi, je suis couchée ici. » Ainsi je pensais que, jusqu'au terme de mon engagement, le cinq du neuvième mois, je devrais renoncer aux choses de l'amour. Mais le vieux était très puissant. Il passait toute la nuit sans dormir, disant : « Ces jeunes drôles d'aujourd'hui ont vraiment une nature bien faible. » Et de me chatouiller sans cesse du soir au matin, ne voulant rien entendre, quand je lui demandais grâce.

Vingt jours ne s'étaient pas encore passés, que je ne pouvais plus le matin lever la tête de l'oreiller. Le front ceint d'un bandeau (pour me redonner des forces), j'étais toute pâlie. Je réussis enfin à m'en aller, tout effrayée, car je voulais au moins partir avant de mourir. Je revins au logement qui m'avait hébergée avant d'aller en condition. Quelqu'un m'y porta sur son dos. Quand je racontai mon aventure à des jeunes gens qui prennent ces pilules aphrodisiaques, dites *jiô-gan*[39], ils grincèrent des dents de dépit.

CHAPITRE IV

L'écritoire toujours humide chez le commissionnaire [255]

(Femmes légères y sont préposées au service amoureux)

Baie de Naniwa (Ôsaka) où la prospérité du commerce s'atteste dans les livres de vente. Son grand port étant le premier au Japon, les commerçants de toutes les provinces s'y rassemblent. Innombrables y sont les grandes [256] et les petites [257] maisons de commission. Elles entretenaient chez elles des femmes dites *hasuha-onna* pour s'occuper des clients qu'elles hébergeaient. Choisies parmi les plus jolies servantes préposées à la cuisson du riz, elles portent comme vêtement de dessous un *kosode* à mince doublure d'ouate et, par-dessus, un vêtement uni teint en indigo, noué d'une ceinture noire de grande largeur. Par-devant, un tablier de couleur rouge. Les coques gonflées de leur chevelure sont traversées d'une épingle dans le style de la capitale et enduites pour les raidir d'un cosmétique dit « huile de *kyara* » [258]. Comme chaussures, des sandales de cuir garnies de fer au talon [259] nouées d'un mince cordon. Elles laissaient voir pour attirer l'attention un cahier de papier mouchoir Nobe fiché au croisement de leur vêtement. On jugeait de leur nature au premier coup d'œil, leur conduite dénotant aussitôt une effronterie vraiment sans retenue, elles allaient sans aucune crainte à pas menus parmi la foule, les fesses basses, et leur allure légère leur avait fait donner le nom de *hasuha-onna* [260]. On le dit aussi d'objets de mauvaise qualité.

Plus relâchées encore dans leurs mœurs que les filles de joie, chez leur patron le commissionnaire « elles laissent lécher à dix mille clients leurs lèvres fardées au vermillon » (comme le poète chinois l'a dit dans ses vers) [216]; fréquentant les petites hôtelleries de rendez-vous de Ukiyo-shôji [261], sur leur couche, elles échangeaient leur oreiller un nombre incalculable de fois. Certains leur offraient un vêtement comme étrennes du premier mois; d'autres leur promettaient un *katabira*[109] pour les fêtes des morts. Quelques-uns leur donnaient de l'argent de poche. Elles avaient aussi des amis qui défrayaient leurs dépenses d'une année pour les cordons de papier dont elles liaient leur chevelure et le blanc pour se farder. Par les jeunes gens servant à la maison, elles se faisaient offrir un pagne de soie. Rencontraient-elles un domestique attaché à la maison elles ne le laissaient point passer sans en recevoir quelque chose. Elles s'emparaient de force d'une pipe démontable ou chipaient au fumeur sa blague à tabac faite d'un morceau de manteau de pluie. Facéties malicieuses provenant d'une cupidité telle qu'elles auraient même considéré comme une perte de ne pas prendre un objet d'une valeur de deux *fun*. Cependant ce n'était pas pour assurer leur avenir qu'elles désiraient avoir or ou argent. C'était pour s'amuser dans les *naka-yado*[262] à l'occasion du congé qui se produisait à l'époque où l'on changeait de domestiques en fin de contrat. Bien qu'elles fussent femmes, elles étaient gourmandes de mets savoureux, tels que les *manjû*[164] de chez Tsuruya; le vermicelle de sarrasin cuit à l'étuvée de chez Kawaguchiya; le vin médicinal de chez Kobamaya; les gâteaux de riz glutineux portant imprimés au fer chaud l'image du grand Bouddha de Nara *Dai butsu mochi*) vendus dans le quartier de Temma; le *tsurube-zushi*[263] qu'on vend près du pont Nihon-bashi; le *kamaboko*[264] de chez Wanya; les boîtes en copeaux de bois garnies d'un repas livrées à domicile par les restaurants de la rue Senda-no-ki suji. Au canal Yokobori elles louaient un bateau de plaisance, *kashi-goza*, ou, pour se rendre au théâtre, elles prenaient un palanquin pour assister au spectacle, d'une place payée comptant et située dans la galerie, sur un côté du théâtre. Au retour, elles étaient plongées dans leur emballement pour les acteurs et par caprice se mettaient à orner bien inutilement leurs vêtements des *mon* des acteurs en vue, celui figurant le caractère « petit » dans un carré (d'Arashi San'emon), une grue aux ailes éployées (d'Araki Yojibei) ou l'un des ornements figuratifs des cinq parfums (de l'acteur Yamatoya Jimbei). Passant, comme en rêve, toute une vie à faire toilette et à se laisser séduire par les hommes, entraînées par leurs plaisirs, elles ne se souciaient pas plus du culte à rendre à leurs parents pour l'anniversaire de leur mort que d'assister aux derniers moments de leurs frères. Leur immoralité et leurs débauches perdaient toute retenue.

Quand le printemps s'annonce, qu'il apparaît aussi dans tous les cœurs des hommes, les pénètre de calme et de sérénité, si on traverse le pont de Yodoya-bashi pour passer à l'île de Naka-no-shima[159] et en contempler le paysage, calmes y sont les nuages, pas un souffle de vent. Le coassement des grenouilles au bord de la rivière de Fukushima-gawa y est à son comble, tandis qu'une pluie si fine y tombe qu'elle ne parvient pas même à mouiller les parapluies en papier. Temps à rêver. Sur le marché, tous les cours ont été établis. Plus de spéculateurs au marché du riz. Aussi les jeunes commis chez les commissionnaires éprouvent-ils alors un sentiment de solitude. Appuyés sur l'écritoire à compartiments de leur bureau, ou reposant leur tête sur leur abaque en guise d'oreiller, ils ouvrent le recueil de chants de *jôruri* et chantent les parties touchant aux situations amoureuses en battant la mesure sur leurs fesses. Tout en disant qu'il n'y a rien pour eux de plus agréable que ces passages du chant, ils en arrivent à parler des *hasuha-onna* en service chez leurs patrons et font sur ces femmes de plaisantes observations critiques, établissant des comparaisons médisantes. Ainsi, parmi les visages qui ont quelque chose de comique, ils rapprochent celui de la Kichi de Yatsuhashi avec celui de l'acteur qui joue le rôle du vieillard dans la danse *Senzai-mai* dans les petits théâtres établis sur le bord des canaux; les yeux généralement comme ensommeillés de Tama venue de la capitale ont le charme, étant gonflés et rouges, des fleurs de *kaidô* qui font la célébrité du jardin du temple détaché à Ôsaka du Higashi-Honganji, fleurs rouges à l'intérieur et blanches sur les bords.

Exploit [. .] ssances, déjà anciennes devant lesquelles on déclare forfait, c'est le « mal chinois » de Hatsu, dite Kimpira, pour sa mâle ardeur.

Un trésor brillant la nuit dans les maisons de thé où, à Kôzu, l'on prend le frais, c'est la prunelle de Rin la chatte; ah, la belle lanterne au bout d'un bâton!

D'abord très animée, plus calme ensuite, c'est la tête ornée et crépue de Kume, comme celle du Bouddha Çakya; on la comparerait au passage des chars ornés dans la procession du temple shintoïste de Zama-jinja, à l'occasion de la fête de la purification d'été.

Koman dite la bouteille pleure en effet quand on la couche. Ce n'est pas agréable car ces larmes ne sont pas dues à la volupté qu'elle a éprouvée. Larmes n'ayant pas plus d'attrait que les croassements de corbeaux entendus dans les pins du temple shintoïste d'Ima-miya.

Sur sa couche, Nabe venue d'Echigo se raconte longuement. On supporterait à la rigueur son récit comme celui du conteur Dôkyû quand il lit en chantant le Taihei-ki, pourvu que ce fût gratuit.

Comme les élégants petits bouquets de glycines que vend au détail à ses visiteurs le temple de Kannon du quartier de

Tani-machi, Satsu qui se donne des airs élégants comme la poétesse Murasaki, auteur de *Genji Monogatari*, offre aussi son corps en vente au détail mais fait à l'occasion à ses clients des demandes importunes de cadeaux.

Shun la quémandeuse montre ostensiblement à ses clients les vieilles doublures de ses vêtements, pour leur demander des cadeaux, et ils sont obligés d'y faire attention, de même qu'on le fait à la liste circulaire pour y inscrire son nom afin de retenir des places à la représentation de danses de nô du Matsubayashi qui se donne le sixième jour du premier mois.

Koyoshi gueule de crocodile, largement ouverte, a une haleine d'une insupportable puanteur, comparable à l'odeur des fumées que dégagent les fours crématoires du côté ouest du quartier de Naga-machi.

Du côté de l'est, du nord et du sud étaient en service plusieurs centaines de *hasuha-onna*. Il eût été fastidieux de faire pour chacune d'elles des observations critiques.

Quand elles avaient pris de l'âge, rejetées comme une vieille paire de chaussures hors d'usage en bois de paulownia scié, leur sort commun était de finir le corps ruiné sans qu'on sût où elles étaient allées.

Après avoir quitté le marchand d'éventails de la capitale, je me sentais triste sur ma couche solitaire et je vins à ce port d'Ôsaka où je m'adonnai à cette profession de *hasuha-onna*. On m'y donna le surnom de « Pierre d'azur » du four crématoire parce que je savais bien « faire brûler » les hommes, c'est-à-dire dans l'argot de cette profession traiter les clients avec des mots mielleux pour s'en faire aimer. Au début je prenais grand soin de mes maîtres, servant le saké aux hôtes sans le répandre, mais, m'habituant à la négligence de mes compagnes que je me mis à imiter, peu m'importait ensuite de renverser le chandelier sur ma couverture de lit; de casser les noix du dessert sur le bord de bois laqué du *tokonoma* [151]. Je ne me souciais nullement de briser bols et *oshiki* (plateau carré en bois d'une seule pièce pour poser les ustensiles). En cas de presse, je déchirais le papier qui tapissait les cloisons pour en faire des cordons en papier. J'essuyais les endroits mouillés avec une moustiquaire. Sans tenir compte des dépenses de la maison, tout était laissé à l'abandon. C'est pourquoi, bien que paraissant être un richard, le commissionnaire a une profession où il court beaucoup de risques. Entre deux partis, le plus avantageux pour un futur gendre serait celui de refuser d'entrer dans une famille de cette profession.

Tandis que je servais depuis bientôt deux ans dans la même maison, je jetai mon dévolu sur un visiteur qui y logeait, venu d'Akita. Jour et nuit je m'appliquais à lui plaire, et je réussis enfin par mon stratagème amoureux à le séduire et à me faire offrir à profusion des vêtements et de la literie. Profitant à un certain moment du trouble où le vin l'avait plongé, j'apportai écritoire et papier, je frottai le bâton d'encre et lui ayant mis le pinceau en main, je lui fis écrire un serment suivant lequel il s'engageait à ne pas m'abandonner de toute une vie et me saisis de ce document. J'intimidai ensuite le stupide campagnard et, sans lui permettre de dire oui ou non, je lui déclarai : « Au moment de votre retour, je vous accompagnerai et tous deux nous appartiendrons à la terre de la province du Nord ». Alors comme c'était chose certaine que ce serait pour lui un grave inconvénient dans son pays, il se montra très contrarié et s'excusa de toute manière. Mais je n'acceptai en aucune façon. Alors qu'il n'y en avait nulle apparence, je lui dis d'un air joyeux que je portais un enfant qu'il avait daigné me donner. « À coup sûr ce sera un garçon. Son petit nom sera Shintarô, car je prendrai, comme première lettre de son nom, la première du vôtre qui est Shinzaemon; par la suite, à la fête des garçons du cinquième mois, je planterai le mât où flottera la banderole en forme de carpe remontant le courant et lui ferai ceindre le sabre en forme de feuille d'iris ». Fort ennuyé, il se confia en secret au premier commis qui était fort intelligent et le pria de me remettre, sur le solde pour le règlement de son compte, une somme de deux *kamme* comme indemnité pour couper court à tout ennui à venir. Sur quoi, prosterné sur la natte, il présenta ses excuses.

Livre sixième

Qu'on les appelle, d'un pied rapide elles viennent, au retour, leur tenue sera un vêtement de coton. « A l'époque où fleurissent les glycines, revenez », disent-elles.

(Chapitre I)

Veuillez descendre (à l'auberge)! Soyez les bienvenus! Eh bien! Pensez-vous qu'il y aura aussi deux oreillers en bois? Il y en aura.

(Chapitre II)

La nuit profondément avancée, contrefaisant la voix d'une jeune femme, les prostituées âgées chantent, pour attirer les hommes, l'air de « la chemise de nuit de mon amant [282] ».

(Chapitre III)

En remontant à mon passé, j'en fais aux jeunes gens de la capitale un long et bien futile récit.

(Chapitre IV)

TABLE DES MATIÈRES

CHAPITRE I

Femmes ténébreuses, fantômes en plein jour

Dans le haut quartier de Ue-machi [265], les femmes qui vont voir les glycines. Suivant le désir de leur partenaire, elles viennent le rencontrer.

Pour la forme et aussi pour le vêtement, elles se transforment exactement à son goût.

CHAPITRE II

Séductrices des auberges de voyageurs

Comme on ne peut porter sur le carnet de frais ceux qu'on a faits pour les filles, on les fait passer comme frais divers pour les relations avec les compagnons de route.

Le voyageur étant arrêté à son passage à cheval par des filles aux longues manches, comme si elles étaient encore toutes jeunes, mais en calculant largement leur âge, comme dix-huit pour quinze ans, le palefrenier qui l'accompagne les écarte, disant : « Gare au cheval! Gare au cheval! » Elles répondent : « Soyez là au printemps prochain! »

CHAPITRE III

La voix contrefaite des raccrocheuses de nuit [283]

Bien qu'elles ne se trouvent pas en chemin pour un secret rendez-vous d'amour, les chiens grondent après elles, mais ils sont chassés par le bruit de la crécelle [284] de leur gardien. De nuit, à la huitième heure elles chantent d'une voix lasse et endormie l'air de la « chemise de nuit de mon amant [282] », pour attirer les hommes. Shichizô [285] (palefrenier) en quête d'amour, es-tu d'accord?

CHAPITRE IV

Cinq cents rakan [292] *qui tous me rappellent un amant*

Terre pure de la capitale où je reviens après de longues années.
Comme si je voyais encore leur visage à l'instant de la mort.
Et de l'un, et de l'autre, je raconte la fin de toutes les intrigues amoureuses que j'eus avec eux.

LIVRE SIXIÈME. *Gravure du premier chapitre.*

Aspect d'une *chaya* établie près d'un treillage de glycines fleuries. A droite, une servante prépare le thé. Devant elle, un visiteur assis coiffé d'un *kasa*. A la gauche de celui-ci, deux hommes découverts, porteurs d'un sabre. A gauche, faisant suite au même treillage fleuri, un banc vide, où est déposé un plateau d'accessoires pour fumeur, est placé devant une autre table à thé, derrière laquelle une serveuse. Au premier plan, deux de ces visiteuses dont il est question dans le présent chapitre. A leur suite, deux femmes coiffées d'un *kasa*.

LIVRE SIXIÈME. *Gravure du troisième chapitre.*

A gauche, par une nuit de pluie, regardant au-dehors par sa fenêtre, Ichidai-Onna médite sur son passé et a l'horrible vision de la foule des enfants dont elle s'est fait avorter. Chacun est coiffé d'une sorte de chapeau conique qui figure le placenta l'ayant relié à sa mère.

A droite, on aperçoit trois femmes qui se racontent leurs aventures de la nuit passée. Celle qui se tient au-dehors représente le type d'une de ces prostituées de bas étage dites *sôka*, raccrocheuses de nuit.

CHAPITRE I

Femmes ténébreuses, fantômes en plein jour

C'était à l'équinoxe d'automne. Vu du haut quartier de Ue-machi [265], splendide était à l'ouest le spectacle de la mer soulevant sous le regard ses vagues écarlates au soleil qui s'enfonçait en elles. Les branches des glycines [266] qui, à la saison, avaient fait admirer leurs fleurs, étaient alors entièrement dénudées. A ce moment qui invitait plus encore à la tristesse, un son [267] de cloche se fit entendre, qui évoquait l'inconstance de toutes choses. Bientôt après retentit le tambour rythmant les invocations à Amida [268]. Ceux qui les écoutaient éprouvaient un sentiment de gratitude et de reconnaissance : pouvoir aller quelque jour au Paradis de la Terre Pure [269] bien que les nuages qui obscurcissaient encore leur âme ne fussent pas encore levés à quelque aurore. Suivant la mesure [270] que marquaient le battement du tambour et le son de la clochette, les gens s'étaient joints en foule aux invocations. Parmi eux, attirées par le spectacle, des femmes demeurant dans les maisons de location situées derrière celles en façade, étaient sorties en masse des ruelles étroites. A les voir leurs manières n'avaient rien de particulièrement vulgaire. Mais bien qu'elles se fussent étudiées à ne pas attirer l'attention, leur visage blanchi au fard, leurs sourcils peints à l'encre de Chine, le cordon plat fait de plusieurs épaisseurs de papier *takenaga* qui liait leur chevelure lustrée de quelques gouttes d'huile au parfum de la fleur de prunier et fichée d'un peigne en ivoire, montraient le soin parfait qu'elles avaient apporté à la toilette de leur visage. Mais leur vêtement contrastait vivement avec leur tête, les faisant ressembler à ces poupées *gatten-kubi* [271] dont la tête seule est ornée. M'étant informée en détail de leur condition, on me dit que toutes étaient des femmes ténébreuses qui se cachent du monde. Rien qu'à l'entendre, ce nom me donna une désagréable impression. Mais, quant à moi, me trouvant de nouveau sans abri, je me rendis à une auberge où logent à demeure des prostituées clandestines pour y faire à ma honte le métier de vendeuse d'amour par partage. Les pensionnaires y reçoivent les clients et ne vont pas au-dehors pour des rendez-vous. Et le mot *wake* vient sans doute de ce qu'elles partagent de moitié avec l'auberge le prix de leurs faveurs. Le client au mois payait une pièce d'or d'un quart de *ryô*. L'homme de rencontre s'accordait sur le prix, de gré à gré, en promettant de n'en rien dire au-dehors. Par ailleurs, quand on les invitait à des hôtelleries d'amour, elles donnaient un court plaisir pour deux *momme* d'argent. Exception était faite pour celles qui avaient un joli visage, auxquelles on faisait porter de beaux vêtements. Mieux cotées, elles recevaient une pièce d'un *ryô* d'argent. Ceux qui fréquentaient ces maisons étaient des vieillards à la retraite, ayant cédé leur maison principale à leur héritier et qui donnaient pour prétexte de leur sortie une visite à un temple; ou bien encore le gendre adopté, venu secrètement parce qu'il est gêné en toutes choses. Ce n'était pas un lieu que fréquenteraient les gens qui peuvent aller, sans crainte du monde, dans les grandes maisons de plaisirs. Que dans une ville comme Ôsaka où il est si facile de s'offrir librement des femmes, on eût ce goût curieux de s'amuser en se gênant ainsi, provenait, somme toute, d'un désir d'économie. Voici comment ces auberges étaient installées : les maisons en façade ne présentaient qu'un mètre quatre-vingts de large et se fermaient par deux portes à glissière. Sur des stores de bambou étalés sur le devant, se trouvaient exposées, pour la forme, de vieilles gardes de sabre en fer; des ornements en métal de la poignée du sabre, en métal fondu et retouché au burin; des cordons pour fermer le *haori* sur la poitrine; de vieux papiers, couvertures d'éventail; des *netsuke*, à fixer à la ceinture, en forme de lion chinois. Le tout, réuni, pouvait bien valoir deux cents pièces de cuivre. Le mari et la femme portaient des vêtements non rapiécés et avec leur famille pouvaient vivre aisément, à cinq ou six personnes. Jusque vers le cinquième mois la literie d'hiver n'était pas rangée et restait empilée sur le grand coffre. Le règlement de compte en usage, avant la fête du cinquième mois, se faisait très régulièrement dès le premier ou le second jour. Le jour venu, le 5 du mois, on disposait pour la célébrer deux ou trois bottes de *chimaki*[272]. La bannière du *nobori* qui flottait au vent au bout d'une longue perche était formée de feuilles de papier jointes sur lesquelles on avait fait peindre par un amateur une scène du combat au sabre contre mille adversaires. C'était le duel d'Ushiwaka-maru provoqué par le moine-bandit Benkei, mais le premier s'y montrait avec un visage terrible et le second avec de tout petits yeux, contrairement à l'ordre voulu et tout le reste était aussi absurde. Toutefois, sur un rayon à portée de la main, étaient rangés des porte-coupe et des petites casseroles à bec, montées sur trois pieds, pour chauffer le vin. Des bols aux larges bords, en poterie cuite à Horie, contenant du poisson volant séché, et des bols munis d'un couvercle avec des haricots cuits dans un jus réduit étaient toujours prêts à être servis comme accompagnement pour le plaisir de ceux qui voulaient boire un coup de saké. Tous les visiteurs venus s'amuser tenaient invariablement les mêmes propos. Debout dans l'entrée, ils disaient : « Patronne, n'auriez-vous pas quelque chose de rare ? » Et elle de répondre : « Une fille de *chaya* qui servait dans le quartier d'Ishigake[213] à la capitale, la demoiselle d'un certain rônin; une ancienne courtisane qui, autrefois, a eu le rang de *tenjin* au quartier des plaisirs de Shimmachi à Ôsaka et parmi elles, il s'en trouve peut-être que vous connaissez de vue. » Tout ceci pure invention, sans aucune réalité. Tout en en ayant conscience et pourtant s'y laissant intéresser, le client reprenait : « Et quel âge a-t-elle donc, cette fille de rônin ? A-t-elle une nuque blanche ? Vouloir une belle femme, ce serait demander l'impossible. Faites-la venir, si, au moins, c'est une femme propre. » A cela, la patronne réplique pour lui assurer qu'elle lui remboursera la pièce d'un *ryô* d'argent qu'il aura payée, si elle ne lui plaît pas. Ensuite elle dit à sa fille de onze douze ans, en lui chuchotant à l'oreille : « Va dire à Mlle O-Hana de venir ici, après avoir fait sa toilette. Si quelqu'un d'autre se trouve là près d'elle, tu dois lui dire qu'on voudrait se faire aider par elle un moment, ayant à tailler un *katabira*. Alors elle comprendra. Eh! dis, attends, tu achèteras du vinaigre en revenant. » Il est bien drôle de l'entendre ainsi parler avec un débit rapide. Le père, prenant dans ses bras un bébé qui crie, va chez le voisin jouer au trictrac où on parie quelque menue monnaie de quatre à huit *mon*. La mère met en ordre hâtivement la pièce du fond; elle y dresse un petit paravent bon marché, rapiécé de papier de vieux calendriers et y prépare des matelas de coton de Kokura et deux oreillers en bois tout neufs. C'est ainsi qu'elle se montre très attentive au client, mais c'est sans doute parce qu'elle peut gagner en un clin d'œil un *momme* cinq *fun*, prix de son bénéfice sur un *ryô* d'argent. Bientôt on entend du côté de la porte de derrière un bruit de sandales, et elle s'y dirige en faisant au client signe de l'œil. Dès l'entrée, elle presse l'arrivante de se mettre en tenue. Celle-ci, dont le vêtement, non doublé, de couleur bleu clair, est fermé aux aisselles, porte un baluchon sous son bras. Elle en sort une chemise blanche, un vêtement à manches flottantes orné sur un fond carmin d'une broderie de *gosho-guruma*. Elle s'en habille. Mais comme elle se dispose à nouer par-devant la ceinture qui l'accompagne — soie brochée ornée de pivoines où se mêlent des plantes brodées de fils d'or — la patronne lui fait remarquer : « J'ai dit que vous étiez la fille d'un rônin » et il est amusant de voir avec quel soin exagéré elle la lui fait nouer par-derrière[115]. Les pieds de la fille sont chaussés de *tabi*, noués de *yarô-himo* (cordons rembourrés d'ouate à la manière des acteurs). Deux cahiers de papier « Nobe » pour le mouchoir s'insèrent à l'endroit où croise son vêtement. A la main un éventail dont les branches laquées noir sont plaquées de laiton en guise d'or. En un instant la voilà transformée. Dès qu'elle se présente, ses paroles ont un léger accent provincial. Elle s'assied[273] en rejetant de part et d'autre le bas de sa robe — quand donc avait-elle appris cette coutume ? —, mais elle commit une maladroite vulgarité en laissant voir tout exprès son pagne en soie *habutae* blanche. Pour boire le saké, elle fait des façons, s'écartant de côté à la façon des jeunes filles novices. Au lit, elle agit tout simplement : elle se borne à recevoir les attaques de l'homme. Elle n'oublie pas son rôle de fille de samurai, et raconte, sans qu'on l'ait questionnée à ce sujet, qu'elle a envoyé à la capitale pour l'y faire reteindre l'armure de la famille dont les *odoshi*[274] étaient ornées de petites fleurs blanc rosé de cerisier japonais. A entendre ces propos, le client se retient de rire, mais comme il ne peut faire mine de ne pas l'écouter, il lui demande « Quel *myôji*[275] avez-vous ? » Et elle répond : la religion de la Terre Pure. Bien qu'elle ait de « longues manches flottantes » elle doit avoir vingt-quatre ou vingt-cinq ans, et elle ne devrait pas se montrer aussi ignorante en commettant une telle bévue, mais on n'en éprouve pas moins quelque compassion pour elle. Et quand, à son éloge, on ne la voit pas quitter en hâte la chambre parce qu'elle est d'une classe à recevoir quatre *momme*, on est touché de cette gentille modestie.

La femme à deux *momme*, pour une courte passe, s'habille en conséquence, d'un *katabira* de coton blanchi à raies verticales qu'elle ferme d'une ceinture mollement serrée, de couleur jaune d'œuf pâle. Dès son arrivée à l'hôtellerie, elle paraît souffrir vivement d'un malaise : « Quelle intolérable chaleur aujourd'hui, dit-elle, juste au moment où j'allumais le feu sous le chaudron pour chauffer l'eau d'un bain, on vient m'appeler. Excusez-moi donc ! j'irai au salon après avoir laissé sécher ma sueur » et, à ces mots, de découvrir tout son buste en retirant les deux manches de son vêtement, spectacle qui rompt tout charme. Cette femme se voit sur deux *momme* d'argent retenir huit *fun* par l'hôtellerie. Celle dont la passe n'est que d'un instant[276] pour le prix de cent pièces de cuivre abandonne quatre *fun* à la patronne. Son profit net n'est plus ainsi que huit *fun* et sa tenue est vulgaire. Il n'est donc pas étonnant qu'elle doive s'efforcer de cacher les reprises faites à son pagne. Dès l'abord, elle se montre trop désinvolte. « J'en ai assez, dit-elle, de filer le chanvre, mais je n'ai pas de clients et, si je ne mange pas, j'ai la fringale. » Son regard se pose sur la terrine à l'intérieur rayé où l'on broie la ciboule. « Ne mangez pas celle de maintenant, dit-elle, car elle vous ferait mal au ventre. Ah! voilà des melons blancs! c'est la première fois que j'en aperçois cette année! Ils doivent bien coûter encore cinq sous pièce. » On est dégoûté à l'entendre. Dans son service auprès du client, elle se met à pleurnicher, même sans aucune raison d'être triste. Quand tout est fini, et sans attendre que l'homme ait ajusté son pagne, elle se prépare à partir en disant : « Si la chance le permet, au revoir. » Et quel empressement elle met aussi, au retour, pour réclamer le « prix de la fleur ».

CHAPITRE II

Séductrices des auberges de voyageurs

On parle de la tristesse des voyages. Mais une fois le gîte trouvé, on y a la consolation de l'amour d'une épouse d'une nuit. A la réflexion, et bien que ce ne soit là qu'un jeu frivole où même un rêve ne se peut nouer, c'est grâce à lui cependant que le voyageur se remet des fatigues de la journée et qu'il y trouve l'oubli du pays natal.

Quant à moi, après avoir suivi toutes les voies où le métier galant m'avait entraînée, alors que tous les bouddhas m'avaient abandonnée, je servis dans une auberge pour pèlerins à Furuichi dans le quartier de « Naka no Jizô », province d'Ise où souffle le vent divin. Par convenance à l'égard des gens, on m'appelait la fille de la maison, mais en réalité je « servais » les clients du lieu. Ma tenue ne différait point du vêtement que portaient les courtisanes du rang de *tayû* à l'ancien quartier de Shimabara à la capitale. Suivant la mode de l'endroit, tous chantaient, de la même manière, ce qui était bien amusant, sur l'air de *Ai-no-yama bushi* [277] des paroles telles que : « Quelle misère, je laisse ma renommée aux passants qui vont et viennent. » Pour le chant d'accueil des clients au salon, je n'étais pas trop malhabile, car, au printemps, se donnaient des représentations théâtrales dont je pouvais imiter les acteurs venus de la région de Kyôto. Je tenais aussi compagnie pour le vin. Dans ce service, je déployais mes talents formés autrefois pour enjôler le client. Je m'empressais auprès de lui, faisant mine de le traiter comme un expert dans l'art de la galanterie. Mais on découvrit de petites rides sur les côtés de mon visage et, comme en ce monde on aime la fleur qu'est la jeunesse, par la suite les gens qui me recherchèrent se firent plus rares et je connus bientôt la tristesse de l'isolement. Même dans les campagnes reculées on est maintenant intelligent dans les choses de l'amour et une vieille ne peut profiter de l'obscurité pour séduire un homme par surprise.

Les manières des filles des *chaya* que l'on voit dans la plaine de Akeno-ga-hara sont vraiment originales : sur un vêtement de fond couleur imitation *murasaki*[278] sont teintes des figures et toutes sortes de couleurs. Le col, teint en couleur *akane*[279], borde le vêtement en dehors, si voyant qu'il en offusque la vue. Avec cela, les manches ouvertes aux aisselles leur donnent un aspect de jeune fille, avantage qui leur permet d'inviter à entrer les pèlerins des diverses provinces qui se rendent aux temples d'Ise.

Par la suite, je quittai Furuichi et me rendis à Matsuzaka pour y poursuivre encore ma carrière galante. J'y devins « fille d'attente » (qui attire le client) dans une auberge. Pendant le jour je me livrais tout à mon gré à un agréable sommeil. A partir de la seconde moitié de la huitième heure, je faisais ma toilette. Je me fardais au « blanc d'Ise », spécialité locale, et huilais ma chevelure car le proverbe dit que « les dieux logent dans une tête honnête ». Venant de la pénombre le visage blanchi, ces filles d'accueil paraissent sortir de la célèbre caverne « Ama no iwato » où s'était réfugiée la déesse Amaterasu et entraînent les chevaux que montent les pèlerins des confréries. S'adressant à ceux-ci, elles diront : « Eh monsieur de Harima[280] » ou « vous voilà messieurs les compagnons de Bingo[281] », sans jamais se tromper sur la province du voyageur et faisant emploi du dialecte de ce dernier, ce qui lui fait plaisir et permet à la fille de l'entreprendre. Et le voilà déjà décidé de s'arrêter à cette auberge, ne regardant plus le prix de la chambre et la femme, bien qu'elle soit sans sincérité, ne le quitte pas, tellement elle fait semblant de l'aimer, et elle emporte ses bagages. Le voyageur descend donc à l'auberge. Mais dès qu'il est installé, elle le traite « comme le vent souffle sur les pins ». Dans la plupart des cas, elle ne lui répond même pas. Qu'il lui demande du feu pour sa pipe, elle lui répond : « Vous avez une lanterne devant le nez »; s'il la presse pour le bain qu'on tarde de chauffer, elle de rire en disant : « Vous êtes bien resté dix mois dans le ventre de votre mère. » L'ayant fait appeler à sa chambre pour une petite chose, il la prie, en s'excusant de l'ennui qu'il lui causerait, de changer les emplâtres qui couvrent les blessures produites par les brûlures des moxas qu'il s'était fait poser, et se découvre les épaules. Mais elle fait semblant de ne pas le regarder et prétexte qu'elle est atteinte de névralgies dans les mains depuis deux ou trois jours. Quand, lui montrant la manche décousue de son peignoir de bain, il lui dit « prêtez-moi donc une aiguille et du fil », elle lui rétorque, avec un air de surprise extrême : « On a beau dire que notre service est vil, croyez-vous que je sois femme à posséder des aiguilles à coudre ? » Mais il l'arrête quand elle se lève pour quitter la chambre et lui propose « ce ne sera que quelques instants au début de la soirée, partez après avoir bu le saké avec moi » et le voilà qui sort, entre autres, pour ce court plaisir du poisson salé, produit connu de son pays, comme accompagnement du vin. Dans la confusion de l'ivresse, elle lui laisse introduire la main sur sa poitrine. « Même avec la fatigue du voyage, lui dit-elle, je vous trouve très gentil » et elle trotte doucement les traces de rougeur laissées sur les joues du voyageur par les cordons qui avaient maintenu son chapeau de jonc. Puis elle lui masse les talons pour atténuer l'inflammation causée par le lien des sandales de paille. Tout homme dans ce cas oublie l'estimation de ses dépenses qu'il a faite dans la journée. Il tourne dans ses doigts une ligature de sous et en détache cent pièces qu'il enveloppe dans un papier. Et il est bien amusant de le voir le glisser dans la manche de la femme. Quelqu'un qui marchanderait pour trois sous et renoncerait à monter un cheval retournant au relais agit tout autrement en pareille circonstance.

D'une manière générale, ces femmes engagées pour le service des voyageurs ne reçoivent pas des gages de l'aubergiste; elles sont seulement nourries par lui; en revanche, elles attirent les clients pour les faire descendre à l'auberge, et quand elles se donnent au voyageur pour une seule nuit, elles remettent une partie du prix de la passe à un autre qui est leur souteneur. Quant aux objets de toilette, chaussures et habillement, outre le vêtement de l'auberge, elles en reçoivent en présent de leurs amis habitués, c'est pour elles une ressource ouvertement connue. Les servantes employées à cuire le riz, elles aussi, les imitent. Elles se fardent et, quand il y a affluence de clientèle, elles se tiennent dans la chambre voisine de celle du voyageur pour s'occuper de lui. Ces filles, qui sont ainsi à deux fins, sont dites *futase anno.*

Le cours de ma destinée m'entraîna dans ce métier où jours et mois passèrent très vite. Mais bien que je ne me montrasse qu'à la tombée du jour, je fus jugée laide d'aspect et on me congédia. Je dérivai jusqu'à Kuwana, au bord de la mer dans la même province. Perdue dans la confusion des débarcadères, je me mis à vendre du rouge à lèvres et des aiguilles; la chose était bien drôle car je n'allais pas là où étaient les voyageuses, mais j'entrais dans les bateaux couverts d'un toit de nattes amarrés dans le port, et sans ouvrir l'enveloppe ni le petit sac contenant mes marchandises. A faire un tel commerce, ce genre de femmes était pour ainsi dire comme la graine qui fait foisonner l'herbe d'amour.

CHAPITRE III

La voix contrefaite des raccrocheuses de nuit [283]

J'avais alors épuisé tous les métiers qui m'avaient été dévolus en ce monde. Sur l'océan d'amour où j'avais vécu s'étaient soulevées ces vagues que sont les rides de la vieillesse. Sur cette mer, je fus ramenée par le sort au pays de l'amour, à la province de Settsu, au quartier de Shimmachi, à Ôsaka. Autrefois j'y avais acquis une certaine expérience dans cette carrière. Je fis appel à la bonté d'une personne amie qui m'y procura une place de surveillante des courtisanes. Comparée à la situation que j'avais autrefois occupée, ma condition présente me rendait honteuse. La tenue en est fixée et se reconnaît aussitôt : tablier rouge brun clair, ceinture de moyenne largeur nouée sur le côté gauche et où pend un trousseau de nombreuses clés, la main rentrée dans la manche, le bas de la robe un peu relevé derrière, un essuie mains plié posé sur la tête, une marche furtive qui étouffe le bruit des pas. La *yarite* se donne sans cesse une mine plus terrible qu'elle ne le voudrait mais qui la fait craindre. De sorte que, par leur formation, les *tayû*, même celles qui sont d'un caractère naturellement faible, acquièrent bientôt un esprit alerte et se comportent de façon à être aimées des clients. Ainsi celles-ci ne chôment-elles jamais et ont été élevées afin de devenir une source de profit pour le patron. Mais je connaissais par trop le détail des circonstances de la vie des courtisanes. Finalement je dus leur reprocher leurs rencontres secrètes avec leur amant de cœur. Les *tayû* en furent effrayées. Les clients, de leur côté, en étaient peinés pour elles au point que, sans attendre l'époque du *sekki*, ils m'offraient deux pièces d'un *bu* d'or en éprouvant le sentiment que l'âme du défunt ressent quand le démon exige d'elle l'argent nécessaire pour franchir la rivière « Sanzu no Kawa » [286].

Mais il n'est pas d'exemple que durent jamais longtemps

les méfaits envers autrui. Tout le monde s'étant mis à me détester, il me devint difficile de continuer à vivre dans ce quartier. J'allai demeurer dans le faubourg de la ville appelé Tamatsukuri [287]. Pas de boutiques; surtout des petites maisons. Lieu solitaire où même pendant le jour volaient les chauves-souris. J'y établis ma retraite dans une petite chambre comprise dans une longue maison à compartiments située derrière un groupe de maisons en façade. N'ayant aucune épargne qui me permît de vivre, je vendis les seuls vêtements que je possédais. Pour le bois de chauffage du lendemain, je brisai les rayons de mon étagère. Le soir, je n'eus pour repas que de l'eau chaude et des pois grillés. Rien d'autre à me mettre sous la dent. Par les nuits de pluie, je demandais à la foudre, si redoutée des gens, de me prendre assez en pitié pour tomber sur la maison et me tuer en fondant sur moi. Je ne tenais plus à la vie. Maintenant, j'étais complètement dégoûtée de ce triste monde.

J'avais déjà vécu pendant soixante-cinq ans, mais si les gens, à première vue, ne me donnaient qu'un peu plus de la quarantaine, c'était grâce à la finesse de ma peau et à la petitesse de ma taille. Pourtant cela même ne me causait plus aucun plaisir. Me rappelant toutes les folies de mon inconduite dans le passé, la méditation me présenta une vision comme fenêtre qui s'y était ouverte [288]. C'était l'image d'enfants coiffés comme d'un large chapeau formé de feuilles de lotus. Teints de sang depuis la ceinture, ils se tenaient rangés, au nombre de quatre-vingt-quinze ou quatre-vingt-seize, disant en pleurant : « Porte-moi sur le dos, porte-moi sur le dos », d'une voix confuse. Je me demandai d'abord si ce n'étaient pas les fantômes d'*ubume*, de ces femmes mortes en couches dont j'avais entendu parler. Mais à les regarder attentivement, voilà que chacun d'eux s'écrie avec ressentiment : « Cruelle mère! » C'étaient donc ces enfants sans parents dont je m'étais autrefois fait avorter. Si je les avais élevés tranquillement, c'eût été chose heureuse pour moi de posséder une famille plus nombreuse que celle des Wada [289]. Ainsi pensais-je avec regret au passé. Quelques instants après, la vision s'éteignit sans laisser de traces.

Après avoir vu ce spectacle, je pensai que ma vie en ce monde était parvenue à sa limite. Mais, la nuit passée, je trouvai, pour comble de malheur, bien difficile d'abandonner l'existence.

Ayant prêté l'oreille à ce qui se passait de l'autre côté du mur voisin, j'appris que trois femmes d'un certain âge y cohabitaient. Apparemment d'une cinquantaine d'années, elles faisaient toutes la grasse matinée jusqu'à un peu avant midi et l'on ne pouvait savoir quels étaient leurs moyens d'existence. Intriguée par ce mystère, je me mis à les observer. Matin et soir elles se plaisaient à faire une excellente chère au-dessus de leur condition; elles achetaient de ces petits poissons tout frais pêchés près du rivage, qu'on leur apportait de Sakai; deux *go* et demi de saké ne comptaient guère pour elles. Les difficultés de la vie courante ne retenaient pas leurs propos. L'une d'elles disait : « Pour la prochaine année nouvelle, mon vêtement sera de couleur jaune d'œuf clair; mes *mon* portés sur la doublure se verront par transparence sur l'endroit et seront teints sur un modèle figurant un bateau à voile et un éventail écran; la ceinture, d'un fond de teinte grise visible la nuit, sera ornée de spirales des cinq couleurs s'enroulant vers la gauche. » Le fait qu'elles parlaient présentement de choses encore éloignées montrait qu'elles avaient quelque aisance.

Leur repas du soir terminé, elles se paraient. Elles enduisaient leur visage de plusieurs couches d'un fard blanc de basse qualité. D'un pinceau trempé dans l'encre de l'écritoire, elles accusaient sur leur front la ligne de la racine des cheveux : le rouge reluisait sur leurs lèvres; leur nuque se dégageait nettement; les rides de leur poitrine aux environs des seins disparaissaient sous l'épaisseur du fard; à leur chevelure très réduite, elles ajoutaient quelques postiches et coiffaient l'ensemble en forme de *shimada* lié très serré. La base du chignon, liée de trois cordons de papier bien cachés, était recouverte d'une large bande de papier épais. Sur leur vêtement bleu indigo aux longues manches pendantes, elles nouaient par-derrière une ceinture blanche en coton. Aux pieds, des chaussettes à semelles renforcées par une couture en piqué de fils épais et comme chaussures, des sandales de paille. Dans l'entrecroisement de leur robe, sur la poitrine, était introduite une main de grossier papier mouchoir fabriqué à partir de vieux papiers hors d'usage. À la place d'un cordon pour lier leur pagne, elles portaient une ceinture entourant le ventre. Juste au moment où le visage ne s'aperçoit plus que faiblement au crépuscule, trois vigoureux jeunes gens survenaient. Vêtus d'un court manteau, leur front était entouré d'une serviette roulée en bandeau, ou bien leur visage était caché soit par une serviette qui l'entourait soit par un long voile. A la main, une épaisse canne de bambou; jambes serrées par un étroit pantalon et des guêtres; sandales de paille liées aux pieds. Leur autre main portait une natte roulée dans sa longueur. « C'est le moment convenable », disaient-ils et ils emmenaient les femmes.

J'avais, comme voisin au sud, un ménage qui gagnait sa vie à tailler des agrafes en bambou pour capes de pluie [290]. Chez eux aussi, la femme se fardait. Après avoir remis à sa fille âgée d'environ cinq ans des gâteaux de riz, elle lui disait : « Papa et maman vont faire un tour dehors, garde la maison. » Là-dessus, le père prenait dans ses bras un bébé de deux ans; la mère jetait sur ses épaules un vieux manteau et ils s'en allaient en se hâtant quelque peu, un peu gênés, comme s'ils voulaient éviter les regards du voisinage. Que pouvait signifier cela, je n'arrivais pas à le comprendre.

A leur retour au point du jour, l'aspect de ces femmes était bien différent de ce qu'il était la veille au soir. Vêtements froissés et en désordre; éreintées à ne plus tenir sur leurs jambes; le souffle haletant. Un bol d'eau chaude additionnée de sel les réconfortait; une bouillie de riz, hâtivement ingérée, les restaurait. Après cela, des ablutions, et elles apaisaient enfin la crampe d'estomac, due à la fatigue dont elles avaient souffert.

Puis, de la manche, le compagnon de la femme sortait la petite monnaie qu'il y avait jetée pêle-mêle, et ayant reçu, comme commission, comptée à vue d'œil, cinq sous sur les dix sous remis par le client, il s'en allait.

Après cela, les femmes se réunissaient et se livraient à la confession de leurs aventures de la nuit. L'une d'elles par malchance n'avait pas rencontré un seul homme ayant sur lui du papier mouchoir. Une autre n'avait rencontré que des jeunes gens dans toute la vigueur de leur âge. Au quarante-sixième elle était épuisée à en mourir et pensait qu'après une si pénible épreuve elle ne pourrait plus continuer. Mais d'une cupidité sans bornes, elle avait, par bonne chance, trouvé, avant son retour, encore sept à huit partenaires. L'une d'elles s'étant mise à rire sous cape, sans dire mot, ses compagnes lui en demandèrent le motif. Jamais, dit-elle, je n'ai été aussi embarrassée que la nuit dernière. A chacune de mes sorties mon itinéraire habituel me dirige vers le marché aux légumes à Temma, et j'y étais allée avec comme but les bateaux de paysans qui viennent de la province de Kawachi. J'y ai rencontré un tout jeune homme qui pouvait bien être le troisième fils d'un chef de village. De seize à dix-sept ans environ, il n'avait pas encore accompli le rite de l'accession à la virilité et conservait sa chevelure sur le devant de la tête, sans même en avoir rasé les deux coins, ce qui pour un campagnard lui donnait une certaine gentillesse. Il s'y ajoutait les manières charmantes de celui que pousse la curiosité de connaître la femme. Il se montra en compagnie d'un paysan du même village. L'homme s'était chargé de faire le choix et disait que pour un prix fixé à dix sous il était possible de découvrir un objet extraordinaire. Mais, las d'attendre, le jeune homme dit « c'est cette enfant qui me plaît » et, m'entourant de ses bras, il m'entraîna dans un petit bateau non bordé d'une planche, naturel oreiller sur les vagues. Après avoir fait l'amour de nombreuses fois, il me caressa agréablement les flancs de sa douce main. « Quel âge as-tu ? », me dit-il. A cette question, je me sentis saisie de honte. Doucement et d'une voix contrefaite, je répondis : « J'ai dix-sept ans. » Et lui, tout joyeux : « Alors nous sommes du même âge. » J'avais pu certes cacher mon aspect à la faveur de l'obscurité de la nuit. Mais, à cinquante-neuf ans, en prétendre dix-sept! Grand mensonge de quarante-deux ans que dans l'autre monde le démon me reprochera en m'arrachant la langue. Mais qu'il me le pardonne, puisque ce n'était pour moi qu'un moyen de gagner ma vie. Après cela, j'errai dans le quartier de Nagamachi où je fus appelée à une auberge de pèlerins. Quatre ou cinq d'entre eux s'y trouvaient alignés comme dans une confrérie pour réciter l'invocation à Amida. Je me présentai en détournant la tête juste au milieu où brillaient les lumières. Mais tous restèrent stupéfaits et personne ne m'adressa la parole. Même aux yeux d'un campagnard, je paraissais inacceptable. J'éprouvai un sentiment fort pénible, mais je ne pouvais m'en tirer autrement qu'en disant : « Quelqu'un d'entre vous ne voudrait-il pas prendre quelque plaisir? Si c'est pour passer la nuit, le cas est particulier. Autrement, je serais pressée par ce qu'il me reste à faire. » Mais, en entendant ma voix, leur frayeur ne fit qu'augmenter et ils se firent tout petits. Parmi eux, un homme âgé, qui paraissait le mieux comprendre les choses, posa sur les nattes les trois premiers doigts de chaque main en signe de grande politesse et dit : « Ma fille, si ces jeunes gens se montrent à ce point effrayés, ne vous inquiétez absolument pas. Je venais de leur conter qu'un soir un vieux chat dont la queue était devenue fourchue s'était changé en vieille femme et ils sont saisis de peur au souvenir de cette histoire. Tous sont partis en pèlerinage, aux trente-trois lieux saints de la région consacrés à la déesse de la pitié, empressés de suivre la voie de leur salut futur. Mais comme leur ardeur juvénile les pousse à la débauche, c'est pourquoi je t'ai appelée ici, mais c'est aussi bien pour eux une punition que leur inflige la déesse. Ils n'ont pour toi ni amour ni haine. Je te prierai seulement de t'en retourner bien vite. » Cela me mit en colère. Je pensai que je resterais perdante si je m'en allais tout bonnement comme j'étais venue. Je parcourus la cour du regard et j'y pris, en compensation des dix *mon* que mon commerce m'aurait rapportés, un chapeau de Kaga qui me tomba sous la main[291].

En tout cas la jeunesse est la fleur de l'âge. Parmi ces femmes, il se trouve de vraiment belles filles; certaines ont un tel aspect qu'on pourrait même les prendre pour des courtisanes du rang de *tenshoku*. C'est une malchance pour elles d'être tombées à cette condition et comme elles se vendent pour le prix uniforme fixé à dix *mon*, sans distinction de classes, elles ont d'autant plus à perdre qu'elles sont plus belles. Il devient alors chose plaisante de dire que, pour ce métier, un pays sans clair de lune serait surtout à souhaiter.

A écouter en détail leurs récits, je me dis que ces femmes devaient bien être les *sôka* [283] dont j'avais entendu parler. On aurait beau dire que pour elles ce n'était qu'un métier pour gagner leur vie, mais s'y livrer, à leur âge, quelle chose horrible! Et je me mettais à en rire, pensant qu'il valait mieux mourir pour en finir sans aller jusque-là. Mais il est bien pénible même d'abandonner une vie à laquelle on ne tient vraiment pas.

Tout au fond des maisons à louer vivait une vieille femme de plus de soixante-dix ans qui menait péniblement une triste existence. Du matin au soir, elle se plaignait de ne plus pouvoir tenir sur ses jambes. Un certain jour cependant, elle me dit, sur un ton de remontrance : « Avec la beauté de votre forme, c'est bête de votre part de vivre si négligemment. Ne manquez donc pas de sortir la nuit comme font les autres. » Mais, alors qu'à cette exhortation je répondais : « A mon âge, qui donc voudrait bien m'accepter? » la vieille, rouge d'indignation, de poursuivre : « Même moi, si je tenais sur mes jambes, j'ajouterais des postiches à mes cheveux blancs pour me donner l'aspect d'une veuve en retraite et je mystifierais les hommes. Comme je regrette d'être infirme! Donc, ne manquez pas de faire de même! » Entraînée par ses paroles, je pensai qu'il valait mieux l'écouter que mourir tristement de faim et je lui dis que je ferais bien ce métier, mais que c'était difficile, accoutrée comme je l'étais. « Pour cela, répondit-elle, il y a moyen d'arranger les choses à l'instant. » Sur ces paroles, elle amena aussitôt un homme d'aspect convenable auquel elle me désigna. Il comprit parfaitement la situation et dit : « En effet, elle pourra rapporter des sous en se tenant dans l'obscurité. » Une fois rentré chez lui, il envoya un paquet dans un baluchon. Il s'y trouvait un vêtement aux longues manches flottantes, une ceinture, un pagne et une paire de *tabi* en coton. Le tout était disposé pour être prêté. La location de chacun des articles était, pour une nuit : le vêtement ouaté, trois *bu ;* la ceinture, un *bu* et demi; le pagne, un *bu* et les *tabi*, un *bu* également, prix fixes. Par une nuit de pluie, il était perçu pour un parapluie douze sous et pour une paire de socques en bois laqué, cinq sous. Rien ne manquait pour faire ce métier et tout était loué. En quelques instants je me mis dans la tenue de l'emploi. Je fis mon apprentissage en regardant et en écoutant. Je m'essayai bien à chanter quelques notes de l'air *Kimi ga nemaki*[282], mais ma voix sonnait si drôlement que je priai mon compagnon de me remplacer en imitant une voix féminine pour attirer les clients. Je passai par nombre de ponts, une nuit de givre et je trouvai bien pénible aussi ce métier, de mener pareille vie pour ma subsistance. Aujourd'hui les gens sont devenus très avertis et, même pour une aussi petite dépense, ils se montrent plus exigeants encore qu'un riche viveur qui voudrait engager une courtisane du rang de *tayû*. Soit qu'ils attendent le feu de la lanterne d'un passant, soit qu'ils vous emmènent jusque sous la lumière d'un poste de veilleur de nuit, pour une affaire pourtant de petite importance, ils vous soumettent à un sévère examen, à la différence de ce qui arrivait autrefois, ils ne se laissent pas attraper par des femmes laides ou âgées. Sur mille, tous ont l'œil vif et l'on ne trouve plus d'aveugles parmi eux.

Finalement ce fut l'aurore. Après avoir compté la huitième et la septième heure sonnées par les cloches, je me mis à me hâter. Déjà le bruit des conducteurs de chevaux de bât qui prennent la route. Je marchai désespérément jusqu'au moment où s'ouvre le maréchal-ferrant et le marchand de fromage de soja. Était-ce parce que mon genre s'accordait mal à la profession? Aucun homme ne s'adressa à moi. Je compris alors que pour moi c'était la fin du métier de vendeuse d'amour en ce bas monde et je décidai d'y renoncer à jamais.

CHAPITRE IV

Cinq cents rakan [292] *dont chacun me rappelle un amant*

Sur les montagnes tous les arbres étaient en proie au sommeil de l'hiver : crépuscule enneigé couvrant la cime des cerisiers. Mais c'est aussi la saison qui attend les aurores du printemps. Avec les années seuls les hommes n'éprouvent plus de plaisir. Pour moi, en particulier, au souvenir de mon passé je me sentais honteuse. Convaincue que la seule vérité c'était de former des vœux pour le salut de ma vie future, je retournai à la capitale. J'avais la louable intention de visiter pour m'y repentir le temple de Daiun-ji [293] semblable à la Terre Pure qu'on aurait devant les yeux. C'était alors précisément que se tenait la « cérémonie du repentir des fautes » *(Butsumyôe)*. J'y invoquai moi aussi le nom du Bouddha. Descendue de l'autel principal, et regardant devant moi, j'aperçus une chapelle exposant les statues de cinq cents *rakan* [292]. Je m'en approchai. Quel était le sculpteur qui les avait ciselés ? Ils avaient tous une forme différente. J'avais entendu raconter que, vu leur si grand nombre, on devait à coup sûr découvrir parmi eux un visage rappelant celui d'une personne connue. Pensant que cela pouvait bien être vrai, je les regardai attentivement et j'y retrouvai la vivante copie de la physionomie d'hommes avec lesquels j'avais posé autrefois mon oreiller côte à côte quand j'étais dans la fleur de ma jeunesse. A les observer, je vis que l'un d'eux ressemblait à M. Yoshi du quartier de Chôja-machi, que j'avais connu lorsque j'étais courtisane. Nous nous étions juré fidélité réciproque par le témoignage d'un tatouage minuscule et caché au poignet. Tandis que je me rappelais avec affection ce souvenir, voilà que le personnage assis sous un des côtés du rocher se trouve être tout à fait semblable à mon maître quand je servais dans la ville haute à la capitale. Je ne pouvais l'oublier car il m'avait beaucoup aimée. Regardant là-bas, c'est un homme avec qui j'avais une fois été en ménage;

jusqu'à son grand nez, il ne diffère en rien de M. Gohei. Il m'a été d'autant plus cher que notre sincère union avait longtemps duré. Plus près, voici un homme gros et trapu, portant un vêtement bleu clair dont il avait découvert une de ses épaules. A qui ressemble-t-il ? me demandai-je. Et je me rappelai : Oui, à ne pas s'y tromper, c'est Dampei du quartier de Kôji-machi, l'amant de cœur qui venait me voir six fois par mois aux jours de purification quand j'étais en service à Edo ! Sur un groupe de rochers tout au fond de la chapelle, un beau garçon, type de bouddha au blanc visage. J'ai souvenir aussi de lui. Il venait de passer acteur au quartier des théâtres à Shijô-kawara de Kyôto. Avec moi, il connut pour la première fois la femme, quand je faisais mon service dans une *chaya*. Ayant épuisé toutes les poses de l'acte amoureux, il ne tarda pas à être complètement fourbu. Il s'éteignit comme une lanterne. On le conduisit, à vingt-quatre ans au cimetière de Toribeno (situé au sud de Kiyomizu, à Kyôto). Sans aucun doute, ce menton émacié, ces yeux caves sont bien les siens. Un autre, moustachu, au visage rouge, avait la tête glabre comme une petite orange japonaise. Sans la moustache, on eût pu le confondre avec le prieur du temple qui m'avait tant persécutée quand j'étais sa concubine. J'avais beau être habituée alors à tous les badinages amoureux, mais attaquée nuit et jour par ce bonze, je m'étais trouvée réduite à un état aussi cachectique que les poitrinaires. Toutefois la vie humaine a ses limites, et cet homme, si puissant alors, est, lui aussi, maintenant devenu fumée. D'autre part, sous un arbre mort, se tenait un personnage au visage malin qui avait l'air de se raser la tête au front bombé. On eût dit qu'il allait parler et ses mains et ses pieds semblaient sur le point de remuer. Plus je le contemplais, plus il me paraissait vraiment ressembler à quelqu'un que j'avais aimé. Au temps où j'étais nonne-chanteuse, parmi les gens de toute sorte que chaque jour je rencontrais, se trouvait un fonctionnaire détaché à l'entrepôt que possédait à Ôsaka un seigneur des provinces de l'Ouest. Il avait pour moi une si profonde affection qu'il m'aurait sacrifié sa vie; je n'avais oublié ni les heures tristes ni les heures heureuses. Il n'était pas regardant pour l'argent, cette chose dont les gens sont si avares et m'offrait en plus la redevance que je devais verser à la patronne.

A contempler d'un cœur paisible les cinq cents bouddhas, il n'y en avait aucun dans l'ensemble dont l'aspect ne me rappelât quelqu'un de familier. Passant en revue, une par une, les choses au cours de mes années passées dans un monde de débauche, je pensais, pour y avoir appartenu moi-même, que rien n'est plus horrible qu'une femme de ce métier. Dans toute une vie, j'avais rencontré plus de dix mille hommes. Moi seule, aujourd'hui, survivais, chose honteuse et misérable. Je sentis alors le char de feu des enfers traverser avec fracas ma poitrine; mes larmes se répandirent comme les bulles de l'eau qui bouillonne. Tout à coup mon cœur fut transporté comme en un rêve et je perdis conscience. Oubliant que j'étais dans un temple, je roulai à terre accablée. Nombreux, les bonzes s'approchaient disant : « C'est la tombée du jour. » Surprise par le son de la cloche frappée pour l'annoncer, je repris enfin mes sens et c'est alors qu'ils me demandèrent avec une grande douceur : « Vieille que voici, pourquoi vous lamenter ? Pleurez-vous parce qu'un de ces *rakan* ressemble par son aspect à un enfant ou à un mari qui a quitté ce monde avant vous ? » Cette question m'oppressa d'une honte particulièrement forte. Sans y répondre, je quittai d'un pas rapide le porche du temple. A ce moment je compris une chose de grave importance et combien était vraie la signification de ces deux vers du poème des « Neuf aspects » du Chinois Sou Tan-p'o : « Le nom reste, la forme n'est plus; les ossements deviennent cendre au bord de l'étang herbeux. » J'étais alors parvenue au pied de la montagne d'où se déverse la rivière Narutaki [294]. Aucune entrave [295] ne me gênait plus dans la voie d'accès à la montagne de l' « illumination suprême » et, ayant lâché l'amarre qui retenait le bateau de la loi bouddhique par lequel on traverse la mer des passions, mon vœu était de gagner la « rive de l'au-delà » pour être éclairée dans la voie. Je me mis à courir tout d'une traite pour me précipiter [296] dans l'étang de Hirosawa qui se trouvait là. C'est à ce moment que j'en fus empêchée par un ancien ami qui me retint. Il fit construire pour moi cette cabane au toit couvert de petit bambou *sasa ;* pour mourir, il m'engagea à m'en remettre à l'époque fixée par le destin et m'exhorta, en quittant la vie de mensonge que j'avais menée jusqu'alors, à revenir à la conscience fondamentale et à entrer dans la voie du Bouddha. Pénétrée de ferveur, je suis uniquement absorbée du matin au soir dans les invocations du « nembutsu ». A l'occasion de la visite, chose rare pour moi, que vous avez bien voulu faire à ma porte en planches, je me suis laissé entraîner. Le vin est une des choses qui troublent l'esprit. Tout en sachant combien courte est la vie en ce monde, je vous ai raconté une trop longue et futile histoire. Mais elle-même, confession repentante de mes fautes passées, m'a délivrée de l'obscurcissement des passions, comme de nuit un ciel nuageux reprend sa pureté au clair de lune. Il s'y ajoute le divertissement de passer cette nuit de printemps en votre compagnie. Je n'avais aucun intérêt à vous rien cacher de « toute une vie de femme » restée seule et sans famille. Je vous ai révélé toute ma personne depuis l'épanouissement du lotus de mon cœur jusqu'à ce qu'il se fane [297]. Et quand bien même, par ce récit qui n'est qu'un exposé des frivoles débauches de mon passé, se trouble le courant, maintenant mon âme, telle la fleur du lotus sur l'eau, n'en est jamais souillée.

Troisième année de l'ère Jôkyô (1686).
Un jour de la deuxième décade du sixième mois (entre le 30 juillet et le 8 août).

Coin du quartier de Gofuku-machi dans la rue de Shinsai Bashi-suji [298] Ôsaka.

Imprimé sur planches par la Librairie Okada Saburôemon [299].

LIVRE SIXIÈME. *Gravure du quatrième chapitre.*

L'image de gauche montre la vieille femme en contemplation devant la chapelle des « Cinq cents *rakan* » qui évoquent, par ressemblance, l'aspect des amants de son passé. Celle de droite représente un homme prosterné en prières devant l'autel principal du temple Daiun-ji dédié à la déesse Kannon.

NOTES

LIVRE PREMIER

CHAPITRE I

1. Cet ancien doit être Lu Pou-wei, ministre du roi de Ts'in qui devint en 221 empereur sous le nom de Ts'in Che-Houang-Ti (259-210). L'expression se rencontre dans son ouvrage, le *Lu-Che Tch'ouen-Ts'ieou :* Livre I, chap. II : « Les belles à la peau douce et délicate et aux dents blanches, sont la hache qui tranche la vie. »

2. *Lespédèze :* Hagi, nom scientifique : *Lespedeza bicolor.* Arbuste de la famille des légumineuses qui donne en automne des fleurs violettes ou blanches particulièrement aimées du cerf. L'une des sept fleurs de l'automne. En peinture comme en poésie, le *hagi* évoque fréquemment l'image du cerf pour lequel ses fleurs sont dites *hana-zuma* (les épouses fleurs) c'est-à-dire les fleurs préférées.

3. *Shinobu-gusa :* Nom scientifique : *Polypodium Lineare.* Dit aussi « *noki-shinobu* » car ce polypode pousse souvent sous le « *noki* » (auvent) des maisons. Il en est souvent question dans les « *waka* » où l'on joue sur ce mot pour évoquer le sens de son homonyme « *shinobu* », verbe signifiant « se souvenir avec amour ou regret ».

4. *Kosode :* (Litt. : petites manches). Genre de robe. Fut anciennement un vêtement de dessous de la même teinte et de la même étoffe que celui de dessus. Les manches étroites et très peu ouvertes à l'emmanchure, sont arrondies à l'extrémité inférieure.

5. *Kanoko :* Le *kanoko* est une étoffe parsemée de points blancs en relief formés par les parties qui, avant la teinture, avaient été liées et pincées pour qu'elles y échappent (Ce genre de teinture se nomme *shibori*). Les parties non teintes peuvent prendre toutes formes. Ici, elles représentent des chrysanthèmes doubles qui parsèment le fond bleu clair du *kosode* où ils ressortent blancs et en relief.

6. *Ôuchi-bishi :* (Littéralement : le losange des Ôuchi). Cet ornement (figure ci-contre), avait servi de *mon* (armoirie) à la famille Ôuchi, puissante, du XIVe au XVIe siècle dans la région de Yamaguchi.

7. « *Obi mae ni musubite* » : La ceinture nouée par-devant. C'était un des traits distinctifs des courtisanes de nouer leur ceinture par-devant.

8. *Go-Hanazono :* 102e empereur du Japon. Régna de 1429 à 1465, † en 1470. Ici Go-Hanazono-in désigne cet empereur après son abdication.

9. *Yoshida no mi-yashiro :* (Le temple shintoïste de Yoshida). Se trouve dans le quartier de Yoshida, arrondissement de Sakyô-ku à Kyôto. Ce temple protège la famille des Fujiwara depuis 861.

L'idée ici doit être que les serments écrits en prenant à témoin les dieux, ne peuvent s'éteindre et vont se réfugier dans le temple où ces divinités sont honorées.

10. *Uji-bashi :* (Le pont d'Uji.) Pont célèbre jeté sur la rivière Uji-gawa près de la ville de Uji (province de Yamashiro) au sud de Kyôto. Il se trouve sur la route qui mène de Kyôto à la province de Yamato.

CHAPITRE II

11. *Kiyomizu :* Pour Kiyomizu-dera, célèbre temple bouddhique qui se dresse sur la colline du même nom, sur le flanc de la montagne de Higashi-yama à Kyôto.

12. *Gion :* Nom d'un quartier de Kyôto compris entre la sortie est du pont de Shijô et le temple shintoïste de Yasaka-Jinga. Il s'y trouve un lupanar et un quartier très important de geishas.

13. *Ono no Komachi :* Poétesse du IXe siècle célèbre par sa beauté et par ses vers qui la firent ranger parmi les « six génies poétiques » de l'époque. Devenue vieille et abandonnée de tous, elle serait tombée dans la mendicité.

14. *Shijô :* La quatrième avenue transversale de Kyôto. Cette ville, construite sur le plan chinois, a en effet ses rues disposées en damier. Les rues transversales qui portent le nom de *jô* (branche) sont orientées est-ouest.

15. *Onna-kabuki :* (Le théâtre populaire joué par des femmes.) Il est l'ancêtre du *kabuki* ou théâtre populaire qui s'est perpétué jusqu'à ce jour.

16. *Higashi-yama :* Montagne à l'est de Kyôto où s'élèvent de nombreux temples (Kiyomizu-dera, Nanzenji, etc.). Il s'y trouve de nombreux restaurants.

17. *Kin ikkaku :* (Un coin d'or.) Une pièce d'or d'un *bu (ichibu-kin).* Comme elle était de forme ovale on l'appelait « coin » *(kaku).* Le *bu* était le quart d'un *ryô.*

18. *Kamuro :* (Ou *kaburo*). Fillettes de huit à quatorze ans qui servaient les courtisanes de haut rang, telles que les *tayû.* Celles-ci étaient accompagnées en chemin de deux *kamuro* et à la maison d'une seulement. Les *kamuro* restaient attachées à la personne de la même courtisane qui, étant pour elles comme une sœur aînée, portait le nom de *ane-jorô* (*ane* signifie sœur aînée

et *jorô* courtisane). Pendant leur noviciat de *kamuro*, elles étaient formées à tous les arts que devaient posséder les courtisanes. Une fois nubiles, elles étaient exposées sous le nom de *shinzô* en compagnie de leur « sœur aînée » qui payait tous les frais de leur établissement.

19. *Naniwa :* Nom donné anciennement au littoral près de la rivière de Yodo-gawa qui arrose Ôsaka. Synonyme ici de Ôsaka.

20. *Gin ichi-mai :* (Une pièce d'argent.) S'appelait aussi *chôgin*. Pièce d'argent *(han-gin)*, de forme ovale, longue de 7 cm ½ environ et pesant 43 *momme* (160 grammes environ). 1 *kaku* d'or (n. 17) ayant, au cours de l'époque, la valeur de 15 *momme* d'argent *gin ichi mai* valait presque 3 *kaku* d'or. Le titre des pièces d'argent fut 800/1000 de la 1re année de Keichô (1596) à la 8e année de Genroku (1695). Il fut ensuite abaissé à 640/1000, par une refonte des monnaies que le shôgun Tsunayoshi ordonna.

La monnaie d'argent coexistait avec les monnaies d'or et de cuivre. La valeur de la monnaie d'argent était calculée suivant sa quantité de métal fin pesée en unités *momme* (1 *momme* = 3 g 75). Un *momme* était divisé en 10 *fun*. Mille *momme* (3 kg 750) correspondaient à 1 *kamme*.

L'argent était surtout en usage dans l'ouest du Japon (Kyôto et Ôsaka), tandis que l'or circulait dans l'est, à Edo. Une des raisons donnée à cette différence est que l'est produisait surtout du métal or, tandis que, dans l'ouest, se trouvaient la plupart des mines d'argent.

21. *Takasegawa :* Rivière de Kyôto aménagée en canal, en 1609, par l'ingénieur Suminokura Ryôi. Elle se sépare du cours de la rivière Kamo-gawa sur la rive droite de celle-ci, à la hauteur de Nijô et coule parallèlement à elle du nord au sud.

22. *Take-uma :* Ce mot est apparu précédemment à la fin du premier chapitre. A l'époque c'était une branche de bambou nain *sasa* à l'extrémité de laquelle on laissait les feuilles. A l'autre bout, qui était censé représenter la tête d'un cheval, était passé un nœud figurant le cou et la bride. Chevauchant ce balai, les enfants jouaient à la course.

CHAPITRE III

23. *Nure :* Dans la phrase : *Hito ame no nure ni hiraite*, litt. : « S'ouvrant à la mouillure d'une seule pluie », *nure* signifie à la fois « mouillure » et l' « acte amoureux ». Les filles se seraient épanouies dès qu'elles auraient connu l'amour.

24. *Ninomiya Shinnô :* Le Prince impérial Ninomiya. « Ninomiya » signifie le deuxième fils de l'Empereur (litt. deuxième palais). Il se peut que l'expression « Ninomiya Shinnô » se réfère ici au 2e fils de l'empereur Go-Uda, soit à l'empereur Go-Daigo, qui fut effectivement exilé dans l'île d'Ôki en 1331.

25. *Hakama :* Large pantalon-jupe qui se porte par-dessus le vêtement et se noue sur le devant par une ceinture qui y est cousue.

26. *Kataginu :* (Litt. : vêtement des épaules.) Genre de pardessus sans manches qui se portait sur le vêtement proprement dit. Ainsi nommé, parce

qu'il ne couvrait que le dos et les épaules. (Une gravure du texte japonais représentant le vieillard accroupi, son sabre posé à sa droite. Le *kataginu* dépasse la largeur de ses épaules, à droite et à gauche.)

27. *Shaka :* Lecture japonaise de Çâkya dans « Çâkya Muni », c'est-à-dire Gautama, le Bouddha historique.

28. *Muro-machi :* Quartier de Kyôto qui se trouve à l'ouest du Palais impérial, tout près de ce lieu resté célèbre parce que les shôguns Ashikaga y établirent le siège de leur gouvernement.

29. *Omote-dôgu no yotsu :* Les quatre « appareils » *(dôgu)* (attributs) du visage *(omote)* soit : les yeux, le nez, la bouche et les oreilles.

30. *Mon :* Unité servant à mesurer la pointure du pied, par ex. : pour les chaussettes dites *tabi* (dont le gros orteil seul est séparé).

La longueur du pied aurait été autrefois évaluée à l'aide de pièces de cuivre *(mon)* alignées; de là l'origine de cette unité qui correspond à 2 cm 424 environ soit le diamètre des pièces de 1 *mon* qui étaient en circulation dans l'ancien Japon.

31. *Ryô :* Unité la plus élevée de la monnaie d'or *(kimme)* sous le shôgunat des Tokugawa. A l'origine, le mot signifie une once, soit le 1/16 d'une livre, le nom d'un poids servant à désigner une unité monétaire comme en Europe on le fit de la livre. Le *ryô* était subdivisé en 4 *bu*, le *bu* en 4 *shu*. Pendant l'ère de Keichô (1596-1614) on commença à frapper des pièces d'or dites *koban* dont le poids correspondait à un certain nombre de *ryô* et l'on en vint bientôt à désigner les *koban* sous le nom de *ryô* tout comme on donna le nom de livre en Europe à des pièces de monnaie dont le poids était bien inférieur à une livre. Le *ryô* poids varia d'ailleurs considérablement au cours des âges. Pendant la période de Nara, le *shô-ryô* (ou petit *ryô*), qui servait à peser les métaux précieux, était divisé en 24 *shu* et pesait 10 *momme* (1 *momme* = 3 g 75). Sous le shôgunat de Kamakura (1192-1333) le poids du *ryô*, pour l'or, fut réduit à 4 *momme* ½ environ.

Les *ryô* d'or circulaient surtout à Edo et dans l'est du Japon tandis que les lingots et pièces d'argent étaient d'usage général à Kyôto et Ôsaka où l'on se servait également d'effets de commerce pour éviter le transport d'une monnaie lourde et faciliter les règlements. L'équivalence de la monnaie d'argent avec la monnaie d'or se faisait dans la proportion de soixante *momme* d'argent pour un *ryô* d'or. Ce rapport n'est qu'une approximation, les cours, très variables, étant déterminés par les changeurs suivant ceux des métaux or et argent et de l'offre et la demande des monnaies.

32. *Shimabara :* Quartier de courtisanes situé au sud-ouest de Kyôto, à l'ouest du temple de Nishi-Hongwanji. Établi, à l'origine, à Rokujô-Seidôin, ce quartier fut transféré en 1638 dans la plaine de Shujaku-no qui lui donna son nom. Mais cette année-là ayant vu la terrible répression de la révolte de Shimabara à Hizen (île de Kyûshû) et l'enceinte du quartier ayant quelque ressemblance avec celle du château des assiégés révoltés, on l'appela désormais Shimabara.

33. *Sakai :* Port situé à huit km au sud d'Ôsaka dans la baie de ce nom, fut très prospère jusqu'à l'époque où Hideyoshi s'établit à Ôsaka en 1583.

34. *Kohata :* Village situé au point de rencontre des routes qui mènent d'une part de Nara à Uji et, de l'autre, d'Otsu à Fushimi, à quatre km au

nord d'Uji. Une passe y avait été établie. Il s'y trouve un temple shintoïste du même nom.

35. *Asakusa :* Nom d'un district d'Edo qui correspond à l'arrondissement actuel de Daitô-ku à Tôkyô (partie est de la ville sur la rive droite de la Sumida).

36. *Yoshino :* District montagneux situé à une quarantaine de kilomètres au sud de Nara dans la province de Yamato. Célèbre par ses paysages fleuris de cerisiers au printemps. Depuis l'Antiquité toutes choses venues de Chine étant tenues en très haute estime, « Kara no Yoshino » (un « Yoshino » chinois) doit s'entendre « un paysage fleuri, supérieur encore, parce que chinois, en pittoresque, au célèbre site national de Yoshino ».

37. *Sakai-chô no shibai :* Les théâtres du quartier de Sakai-chô. Ce quartier se trouvait dans l'ancien arrondissement de Nihom-bashi à Tôkyô, aujourd'hui Chûô-ku, au nord du quartier actuel de Kakigara-chô. Lorsque la ville s'appelait Edo, pendant l'ère de Kanei (1624-1643), le Nakamura-za et autres théâtres s'y établirent tandis que le théâtre Ichimura-za s'ouvrait dans le quartier voisin de Fukiya-chô. Ces deux théâtres furent transférés, deux siècles après (pendant l'ère de Tempô 1830-1843) dans le district d'Asukasa, à Saruwaka-chô.

A la fin du XVIIe siècle, les acteurs venaient souvent jouer chez les seigneurs, pour divertir la compagnie.

38. *Hishikawa :* Nom de famille de Moronobu. Célèbre chef de l'école de ce nom. Peinture populaire (dite *ukiyo-e*) en s'inspirant des genres Iwasa Matahei et Toga. Il reste de lui de belles gravures licencieuses auxquelles il est fait allusion ici.

39. *Jiô-gan :* Nom de pilules aphrodisiaques préparées avec la racine de la plante dite *jiô* (nom scientifique *Rehmannia lutea*, famille des scrofulariacées). Cette plante a été apportée de Chine où elle est connue sous le même nom et employée dans la pharmacopée pour activer la circulation du sang et la puissance sexuelle.

CHAPITRE IV

40. *Rokujô :* Plus exactement Rokujô-Seidô-in, Muro-machi, lieu où se trouvait, depuis 1602, le quartier des courtisanes à Kyôto, avant son transfert à Shimabara (cf. n. 32) en 1641.

41. *Nagare :* « Le courant. » Saikaku n'emploie habituellement que ce simple mot pour désigner le métier de la prostitution.

42. *Sui (Sui-sama) :* Le mot désigne l'idéal qu'on se faisait à l'époque, de l'homme de plaisir qui, tout en recherchant la volupté la plus raffinée et les amusements les plus rares, s'efforce de plaire aux courtisanes.

43. *Daijin :* Homme de plaisir, qui dépense avec prodigalité au quartier des courtisanes.

44. *Mombi :* Jour de fête fixé à l'avance et qui varie suivant les corps de métier.

Les courtisanes observaient ceux des cinq *sekku* (cf. n. 46) et des grandes fêtes du lieu *(o-matsuri)*. Elles étaient spécialement recherchées ces jours-là par leurs clients attitrés. D'où le synonyme de *uri-bi* (jour de vente, de demande).

45. *Mi-agari :* Chômage d'une prostituée, que sa maison autorise, pourvu qu'elle prenne à sa charge le manque à gagner du patron.

46. *Sekku :* Nom donné à cinq fêtes populaires qui correspondaient respectivement aux : 7e jour du premier mois; 3e jour du 3e mois; 5e jour du 5e mois; 7e jour du 7e mois et 9e jour du 9e mois. Il s'agit ici de la fête du 9e jour du 9e mois, appelée Chôyô.

47. *Chasen :* Espèce de pinceau (ayant la forme de notre blaireau pour la barbe) fait de fibres de bambou en guise de poils et servant à délayer le thé en poudre. Les cheveux dénoués et simplement noués en touffe au sommet de la tête rappelant la forme du *chasen* on donne par comparaison à la chevelure ainsi négligée le nom de *chasen-gami* (chevelure à la *chasen*).

48. *Yarô :* Ce mot viendrait du dialecte de Satsuma. Désigne les éphèbes dont le sommet de la tête est rasé. Les *yarô*, acteurs pour la plupart, jouaient les rôles de femmes. Leurs allures efféminées les faisaient rechercher par les pédérastes.

49. *Tayû :* Courtisane de premier rang dans les anciens lupanars du Japon (le Shimabara à Kyôto, Shinmachi à Ôsaka et le Yoshiwara à Edo). En 1853 (date de la publication de l'ouvrage qui donne ce renseignement, le Shutei Manko), le tarif des *tayû*, pour une nuit et une journée, était, au quartier de Shimabara, cinquante-sept *momme* six *fun* d'argent.

50. *Yone :* Terme général désignant toutes les classes de courtisanes.

51. *Mon :* Armoiries qui servent de signe distinctif aux familles. Avant la Restauration impériale de 1868, seules les familles nobles étaient autorisées en faire usage sur les vêtements et objets personnels.

52. *Haori :* Sorte de manteau ne tombant qu'à la moitié des cuisses et noué sur le devant par deux cordons.

53. *Kaga-bushi :* Air chanté sous les ères de Manji (1658-1660) et de Kambun (1661-1672) par les acteurs, notamment par Tamon Shôzaemon. Les paroles entraient dans la catégorie des *ko-uta* (petites chansons). Le recueil intitulé *Matsu no ha* (« Les feuilles de pin ») les classe, à son 3e volume, dans la catégorie des *ha-uta* (chansons courtes).

54. *Ariwara no Motokata :* Poète. Petit-fils du célèbre Ariwara Narihira. L'anthologie Kokin-waka-shû s'ouvre par un de ses *tanka* (poème de 31 syllabes). Vivait au début du xe siècle.

55. *Kuken :* Pour Kuken-machi. Nom d'un quartier du lupanar de Shinmachi à Ôsaka. Se trouvait à l'ouest du quartier de Shinbori-chô et à l'est de celui de Sadoya-chô.

LIVRE DEUXIÈME

CHAPITRE I

56. *Tenjin :* Courtisane de deuxième rang. A chaque rang de courtisane était attaché un symbole. C'est ainsi que celui du « pin » avait été attribué aux *tayû* par allusion à un fait ancien, l'empereur Ts'in Che Houang-ti ayant conféré au pin le rang de ministre tai-fou. Les *tenjin* avaient le rang du prunier.

57. *Uguisu :* Le rossignol japonais. Il est associé au prunier ainsi qu'en témoignent les nombreuses peintures du Japon le représentant sur une branche fleurie de cet arbre.

Ici, le client distingué, réputé connaisseur est comparé au rossignol, car s'il est vraiment homme de goût, il doit cultiver des relations non seulement avec les femmes pin *(matsu)* (les *tayû*), mais aussi avec les femmes fleur de prunier (les *tenjin*), car elles ont aussi leur charme, leur grâce, leur parfum *(nioi)*. Sinon, il n'est pas digne de sa réputation de connaisseur. Il est comme le rossignol qui ne peut ouvrir son bec et chanter s'il n'est pas perché sur une branche de prunier fleuri.

58. *Tô :* Mesure de capacité pour les liquides et pour les grains, vaut : 18 l 03.

10 *tô* =	1 *koku*	= 180 l 3
1 *shô* =	1/10 du *tô*	= 1 l 803
1 *gô* =	1/10 du *shô*	= 0 l 18

59. *Otsu :* Ville sur le lac Biwa. Premier relais sur la route de Tôkai-dô, qui mettait en communication Kyôto avec Edo. Otsu-uma était un cheval de bât qui se louait au relais de cette ville.

60. *Kiri no to no kaku-naru mono :* Des choses *(mono)* en coin *(kaku-naru)* estampées du mon *kiri no to* (paulownia stylisé en forme de branche).

C'étaient des *ichibu-ban* (dites aussi *kin-ikkaku* (n. 17) pièces d'or de forme rectangulaire (larges de 10,6 mm, longues de 16,7 mm). Leur fonte était confiée au *kinza* (la monnaie pour l'or) qui se trouvait à l'emplacement actuel de la banque du Japon (Nihon Ginkô).

61. *Tenshoku :* Synonyme de *tenjin* (cf. n. 56).

62. *Yarite :* Surveillante des courtisanes qu'elle est aussi chargée de guider. Elle est leur intermédiaire auprès des clients. On la nomme ainsi parce qu'on l'envoie (*yaru :* envoyer) à l'*ageya* en compagnie de la courtisane qui y est appelée. On lui donne encore les appellations de *Kenjo* (la femme envoyée).

63. *Kyara :* Nom d'un encens fabriqué avec le cœur du bois de l'arbre dit *Aquillaria Agallocha* qui croît dans la zone tropicale. *Kyara* serait une abréviation de la transcription chinoise lue, à la japonaise, *takara,* du sanscrit *tagara.*

64. *Ôban :* Grande pièce d'or pesant un peu moins de 44 *momme* (165 g) dont la valeur était égale à 10 pièces *koban,* soit à 10 *ryô.* Au cours moyen

de l'époque, 1 *ryô* valait 60 *momme* (225 g) d'argent et 4 *kammon* de pièces de cuivre percées d'un trou.

65. *Gin gohyaku kamme :* 500 *kamme* d'argent, 1 *kamme* valant 1000 *momme*, ce poids d'argent est donc de 500,000 *momme* correspondant, en valeur, à 500,000 : 60 = 16,666 *ryô* d'or, fortune considérable.

66. *Kakoi :* Nom des courtisanes de troisième classe prenant rang après les *tayû* et les *tenjin*.

67. *Binrôji :* Noix d'arec, produite par l'arbre binrô, l'aréquier, genre de palmier qui croît dans les régions tropicales de l'Asie. Elle fournit un produit pharmaceutique stomachique, diurétique et vermifuge et la matière première d'une teinture rouge noirâtre dite *binrô-kô* (cachou). Les étoffes teintes avec elle s'appelaient *binrôzome*.

68. *Awa tsubu hodo naru mono :* Quelque chose gros comme un grain de millet.

D'après les symptômes signalés, il semble bien que ce soient ici les premiers indices de la syphilis, maladie dont notre héroïne avoue plus loin (Livre V, chapitre III) avoir à se soigner.

CHAPITRE II

69. *Hanya :* (Demi-nuit) Fille ayant le même rang que les *kakoi* mais dont le service se partageait en deux fois, une pour le jour, l'autre pour la nuit. Le prix en était de 18 *momme* au Shimabara.

70. *Tsubone :* Abréviation pour Tsubone-jôrô.

Filles de la plus basse catégorie au Shimabara à Kyôto et au Yoshiwara à Edo. Cette expression de *tsubone* vient de ce qu'elles logeaient dans de petites cases formant une suite de compartiments dans un bâtiment construit en longueur dit *nagaya*, qui était en façade, le logement des patrons se trouvant dans le fond séparé par des portes pleines à glissière dites *fusuma*. Elles y attendaient la visite des clients. On les appelait aussi *hashi-tsubone*. Les trois premières classes de courtisanes (*tayû*, *tenjin* et *kakoi*) étant appelées par les clients à une *ageya* (maison de rencontre) se nommaient pour cette raison *age-jôrô* tandis que, par opposition, les *tsubone* étaient de la catégorie des *mise-jôrô* qui recevaient les clients à la maison même (*mise*).

71. *Sanzô-sama :* Désignait les conducteurs de chevaux de bât (dits *uma-kata*). Ici, homme de condition inférieure mais qui peut être autant, sinon plus, aimé d'une *hashi-jôrô*, que le richard d'une *tayû*.

72. *Giri :* Le devoir, mais souvent de pure forme et indépendant de la conscience morale, tel qu'il naît d'obligations extérieures qu'imposent la société, la famille ou la nécessité d'affirmer son amour-propre ou de ne pas perdre la face.

Cette notion joue un rôle très important dans la société japonaise. C'est un des ressorts principaux dans les drames du théâtre *kabuki*.

73. *Chaya :* Mot ayant une signification très large et qui peut se traduire par « maison de thé ». Il s'agit ici d'une des maisons de thé qui se trouvaient

sur le chemin menant de la sortie du Shimabara à la route pour la province de Tamba *(Tamba guchi no chaya)*. Ce genre de *chaya*, dit plus exactement *hikite-jaya* (chaya-guide), servait en effet d'intermédiaire et d'introductrice auprès des *ageya*.

74. *Koppori-chô :* Quartier de prostituées clandestines de bas étage qui se trouvait devant la porte de l'ouest du temple de Yasaka-jinja, à Kyôto.

75. *Mame-ita :* Dit aussi *mame-ita-gin*. Monnaie d'argent en forme de boule (d'où son nom de *mame*, pois) aplatie *(ita)* ou encore *Kodama-gin*, petite gomme d'argent. Sa valeur était calculée d'après son poids qui était variable.

76. *Nigate :* Litt. main *(te)* amère *(niga)*. La médecine chinoise considère en général comme efficaces les médicaments amers, mais allant plus loin elle constate que certaines mains, pour le massage comme pour l'acupuncture, ont un pouvoir analogue et les nomme *nigate*. Elle déclare même allant encore plus loin, que parfois les ongles sont amers et que les mains sont venimeuses.

77. *Kami-yui :* Coiffeur. Il doit s'agir ici d'un coiffeur de quartier dont souvent les « *chônin* » faisaient leur compagnon de débauche. Les compagnons des gens d'une classe plus élevée étaient fréquemment des acteurs de *nô (nôyakusha)*. Le métier de coiffeur passait pour être assez vil et ceux qui l'exerçaient n'auraient pu individuellement être reçus au lupanar. La courtisane connue pour en avoir eu un comme client s'en trouvait déconsidérée.

78. *Chû-goshô :* Officiers subalternes accompagnant un seigneur. Ils comprenaient 3 classes : les *ko-goshô* (les petits *koshô*) qui remplissaient l'office de page (et parfois de « mignon ») n'avaient pas encore accompli la cérémonie du *gempuku* ; les *chû-goshô* (les *koshô* de grade moyen) et les *O-goshô* (les grands *koshô*).

79. *Sano no watari no yuki no yûgure :* Le passage de la rivière à Sano par un crépuscule de neige.

La peinture de l'éventail devait représenter la scène décrite dans le *tanka* (poème de 31 syllabes) suivant du célèbre poète Fujiwara Teika (1162-1241) contenu dans l'anthologie *Shin-kokin-waka-shû* (6e volume. « Poème d'hiver ») :

Koma tomete	Ayant arrêté mon cheval,
Sode uchi-harau	pour secouer la neige accumulée sur mes manches,
Kage mo nashi !	Pas l'ombre d'un endroit !
Sano no watari no	Le passage de la rivière à Sano,
Yuki no yûgure.	par un crépuscule de neige.

80. *Hasami-bako :* Coffre oblong et peu profond servant à contenir les vêtements de rechange. Son couvercle porte un crampon dans lequel on passe un bâton qui permet de porter l'ensemble sur l'épaule.

Les gens aisés, disposant de domestiques, le faisaient porter par l'un d'eux dont ils étaient accompagnés.

81. *Kadayû-bushi :* Air inventé par Uji-Kadayû, célèbre chanteur et joueur de shamisen (1635-1711). Fut disciple de Isejima Kunai de Kyôto. Né dans le quartier d'Uji à Wakayama, province de Kii, il prit le nom d'Uji Kadayu

quand il vint à Kyôto et y représenta son maître Isejima Kunai, vers la fin de l'ère Empô (1673-1680).

82. *Toki :* (Les heures.) L'ensemble du jour et de la nuit était divisé en deux séries comprenant chacune 6 heures *(toki)*, doubles des nôtres.

La première série contenait les 6 *toki* de la nuit et du matin; la seconde, les 6 *toki* du jour et du soir. L'ordre des heures japonaises *toki* était descendant, partant de la 9e pour finir à la 4e.

83. *Tokoroten :* Gélatine végétale (gélose), de couleur blanchâtre ou transparente, qui, réduite en filaments comme le vermicelle, sert d'aliment, surtout en été.

84. *Kôzu :* Quartier d'Ôsaka, dans l'arrondissement de Minami-ku, au nord du célèbre temple bouddhique de Tennôji. On y trouve le temple shintoïste du même nom, Kôzu-jinja, dédié à l'empereur Nintoku.

85. *Shimmachi :* Célèbre quartier de courtisanes à Ôsaka, fondé pendant l'ère de Kwanei, entre 1615 et 1623, lorsque le gouvernement shôgunal, ayant adopté une réglementation de la prostitution qui la concentrait dans des quartiers réservés et clos, offrit à la ville qui se reconstruisait après avoir été très endommagée par la guerre, un terrain rectangulaire, à l'emplacement qu'il a conservé jusqu'à une époque encore toute récente.

86. *Yodo no kawabune :* La rivière Yodo-gawa, longue de 78 km en plaine, après avoir reçu les deux rivières de l'Uji-gawa et du Katsura-gawa, mettait en communication par voie navigable Fushimi, au sud immédiat de Kyôto et Ôsaka qu'elle traversait d'est en ouest pour aller se jeter en s'infléchissant vers le sud dans la baie d'Ôsaka. Un service régulier de bateaux descendait et remontait la rivière. C'est par un de ces bateaux de transport en commun qu'Ichidai-Onna se rendit à Fushimi.

CHAPITRE III

87. *Daikoku-dono no tawara :* Les sacs de paille *(tawara)* de maître Daikoku. Daikoku, d'abord dieu du bouddhisme correspondant à Mahākāla, est devenu l'un des sept dieux du bonheur *(Shichifukujin)* du Japon. On le représente debout sur deux sacs de paille de riz pleins de cette céréale.

Mais *daikoku* avait aussi un autre sens, celui de concubine d'un bonze. La règle du bouddhisme leur interdisant le mariage, les bonzes entretenaient en secret des concubines dites aussi *bonsai*, qu'ils cachaient dans la cuisine où trônait Daikoku, d'où leur nom.

88. *Ebisu :* L'un des sept dieux du bonheur, particulièrement honoré des commerçants. On le représente le visage épanoui assis au bord d'un rivage tenant sous son bras gauche une énorme dorade qu'il vient de pêcher à la ligne avec une canne qu'il tient de la main droite.

89. *Seken-dera :* Temple séculier. *Seken* signifie le monde, le siècle, et les mœurs de ces temples différaient sensiblement de celles des grands monastères où les défenses du bouddhisme étaient plus strictement observées; à la place de *seken* l'équivalent *ukiyo* était aussi employé, ce qui faisait nommer aussi ces temples *ukiyo-dera*, avec une nuance péjorative. Cependant ces

temples avaient leur utilité : ils accomplissaient les cérémonies funéraires et enregistraient les décès, à une époque où, pour le peuple, aucun état civil n'était tenu.

90. *Shira-giku :* Chrysanthème blanc. Désignation particulière donnée au bois odoriférant *kyara* (cf. n. 63) qui portait en outre celles de *hatsune* et de *shiba-bune* (bateau pour le transport des fagots, bois de chauffage).

91. *Waki-fusagi :* Fermeture du vêtement aux aisselles. Les jeunes filles non encore nubiles revêtaient des vêtements aux longues manches, qui étaient ouverts aux aisselles. Ces ouvertures du vêtement étaient fermées quand elles devenaient femmes. L'héroïne du roman cherche, vu sa petite taille, à se faire passer pour une jeune fille, bien qu'elle ait déjà atteint l'âge de vingt-huit ou vingt-neuf ans.

92. *Onna-Tekkai :* Tekkai (Chinois T'ie Kouai) est l'un des immortels (Sennin) de la légende chinoise. Un jour, désireux d'aller retrouver son maître et à cette fin sur le point de séparer son âme spirituelle de son corps qu'il laissait au logis au soin de l'un de ses disciples, il le pria d'attendre son retour sept jours, mais de brûler son corps au bout de cette période, s'il ne revenait plus pour s'y réincarner. Le disciple attendit six jours et comme la piété filiale le rappelait auprès de sa mère malade, il fit brûler le corps privé d'âme spirituelle mais qui vivait encore cependant par la présence de la seconde âme qui loge dans le corps matériel dès la naissance. Revenu le 7ᵉ jour, Tekkai ne retrouva plus son corps, mais ayant rencontré à point celui d'un malheureux mendiant laid et bancal qui venait de mourir de faim, il s'empressa de s'y incarner et vécut dès lors dans la personne du misérable. Toutefois quand, de temps à autre il voulait rejoindre son maître, il exhalait son âme par la bouche, sous la forme d'un tout petit personnage qui le représentait en miniature tel qu'il était dans sa précédente existence matérielle.

De petite taille, Ichidai-Onna s'était vu attribuer le sobriquet de « femme Tekkai », parce qu'elle avait pu revenir sous une forme réduite.

93. *Tera-Koshô :* Jeunes garçons qui remplissaient divers offices auprès du supérieur du temple. Ils en étaient en effet les mignons, la règle défendant aux bonzes les relations avec les femmes. Mais il arrivait aussi que de jeunes femmes prenaient, comme c'est le cas ici, l'aspect de jeunes gens pour les approcher plus facilement.

94. *Yakko :* Valets des *buke* (nobles militaires). Ils avaient pour chef un *chûgen*, inférieur comme rang aux samurais de la maison. La tête presque entièrement rasée, ils portaient au-dessus des oreilles des coques de cheveux en forme de plectre. Pour se donner un air martial, ils portaient une petite moustache retroussée en forme de lame de faucille.

95. *Hasshû :* Les huit sectes du bouddhisme au Japon.

Il s'agit ici d'une expression générale qui désigne les huit anciennes sectes implantées de Chine au Japon, à l'exception des sectes nationales.

96. *Shukke :* Expression qui désigne en général les religieux bouddiques, ceux qui ont quitté leur famille pour entrer en religion (sanscrit : *pravrajita)*. Par opposition, les laïques sont dits *zaike* (ceux qui restent à la maison). Les religieux étaient partagés en cinq catégories et les laïques en deux, une pour chaque sexe. L'ensemble formait les sept classes *shichi-shû* des fidèles du bouddhisme.

97. *Juzu kirazaru wa nashi :* Il n'y avait aucun religieux qui ne coupât (qui ne rompît pas son « chapelet » *(juzu)*). C'est-à-dire tous les bonzes enfreignaient les défenses qui leur étaient ordonnées.

98. *Rokusai :* Les six jours de purification, *rokusai-nichi* (les 8, 14, 15, 23, 29 et 30 du mois). Ils étaient observés, en principe, pendant les six premiers mois de l'année, aux jours du mois ci-dessus indiqués, où les *Shitennô*, les quatre dieux protecteurs de l'humanité et soutiens de la loi bouddhique, exerçaient leur particulière surveillance sur le monde. Mais, à l'époque d'Edo, tout au contraire, ces six jours étaient choisis pour un dérèglement général qui ne se bornait pas aux temples, car, dans le peuple, on les destinait à des rendez-vous illicites.

CHAPITRE IV

99. *Sashite-toru hiyoku renri no ne-gokoro wo wakimaete... :* Saikaku joue ici sur l'allusion littéraire célèbre *hiyoku* et *renri* tirée du poème *Tch'ang-hen-ko* (Jap. *Chôkonka*) (« La complainte des regrets éternels ») par le poète de l'époque des T'ang, Po *Kiu-yi* (Jap. Haku Rakuten) (772-846). Elle est contenue dans les 3ᵉ et 4ᵉ avant-derniers vers et rappelle le serment d'amour que l'empereur avait murmuré à l'oreille de sa concubine bien-aimée Yang Kouei-fei (Jap. Yô Kihi) (719-756) une nuit de la fête du Bouvier et de la Fileuse (la 7ᵉ nuit du 7ᵉ mois).

100. *Kami no chijimite, ashi no oya-yubi sotte, kuchi-moto no chiisashi :* Ces trois particularités physiques étaient considérées à l'époque comme les signes d'une habileté consommée dans les gestes amoureux.

101. *Ippiki :* Une double pièce d'étoffe, contenant 2 *tan* (19,70 m ou 21,20 m, suivant la longueur du *tan*).

Ittan, une pièce d'étoffe ayant 2 *jô* 6 *shaku* (pieds) *(roku-shaku)*, ou 8 *shaku (hasshaku)* mesurés avec le pied *(shaku)* employé pour les étoffes *(kujira-jaku)*.

102. *Sonata hyaku made :* (A toi pour cent ans.) Premières paroles de la chansonnette *(ko-uta)* dont la suite explique la réflexion qu'Ichidai-Onna fait à part soi, en s'abandonnant à l'impertinent personnage : Ce *ko-uta* est encore connu actuellement dans le peuple.

103. *Yama-imo :* Dit aussi *Yama no imo* et *jinenjô.* Igname poussant naturellement dans les montagnes. Est également cultivé, principalement la variété dite *naga-imo* dont le rhizome est plus long et peut atteindre un mètre.

104. *Koromo-gae :* Époque qui se place le premier jour du 4ᵉ mois lunaire (dit *uzuki*) (vers le 20 mai), à laquelle on quitte les vêtements ouatés pour les changer en *awase*, vêtements de demi-saison.

LIVRE TROISIÈME

CHAPITRE I

105. *Koshimoto :* En principe, jeune servante d'une maison noble chargée de menus travaux et affectée plus spécialement au service de la dame de la maison. Les manches de son vêtement, non cousues aux aisselles, étaient

assez longues *(furisode)* : deux pieds six pouces à trois pieds (985 mm à 1136 mm).

Les *chônin* enrichis, cherchant à imiter la classe dirigeante des militaires, se faisaient servir aussi par des *koshimoto*.

106. *Jûku doyô* : Un *doyô* de dix-neuf jours. L'ancien calendrier comprenait quatre périodes dites *doyô* d'une durée régulière de dix-huit jours chacune. Il y avait exception comme dans le présent cas, lorsque dans l'intervalle s'inscrivait un jour néfaste pour toutes choses dit *botsunichi*, ce qui l'allongeait d'un jour. D'après l'art du *on-yô-dô*, qui détermine les phénomènes fastes ou néfastes suivant les variations des principes *on* (ou *in*) (femelle) et *yô* (mâle), les jours complètement néfastes *botsunichi* se placent un jour du chien *(inu)* au 5ᵉ mois, un jour du tigre *(tora)* au cours de chacun des 6ᵉ, 7ᵉ, 8ᵉ et 9ᵉ mois, un jour du bœuf *(ushi)* et un jour du cheval *(uma)*, au cours du 10ᵉ mois.

107. *Tengu* : Êtres fabuleux dont l'origine est mal connue. On les représente sous la forme d'un homme ailé, au nez très long, tenant à la main un écran *(uchiwa)* de plumes qui leur sert de gouvernail pour se diriger dans l'air où ils volent à une vitesse vertigineuse. On leur fait habiter la profondeur des montagnes.

108. *Sanjaku-bô* : La légende rapporte qu'un bonze anachorète qui vivait en 809 sur la montagne de « Akiba-san » dans la province de Tôtômi, était un avatar d'un *tengu*, car il était doué de pouvoirs surnaturels, tel que celui de voler à trois pieds *(sanjaku)* au-dessus du sol. Pour commémorer l'événement, un petit temple, qui fut nommé Sanjaku-bô fut élevé sur une éminence qui se dressait derrière le temple de Akiba-dera. Il arriva que, pendant l'été de 1685, un imposteur, qui se prétendait être une réincarnation de l'anachorète *sanjaku-bô* parcourait la route du Tôkaidô, en direction de Kyôto. L'autorité le fit arrêter comme hérétique à la station de Sakanoshita, province d'Ômi. L'affaire avait fait sensation.

109. *Katabira* : Vêtement d'été non doublé *(hitoe-mono)* fait d'une étoffe de soie non apprêtée ou de lin *(jôfu)*. Remarquer les disparités dans la tenue des participants au convoi funèbre : un *kataginu* doublé (vêtement d'hiver ou de demi-saison) ne va pas avec un *hakama* de lin, qui ne se porte qu'en été.

110. *Gokô-machi-dôri Seigwanji-agaru chô* : Quartier de Kyôto au nord du temple de Seigan-ji (nord du quartier actuel de Shin-kyôgoku) sur la rue de Gokô-machi laquelle commence, au nord devant le Palais impérial *(gosho)* et se termine, au sud, à la hauteur du pont de Gojô.

111. *Matsu-shima* : L'un des trois paysages célèbres (San-kei) pour leur pittoresque, au Japon. C'est un archipel de petites îles couvertes de pins (d'où son nom) disséminées dans une baie du même nom, à une vingtaine de kilomètres au nord-est de la ville de Sendai, province de Rikuzen (Miyagi-ken actuel).

112. *Shiogama* : Port au fond de la baie du même nom appelée autrefois « Chiga no ura », prolongement au sud-ouest de la baie de Matsu-shima dont il est éloigné de huit kilomètres environ.

113. *Kinka-zan* : Ile granitique qui se trouve à l'est de la péninsule de Ojika à la partie orientale de la province de Rikuzen. Largeur d'est en ouest

quatre kilomètres; longueur du nord au sud 5 kilomètres. Son sommet se dresse à quatre cent quarante-cinq mètres de hauteur et offre une vue panoramique sur les environs.

114. *Mutsumusashi :* Sorte de jeu de dames simplifié qui se pratique à deux, chacun des joueurs ayant trois pièces, noires d'un côté, blanches de l'autre. Se jouait souvent à terre.

115. *Ushiro-obi :* Ceinture nouée par-derrière. L'héroïne de ce roman était habituée, pour avoir mené la vie d'une courtisane, à nouer sa ceinture par-devant. Les femmes n'appartenant pas au monde de la galanterie la nouaient par-derrière.

116. *Namu Amida ! :* Invocation à Amida (Amitabha) dont la forme complète est : Namu Amida butsu.

117. *Namu Kanzeon :* « Namu » est l'invocation expliquée à la note précédente. Kanzeon, appelée aussi, plus généralement « Kannon » est un *bosatsu* (transcription abrégée de *bodhisattva* sanscrit) qui a atteint l'illumination mais sans être encore un « bouddha ».

118. *Nijûhachinichi :* Le vingt-huitième jour du onzième mois est l'anniversaire de la mort de Saint Shinran, fondateur de la secte « Jôdo-shin-shû », et les fidèles se réunissent alors en « confrérie d'actions de grâce » ou, tout au moins, lisent les écritures bouddhiques devant l'autel d'Amida.

119. *O-Fumi :* (Les précieuses lettres.) Par respect, Ichidai-Onna ajoute *sama* à ce mot qui désigne la collection des lettres adressées à ses disciples par le célèbre bonze Kenju (1415-1499) (dit Saint Rennyo : Rennyo-shônin), 8e représentant de la secte « Jôdo-shin-shû », pour leur expliquer, en termes simples, les vrais principes de la secte.

120. *O-mamuki-sama :* Littéralement le seigneur placé en face. C'est l'image bouddhique à laquelle la secte rend un culte, le *honzon*, placé sur le *butsudan* (l'autel bouddhique). L'expression est surtout employée par les fidèles du « jôdo-shin-shu » pour lesquels le *honzon* est Amida-butsu (le Bouddha Amida).

121. *Chôbuku :* Exorcismes, sortilèges, incantations ou imprécations pratiquées par les *yamabushi* (voir note suivante) ou les bonzes des sectes ésotériques Shingon et Tendai, pour écarter les maléfices causés par « la haine d'ennemis » ou pour écarter les « démons ».

122. *Yamabushi :* Le sens primitif de ce mot est anachorète vivant dans les montagnes. Mais il a pris le sens particulier de bonze qui pratique la religion shûgen-dô ou Shûgen-shû. Ces prêtres ne s'embarrassent pas de l'étude des dogmes difficiles du bouddhisme. Vivant dans la retraite des montagnes, ils cherchent, par des pratiques ascétiques, à découvrir la vérité et la nature des principes qui régissent la vie.

123. *Haguro :* Synonyme : *Kane.* Sorte de teinture qui, sous l'ancien régime (et même pendant les premières années de Meiji) servait aux femmes adultes pour se noircir les dents. On fabriquait ce liquide en faisant macérer en vase clos des morceaux de fer dans du saké (alcool de riz) ou du *su* (vinaigre de riz). Un oxyde de fer se formait donnant une solution brunâtre que les femmes appliquaient sur leurs dents avec un pinceau fait de plumes.

124. *Murasaki-no :* Plaine devant la porte du célèbre temple Daitokuji, au nord-ouest de Kyôto, dans le district de Kami-gyôku.

CHAPITRE II

125. *Yô Kihi* (Yang Kouei-fei) : Héroïne célèbre dans l'histoire de Chine. Favorite de l'empereur Hiuan Tsong (713-755) des T'ang qui lui donna le titre de *kouei-fei* (la première parmi les quatre dames d'honneur du 1er rang au service de l'impératrice) et la traita comme une impératrice.

126. *Shôtoku Taishi :* Le prince héritier (Taishi) Shôtoku (572-621). Shôtoku avait été nommé prince héritier. Aussi sa tante, la première impératrice qui régna au Japon sous le nom de « Suiko », (593-628), le laissa-t-elle gouverner comme régent. Fidèle sectateur du bouddhisme et épris de culture chinoise, il fit bâtir de nombreux temples, répandit l'usage des écritures bouddhiques et emprunta aux T'ang leurs lois et leur calendrier (604).

127. *Akashi :* Ville de la province de Harima sur le détroit qui sépare cette province de l'île de Awaji, au sud, et fait communiquer la baie d'Ôsaka avec la mer intérieure de Harima (Harima-nada), à une vingtaine de kilomètres à l'ouest de Kôbe.

128. *Irie :* Ce mot, qui paraît avoir été surtout en usage à la fin du XVIIe et au commencement du XVIIIe siècle, a pour synonyme le terme plus communément employé de *iri-muko,* gendre adopté. Suivant la coutume japonaise (commune avec celle de la Chine et des autres pays de civilisation chinoise), quand un chef de famille n'a pour enfants que des filles, il fait épouser à celle qui doit continuer la maison un gendre qu'il adopte en même temps pour fils et qui perd, en conséquence, son nom de famille pour prendre celui de sa femme.

129. *Hi-no-e uma :* (frère aîné du feu et cheval). Pour indiquer les jours, les mois et les années de leur calendrier lunaire, les Chinois et les Japonais se servaient de la combinaison dite *eto,* ou *kanshi,* de deux séries de signes, l'une de dix, les *jikkan* et l'autre de douze, les *jûnishi.* Une même combinaison, par exemple, *heigo,* ne revient que tous les soixante ans. Elle s'était produite en 1666, ce qui devait ainsi être la date de naissance de la nièce en question. Chinois et Japonais croient que ces combinaisons cycliques des deux signes marquant l'année de naissance ont une influence sur l'existence de ceux qui en sont affectés. C'est ainsi qu'une année *heigo,* et l'année *teibi* qui la suit, sont considérées, en Chine, comme néfastes. Au Japon, on est allé plus loin. Il s'y est en effet développé la superstition d'après laquelle les filles nées une année *heigo (hi-no-e uma)* dévorent leur mari.

130. *Kuwana :* Ville au nord-est de la province d'Ise, au fond du golfe du même nom, tout près de la limite de la province avec d'Owari à l'est. Port important sur l'estuaire de la rivière Ibi-gawa qui, coulant du nord, se jette dans le golfe, séparée seulement par une étroite langue de terre de la rivière voisine, à l'est de la Kiso-gawa.

131. *Kuni-onna :* Littéralement « la femme de la province ». La règle dite *sankin-kôtai* obligeait tous les *daimyô* à laisser à Edo leur femme et leurs enfants. Ils entretenaient une ou plusieurs concubines dans leur domaine. Il s'agit ici d'une de ces concubines, venue de la province et appelée ainsi *Kuni-onna* (la dame de la province).

CHAPITRE III

132. *Shin-kawa :* Litt. « nouvelle rivière ». Désignait, à l'époque où parut le présent roman (1686), la rivière actuelle Aji-kawa. Pour faciliter la navigation et éviter un long détour, la « nouvelle rivière » fut, sur l'ordre du Shôgun, creusée hâtivement (en vingt jours, dit la chronique) le deuxième mois de 1684, sous la direction du célèbre ingénieur hydrographe Kawamura Zuiken.

133. *Shaka-dô :* Nom donné vulgairement au temple Jiunzan-Zuiryû-ji, fondé en 1670, près de ce qui était alors le village de Naniwa, par le célèbre bonze Tetsugen de la branche Ôbaku-shû de la secte Zen. A l'époque où Saikaku écrivait son roman (1688), l'édification de ce temple comptait parmi les relatives nouveautés.

134. *Tetsugen :* Surnom du bonze Dôkô (1630-1682). Né dans la province de Higo (Kyûshû), il entra en religion à onze ans. Le bonze chinois Ingen, qui était venu du Foukien se réfugier au Japon, à la chute de la dynastie Ming, y avait fondé, en 1655, une branche dite « Obaku-shû » de la secte Zen. Tetsugen embrassa la nouvelle religion et la répandit, en fondant à Ôsaka le temple Zuiryû-ji (cf. n. précédente).

135. *Ebisu-bashi :* Pont sur le canal de Dôtombori, dans le quartier des théâtres. De là, le bateau de plaisance, sur lequel s'était embarquée la compagnie, pouvait facilement déboucher, vers l'ouest, dans la rivière Kizu-gawa et arriver à Sangenya sur la rive droite de cette rivière.

136. *Sangenya :* Nom d'un chenal (et du quartier qui le borde à l'ouest) dans la rivière Kizu-gawa quand on descend cette rivière au sud de l'île Terajima un peu en amont du point où elle se jette dans la baie d'Ôsaka. L'endroit servait ainsi de lieu de débarquement pour les bateaux.

137. *Akuta-sute-bune :* Bateaux pour se débarrasser des ordures ménagères qui étaient jetées en pleine mer au lieu de l'être dans les rivières et canaux qu'elles obstruaient. Ces petits bateaux, employés pour déblayer la terre lors du percement du canal de Shin-kawa (cf. n. 132), avaient été conservés pour ce travail utile de nettoyage.

138. *Nyorai :* Traduction chinoise du terme sanscrit *tathâgata.* Nyorai est la première des dix appellations *(jûgô)* données au Bouddha. Dans ce mot, *nyo* signifie *shinnyo,* la vérité, de sorte que *nyorai* a le sens de « Bouddha qui vivra dans l'avenir ».

139. *Kôbô-daishi :* Titre posthume conféré en 921 par l'empereur Daigo (898-930) au célèbre bonze Kûkai (774-835) qui se rendit en 804 en Chine où il fut reçu par le bonze chinois Houei-kono (japonais Eka) (746-805) qui lui transmit le sens profond de la doctrine ésotérique et un grand nombre de textes en sanscrit et en traduction chinoise. Cet enseignement permit à Kûkai, à son retour au Japon, en 806, de convertir un certain nombre de bonzes à la nouvelle religion Shingon (Shingon-shû).

140. *Sama :* Sur les documents adressés à un tribunal ou sur ceux qui devaient marquer un grand respect, le caractère, *sama* (Monsieur ou Madame) était écrit en écriture *kai-sho,* genre très soigné où chacun des traits est tracé très distinctement.

141. *Kitahama :* Littéralement « rive *(hama)* nord » *(Kita)* parce qu'elle se trouve au nord de la ville d'Ôsaka, mais c'est en réalité la rive sud du chenal de Tosabori-gawa, l'une des branches de la rivière Yodo-gawa coulant au sud de la longue île de Naka-no-shima. C'est la partie de cette rive qui se trouve incluse en particulier entre les deux ponts de Naniwa-bashi à l'est et Yodoya-bashi à l'ouest. Ce dernier pont a reçu ce nom pour commémorer celui de Yodoya Tatsugoro, richissime marchand qui avait établi au coin de ce pont, sur Kitahama, une bourse du riz.

142. *Sugai :* Littéralement coquillage *(kai)* au vinaigre *(su)*. Petit coquillage de deux centimètres environ de diamètre, genre turbo cornu et qui servait de jouet aux enfants. Quand on le plaçait sur une assiette contenant du vinaigre, sa coquille calcaire fondait un peu sous l'action de ce liquide en dégageant du gaz carbonique, ce qui le faisait tourner. Une signification divinatoire était parfois donnée à ces mouvements. Les *uta-bikuni* les ramassaient pour amuser leurs clients.

143. *Tsuyu wo nani zo ? :* Allusion à un passage du *Ise-monogatari* (6e récit). L'allusion permet à l'auteur de jouer sur le sens du mot *tsuyu* (rosée) signifiant « bien peu de chose », « presque rien », mais aussi les piécettes d'argent de forme ronde dites aussi, pour cela, *mame-ita-gin* (Cf. n. 75).

144. *Koigusa no shigeku-shite :* Les herbes de l'amour *(koigusa)* poussant dru.

Ici l'auteur passe du mot *tsuyu* (rosée) à celui de *kusa* (herbe) en affinité avec *tsuyu*, en employant l'expression poétique, qu'on rencontre souvent dans les *waka* ou dans les *nô*, de *koigusa*, — soit *koi*, la passion amoureuse, qui se développe et s'intensifie, étant comparée à des herbes qui foisonnent *(shigeku naru)*.

CHAPITRE IV

145. *Kingami no hane-motoyui : Hira-motoyui* (lien de base de la coiffure *(motoyui)* plat *(hira)* aux deux extrémités duquel était fixé un fil de fer qui les redressait. L'ensemble était recouvert de papier doré *kin* (doré) *dami* (papier) (kingami).

146. *Sage-shimada-sôzuri :* Shimada baissé aux deux coques relevées. Chignon *shimada* dont la base était abaissée (sage) (sage-*shimada*) et dont les coques *(bin)* sur les tempes, enveloppées dans une étoffe, étaient toutes deux relevées *(sô-zuri)*.

147. *Hyôgo-mage :* Littéralement : Le chignon *(mage)* (ou *wage*) à la manière de Hyôgo. Cette coiffure aurait d'abord été portée, au commencement du régime des Tokugawa, par une courtisane du quartier de « Sabiemachi » du port de Hyôgo. C'est à ce port que débarquaient les *daimyô* venus de leurs domaines à Kyûshû pour se rendre à Edo par voie de terre.

148. *Godan-mage :* Littéralement chignon *(mage)* à cinq étages *(godan)*. C'était peut-être une transformation du *hyôgo-mage* et à en juger d'après son nom, il devait être encore plus élevé.

149. *Kokono-tokoro :* Littéralement : Les neuf *(kokono)* endroits *(tokoro)*. Les neuf qualités qu'une femme doit posséder pour être considérée comme belle, soit la beauté des mains *(te)*, des pieds *(ashi)*, des yeux *(me)*, de la bouche *(kuchi)*, de la tête *(atama)*, de l'humeur, de la disposition d'esprit *(ki)*, de la forme du corps debout *(tachi-sugata)*, du teint *(kao-iro)* et de la voix *(koe)*.

150. *Yondo no o-shikise :* Les *shikise* pour quatre fois (pour chacune des quatre saisons).

Les *shikise* étaient les vêtements offerts par le maître aux domestiques. Chez les *chônin*, ils l'étaient deux fois seulement. Exception était faite pour les concubines *(mekake)* et les *koshimoto*, qui en recevaient un par saison.

151. *Tokonoma :* Sorte d'alcôve dont le bas, plus élevé que la chambre, est bordé, à l'extérieur, d'une pièce de bois équarrie horizontale, qui est souvent en bois rare et précieux *(toko-buchi)*. C'est l'endroit où le seigneur avait posé sa tête s'en servant comme d'oreiller.

LIVRE QUATRIÈME

CHAPITRE I

152. *Shitadera-machi :* Au sud-est d'Ôsaka, dans l'arrondissement actuel de Tennôji-ku. Il s'y trouve beaucoup de temples.

153. *Nanto Tôdai-ji-daibutsu no engi :* Récit sur l'histoire *(engi)* du grand Bouddha (Daibutsu) du temple Tôdai-ji à Nanto (la capitale du sud : Nara). Une tournée de ces récits avait été entreprise en 1683 par le bonze Kôkei Shônin (1648-1705) afin de réunir les dons *(kanjin)* nécessaires à la reconstruction du pavillon *(Daibutsu-den)*.

154. *Natsu-ki :* Le temps de service *(ki)* d'été *(natsu)* qui allait du 5 du troisième mois au 4 du neuvième mois, durait ainsi six mois. Il se renouvelait le 5 du neuvième mois pour un nouveau semestre, celui d'hiver *(Tô-ki)*. Ainsi, Ichidai-Onna avait quitté son ancien maître le 4 du troisième mois.

155. *Yokobori :* Le canal du Yokobori-kawa (partie comprise aujourd'hui entre Yokobori 1-chôme et 6-chôme, arrondissement de Higashi-ku, à Ôsaka). Il s'agit ici du Higashi-Yokobori-kawa.

156. *Buri :* Espèce de perche appartenant à la famille des acanthoptérygiens, ordre des téléostéens. Atteint 60 cm. Corps fuselé un peu arrondi, tête conique. Dos vert clair, tirant sur le jaune; ventre blanc argenté. Migrateur. La femelle pond en juin. En août-septembre, le poisson jeune a atteint 15 cm. Il s'appelle alors *inada*. Au fur et à mesure de sa croissance il reçoit des noms différents (*hamachi*, *ko-buri*, etc.) pour être enfin nommé *buri* à l'âge adulte, changeant ainsi plusieurs fois de nom. C'est pourquoi il est considéré comme un symbole de progrès et de prospérité et se trouve classé parmi les « poissons porte-bonheur qui favorisent la réussite » (dits *shussei-uwo*) tels que le *bora* (mulet)

et le *suzuki* (genre de perche). C'était une coutume dans l'ouest du Japon d'en échanger rituellement le présent pour le premier mois de l'année, en signe de bon augure.

Les *sashi-saba*, sous forme de maquereaux *(saba)* salés réunis par paires par une brochette de bambou, s'offraient au moment du *bon* (fête des morts le 15 du septième mois lunaire). Les deux principaux présents du *buri* et du *saba* représentent ici l'ensemble de ceux, nombreux, échangés au cours de l'année.

157. *Mamori-gatana :* (Litt. le sabre protecteur.) C'était une dague longue de six à sept pouces (vingt à vingt-deux cm environ) que plaçaient sous leur vêtement, chez les nobles de cour, les dames et les enfants non autorisés à porter un sabre. Elle servait à la défense de leur personne. Le fourreau en était arrondi à l'extrémité. A la naissance, même dans la classe non noble, une dague de ce genre était offerte pour le nouveau-né, mais comme *mayoke* (pour écarter de lui les maléfices).

158. *Kotatsu :* Installation pour se chauffer l'hiver le corps sous une couverture, en usage encore actuellement dans les maisons de type japonais traditionnel.

159. *Naka-no-shima :* Ilot compris entre les deux bras du fleuve Yodo-gawa, le Dôjima-gawa au nord et le Tosabori-kawa au sud, en aval du pont de Naniwa-bashi. Actuellement dans l'arrondissement de Kita-ku à Ôsaka.

CHAPITRE II

160. *Kôken tennô :* L'impératrice Kôken, 46e de la dynastie (749-759).

Saikaku doit rapporter ici une tradition populaire, attribuant naturellement à une femme, d'ailleurs de célèbre mémoire, la détermination du régime vestimentaire féminin. Mais, les textes historiques officiels donnent des précisions infirmant cette tradition. Le « Shoku-Nihongi » porte en effet, à la date du douzième mois de la troisième année de l'ère Yôrô (719), règne de l'impératrice Genshô (715-723), 44e de la dynastie : pour la première fois fut réglementé le genre des vêtements féminins.

161. *Hari sashi no kazu :* Cette manière de procéder vient du mode de couture assez différent pratiqué au Japon. Au fur et à mesure du travail les aiguilles sont laissées sur l'objet à coudre. Leur nombre est connu : c'est celui qui a été pris sur le porte-aiguilles. Le travail terminé, on enlève les aiguilles en les comptant une à une, en chantant *(yomite)* et le même nombre qu'à l'origine doit se retrouver, sinon un léger accident serait à craindre pour celui qui serait piqué en portant le vêtement.

162. *Sekishô :* (Litt. « iris des pierres ».) Acore, ou « lis des marais ». Plante qui pousse au bord des marais ou des chemins humides. Famille des aroïdées. Son épais rhizome sert à consolider le bord des chemins, en se mêlant aux pierres et au gravier.

Disposé en bouquet à la façon des *ikebana* dans un plateau creux rempli d'eau, ses longues feuilles vertes donnent une vive impression de fraîcheur propre à adoucir les yeux malades ou fatigués.

163. *Abe-cha :* Thé produit dans le voisinage de la rivière Abe-gawa, province de Suruga (sud-ouest de la ville actuelle de Shidzuoka).

164. *Tsuruya ga manjû :* Gâteaux *manjû* faits d'une pâte de farine de blé additionnée de saké doux *(ama-zake)* et fourrée de *an* (pâte de haricots rouges *azuki*) que l'on fait cuire à l'étuvée. Les *manjû* de la pâtisserie Tsuruya étaient aussi appelés *Yone manjû*, du nom d'une femme qui les aurait fabriqués vers 1650 pour cette pâtisserie dont la maison mère se trouvait au Kinryû-zan (ou Kinryô-zan) (nom du temple de Kannon à Asakusa, Edo et Tôkyô actuel).

165. *Iida-machi :* Quartier d'Edo, à l'est du palais shôgunal, où se trouvaient beaucoup d'hôtels de seigneurs, au bas de la colline de Kudan. Existe encore aujourd'hui.

166. « *Kokoro ni kakaru Yama no te no tsuki mo kumori naku* » *:* (Litt. : comme la lune de Yama no te (des quartiers élevés de Edo) non obscurcie et sans préoccupation dans mon cœur), mais la phrase ne peut s'expliquer complètement que par comparaison avec le poème suivant de Musô Kokushi (1275-1351), célèbre bonze de la secte Zen (anthologie Fûga-shû, livre XVIII) qui y a exprimé la parfaite quiétude du cœur, en faisant abstraction de l'ambiance :

Izuru to mo	Soit qu'elle se lève,
Iru to mo tsuki wo	Soit qu'elle se couche, si, à la lune
omowaneba,	On ne pense même pas,
Kokoro ni kakaru	Préoccupation pour le cœur,
Yama no ha mo nashi.	ce bord de la montagne (où la lune se montre) n'existe même pas non plus.

167. *Jô-raku-ga-jô no mi :* La condition de celui qui a acquis les quatre vertus du Nirvâna (Nehan no shi-toku) désignées par chacun des termes de l'expression : le *jô* (sanscrit *nitya*), le permanent ; le *raku* (sanscrit *sukha*), la félicité d'être séparé des deux douleurs *(ni-ku)*, la vie et la mort ; le *ga* (sanscrit *atma*), l'obtention du *daijizai* ou, libération de toute entrave ; enfin, le *jô* (sanscrit *suddha*), purification complète des *san-naku*, les trois passions terrestres.

168. *Aibetsuriku :* L'une des « huit douleurs » *(hakku)* du bouddhisme. Celle de la séparation de ceux qu'on aime.

169. *Ichigô meshi :* La ration de un *gô* (dix-huit cl) de riz, pour le déjeuner du matin. Elle était de trois mesures de un *gô* par jour pour chaque femme en service dans la maison d'un seigneur. La ration allouée ainsi était dite *fuchi-mai.*

170. *Chûgen :* Domestique au service des samurais. Dans une grande maison de seigneur militaire, il était le chef des domestiques. Ils ne ceignaient qu'un sabre.

171. *Shiba-zakana :* Poissons de Shiba, pêchés dans la baie de Shiba-ura à Edo. L'un des produits célèbres de cette ville.

172. *Dainashi :* Vêtement de toile bleu marine, unie, à manches étroites descendant un peu plus bas que les reins. Se fermait par une étroite ceinture nouée sur le devant. Était porté par les domestiques.

173. *Otowa no taki :* Cette cascade s'écoule de la montagne d'Otowa (Otowa-yama), l'un des 36 sommets du massif montagneux de « Higashi-

yama », à l'est de Kyôto. Le célèbre temple de Kannon à Kiyomizu se trouve à son pied.

174. *Miyako no Shimabara-jin :* Le camp de Shimabara à la capitale. Expression qui désigne le quartier célèbre des courtisanes qui fut établi en 1638 dans la plaine de Shuza-kuno, au sud-ouest de Kyôto, à l'endroit où il se trouvait encore tout récemment. La même année la révolte de Shimabara à Kyûshû avait pris fin et le quartier des courtisanes, transféré de Nishi no Tôin à Rokujô, reçut le nom de Shimabara, soit en commémoration de l'apaisement de la rébellion, soit parce que ce quartier entouré de palissades comme tout quartier fermé de ce genre, ressemblait au camp des assiégeants devant le château de Hara.

175. *Hongô :* Quartier d'Edo, au nord de la deuxième enceinte, à l'ouest du temple de Yushima Tenjin. Le sixième bloc (Roku-chôme) ne devait pas faire partie alors de la ville d'Edo qui s'arrêtait, à l'époque, à Hongô San-chôme (le troisième bloc). Le sixième bloc, en face de l'université actuelle de Tôkyô, se trouvait ainsi dans un quartier tranquille.

176. *Hon-chô :* Quartier des *chônin* à Edo qui partait du pont de « Ôhashi » sur le fossé de la deuxième enceinte, au sud du château shôgunal. Des droguistes et des marchands d'étoffes y tenaient boutique.

177. *Echigo-ya :* Magasin d'étoffes fondé en 1673 à Suruga-chô Nihombashi, Edo par Mitsui Hachirôemon Takayoshi originaire de Ise Matsuzaka. Il aurait pris Echigo-ya comme enseigne parce qu'un de ses ancêtres avait été gouverneur de la province d'Echigo. Une des raisons de la prospérité de cette maison fut son système de vente : *genkin* (au comptant), *yasu-uri* (à bon marché), *kakene nashi* (à prix fixe). Elle a donné naissance sous Meiji aux grands magasins Mitsukoshi de Tôkyô.

178. *Ukogi :* Arbuste qui atteint une hauteur de deux mètres environ et dont les branches sont épineuses. Perd son feuillage en automne. Sert à faire des haies. Famille des araliacées. Nom scientifique : *Acanthopanax spinosum.*

179. *Moro-Kaga :* Étoffe de soie provenant de la province de Kaga *(Kaga-ginu)* dont la chaîne est tissée avec des fils dits *moro-ito* (ou *moro-yori-ito*) c'est-à-dire avec des fils triples, tressés, deux d'entre eux dans le même sens et le troisième fil en sens contraire.

180. *Kugatsu Yôka :* Le 8 du neuvième mois, c'est-à-dire la veille de la fête *kugatsu kokonoka* dite aussi *chôyô* soit celle du principe mâle doublé, sous la forme d'un double neuf, le nombre 9 ayant la nature de ce principe. Le 8 du neuvième mois était dit *sekki-barai,* jour où les marchands se faisaient régler les comptes de leurs ventes à crédit.

181. *Shiro-nezumi :* Littéralement une souris blanche. Sert à désigner un commis fidèle. Les souris blanches sont considérées comme les servantes du dieu Daikoku, l'un des sept dieux du bonheur, celui de la richesse, vénéré des marchands. Elles sont censées apporter la prospérité aux maisons qu'elles habitent.

182. *Shitaya-dôri :* La grand-rue de Shitaya. Voie de communication du village de Shitaya (la vallée du bas) ainsi nommé parce qu'il se trouvait au bas du plateau de « Shinobu-ga-oka » (actuellement le lieu surélevé du parc

d'Ueno). Elle laissait à l'est l'étang de Senzoku-ga-ike (asséché depuis) au nord duquel se trouvait le Yoshiwara.

183. *Yoshiwara :* Le principal lupanar à l'époque d'Edo. Se trouvait à l'origine aux environs du quartier de Fukiya-chô (le quartier des couvreurs) à Nihom-bashi, dans une « plaine de roseaux ». Mais Edo s'étant développé, le lupanar fut transféré sous l'ère de Meireki (1655-1657) au nord d'Asakusa, à l'emplacement qu'il occupait lors de sa toute récente fermeture. On lui donna à l'époque le nom de « Nouveau Yoshiwara » (Shin-yoshiwara).

CHAPITRE III

184. *Yabu-iri :* Le congé d'une journée accordé aux domestiques (et aux apprentis) deux fois l'an, le seizième jour des premier et septième mois.

185. *Ori-hime :* Désigne l'étoile de la Fileuse qui est censée rencontrer dans le ciel l'étoile du Bouvier. Cet événement se célèbre par la fête du *tana-bata* qui tire son origine de la légende chinoise d'après laquelle le 7 du septième mois les deux étoiles Kengyû (le Bouvier) et Shokujo (la Fileuse) se rencontrent en venant l'une vers l'autre de l'est à l'ouest de la Voie lactée.

186. *Ima-ori :* Étoffe de soie, genre Kinran, c'est-à-dire brocart tissé dans la trame avec des fils dorés *hirakinshi.* L'art de ce tissage fut enseigné par un Chinois venu à Sakai pendant l'ère de Tenshô (1573-1591), il fut ensuite pratiqué dans les ateliers de Nishijin (ouest de Kyôto).

187. *Kakae-obi :* Correspond au *koshi-obi* ou *shigoki* actuel. Sert généralement, avant de ceindre l'*obi,* à maintenir convenablement le vêtement. Morceau, de petite largeur, d'étoffe lâche que l'on peut faire passer en glissant dans la main et qui se serre comme un cordon, en un tour.

188. *Katô :* Forme de la partie supérieure du châssis de la fenêtre de communication entre la chambre de la cérémonie du thé et la cuisine voisine. Ce genre de fenêtre dite *kato-mado* se rencontre encore sur les côtés du vestibule des temples bouddhiques. Le sommet, qui a quelque ressemblance avec l'ogive, est pointu. Le front dont la racine des cheveux est rasée de façon à présenter cette forme est dit *katô-bitai.*

189. *Kidoku-zukin :* Voile noir servant de masque qui ne laisse apparaître que les yeux. C'est le visage caché de cette manière que la gravure montre Ichidai-Onna accompagnée du *chûgen.*

190. *Sakurada no go-mon :* Il s'agit ici de la porte d'entrée dans l'enceinte extérieure du palais shôgunal, dite « Soto-Sakurada-mon », à l'ouest d'Edo.

191. *Zeni :* Petite monnaie de cuivre, de forme ronde, percée d'un trou carré afin de permettre de les lier par un cordon. C'était la monnaie la plus répandue dans le bas peuple. L'unité (le sou) était dite *mon.* Une masse de sous liés (une ligature) contenait soit 100 pièces *(kyaku-mon)* soit 1 000 pièces *(ikkammon),* les ligatures de 100 et de 1 000 sous se disant respectivement, *hyaku-zashi* et *kan-zashi.*

192. *Maru-no-uchi :* Partie d'Edo, au sud-est, comprise entre le fossé du château limitant la première enceinte et le fossé extérieur *(soto-bori)* limitant

la cité des hommes du peuple. De l'est à l'ouest elle se trouvait à la hauteur de Sakurada no go-mon et Wadakura-mon.

193. *Shimbashi :* Ce pont se trouvait alors déjà à l'emplacement actuel à l'extrémité sud-ouest de la grande rue commerçante passant à Nihom-bashi. Le *chûgen* aurait dû se diriger vers ce point par la porte Yamashita-mon. Le pont datait de l'époque (ère de Kanei 1624-1643) où le terrain avoisinant du quartier actuel de Ginza ayant été repris sur la mer, la route du Tôkaidô passa par ce pont qui fut alors jeté sur la rivière Shiodome-gawa et appelé « le nouveau pont » (Shimbashi).

194. *Nishi no maru :* Tour ronde du château d'Edo ainsi nommée d'après sa position à l'ouest de la tour principale, dite « Hommaru » où résidait le shôgun. Elle était la demeure des héritiers du shôgun ou de ce dernier quand il avait abdiqué.

195. *Sukiya-bashi :* Pont jeté sur le canal qui passait en dehors du bastion dit « Sukiya-bashi Mitsuke » de l'enceinte extérieure du château d'Edo. S'était d'abord appelé « Shiba-guchi-bashi ». Était orienté du nord au sud. Sous Meiji, il fut déplacé vers l'est et orienté est-ouest pour le mettre dans la direction de l'avenue joignant Hibiya à Ginza. Ce pont a disparu par suite du comblement du canal (1958).

196. *Mae-gami no zôri-tori :* Un jeune homme « porteur à la main des sandales » *(zôri-tori)* du maître et ayant conservé au-dessus du front son *mae-gami* (cheveux non rasés). Les jeunes gens rasaient ces cheveux à leur majorité excepté quand, par profession de pédéraste, ils voulaient conserver un air d'éphèbe. C'est ici le cas.

197. *Itô mo-nai hara sagurare :* Me voyant palper *(sagurare)* le ventre *(hara)* alors qu'il ne me faisait même pas mal *(itô mo-nai)*.

Ce proverbe signifie « se voir suspecter d'une faute dont on n'est nullement responsable ». Ichidai-Onna est mécontente d'être suspectée alors qu'il n'y a pas lieu et, en même temps, elle est furieuse de ne s'être pas trouvée dans le cas de l'être.

CHAPITRE IV

198. *Nakadôri no onna :* Synonyme de *nakai*. Le mot est lu aussi *chûtôri*, même sens. C'était la servante de rang le plus élevé au-dessous des *koshimoto* (cf. n. 105) et servant d'intermédiaire entre les autres servantes et ces dernières, d'où leur nom (celles qui passent [*tôri*] ou se trouvent [*i*] au milieu [*naka* ou *chû*, suivant la lecture]).

199. *Chigiri :* Il semble que Saikaku ait joué sur le sens que le mot a en chinois, d'après son sens primitif de « contrat », comme dans le mot *keiyaku* et celui qu'il a, en poésie japonaise, de liaison, lien amoureux. La suite du récit montre la méprise qui va à l'encontre des intentions de Ichidai-Onna. Celle-ci s'attendait à être *nakai*, mais en même temps concubine d'une personne âgée vivant à la retraite et qu'elle croyait être un vieillard.

200. *Egô negai otoko :* Ce titre, en quatre caractères chinois, correspond au désir exprimé par la vieille femme tout à la fin de la présente histoire, tra-

duisant l'essai d'actuelle réalisation de son vœu de renaître dans le monde futur avec le sexe masculin, plutôt qu'une véritable perversion de sa nature. L'homme *(otoko)* de son vœu *(negai)* qui vivrait dans la gloire et le luxe *(eyô)*.

201. *Uchi-kata :* La dame de la maison, la femme du maître de la maison. Sens de *o-naigi-sama*. L'expression ne laisse aucun doute dans l'esprit de Ichidai-Onna qui écoute les racontars de la vieille domestique sur la maison où elle sert. Mais jusqu'au moment où elle se trouve face à face avec « la personne retirée » *(go-inkyo-sama)* elle ne peut en connaître le sexe, la langue japonaise ne distinguant pas grammaticalement les genres.

202. *Hokke-shû :* Secte bouddhique fondée par Nichiren (1222-1282) en 1253. Elle tire sa doctrine du sutra *Myôhô-renge-kyô* (sanscrit : *Saddharma pun darīka-sūtra*) (Titre traduit en français : *Le Lotus de la bonne loi*) dont le titre a donné, pour cette religion, la formule de prière « Namu Myôhô-renge-kyô », dite *o-daimoku*. Ses adeptes, assez intransigeants, comme le fondateur, réprouvent les autres sectes, et c'est pourquoi la vieille servante conseille vivement à la nouvelle venue de ne jamais prononcer l'invocation à Amida, le *nembutsu*, formule de prière des sectes « Yûzû-nembutsu-shû », « Jôdo-shû » et « Shin-shû », en particulier de cette dernière secte qui comptait alors beaucoup de fidèles. La formule courante, en six caractères est « Namu Amida Butsu » (Foi et vénération pour Amida !) (Cf. n. 116).

203. *Akagome :* Espèce de riz dite aussi *dai-tômai*, dont le grain, petit et allongé, est de couleur rougeâtre. Est peu estimé.

204. *Ban-shû no tenshu-mai :* Ban-shû est le nom, lu à la chinoise, de la province de Harima. Tenshu était la tour la plus élevée d'un château qui servait d'observatoire, d'arsenal et de grenier à riz (réserve en cas de siège). A remarquer que le riz produit dans la plaine de Harima était renommé pour sa qualité de même que la province était renommée pour le château de Himeji.

205. *Miso :* Assaisonnement, très usité au Japon, fait d'une pâte de haricots *daizu* (haricot soja), bouillis, pilés et pétris avec du sel à laquelle on ajoute de la levure *(kôji)* ce qui la fait fermenter et lui donne son goût. Conservé dans des cuveaux fermés d'un couvercle, le *miso* sert à préparer des bouillons et des sauces. On y conserve des légumes et des poissons (conserves dites *miso-dzuke*).

206. *Sumiyoshi no matsuri :* Fête dite *o-harai-matsuri* (fête de la purification) du temple shintoïste Sumiyoshi-jinja, situé à Ôsaka, Sumiyoshi-machi, Sumiyoshi-ku, au sud de la ville, à quatre kilomètres environ du centre de la ville de Sakai vers le nord. La fête a lieu le 30 du sixième mois, ancien calendrier.

207. *Nanten :* Dit aussi *nanten-chiku*. Arbrisseau d'une hauteur variant entre 1,50 m et 2 m. Toujours vert. Ses baies en grappes qui rougissent dès la fin de l'automne conservent aussi leur couleur par le froid, de sorte qu'il égaie les jardins dénudés en hiver. Ses baies sont employées en médecine chinoise dans des préparations contre la toux ou la coqueluche; les feuilles donnent une décoction tonique et sont réputées être antiseptiques et capables de chasser les mauvaises odeurs.

208. *Sekihan :* Littéralement « riz » *(han)* rouge *(seki)*. Riz cuit préparé en faisant cuire à la vapeur du riz glutineux *(mochi-gome)* avec de petits

haricots rouges *azuki*. La couleur rouge étant le signe de la félicité, le *sekihan* se consomme à l'occasion des fêtes, des réjouissances. Ici, ce riz emplissait des boîtes laquées étagées dites *jûbako* et on le couvrait de feuilles de *nanten* pour le conserver en bon état.

209. *Go-inkyo-sama :* Personne retirée ayant cédé ses droits de chef de famille. Cette coutume de prendre sa retraite souvent dès la cinquantaine, s'était répandue chez les bourgeois riches à l'époque d'Edo. Une partie de la fortune était laissée au retraité pour lui permettre de vivre à l'aise : c'était l'*inkyo-gane* dont il est question plus loin.

210. *Kono ura no shio wo mo funda ga yoi :* Il conviendrait ici d'écrire *shio* non avec le caractère signifiant le sel mais avec celui signifiant « la marée ». *Ura no shio* devient ainsi « la marée *(shio)* du port *(ura no)* », ce qui convient à Sakai qui est un port. *Shio wo fumu* littéralement « fouler la marée », signifiant « faire une pénible expérience dans la vie », le sens doit être « à tant que mener une pénible existence, autant le faire ici ».

211. *Sashi-tabi :* Chaussettes *tabi* (dont le gros orteil est séparé des autres doigts du pied et le dessous cousu séparément) que renforcent à la plante du pied plusieurs épaisseurs de toile réunies par des points en piqué. Jusqu'à l'ère de Tenna (1681-1683) les *tabi* avaient été en cuir; en 1686, les *sashi-tabi* étaient une nouvelle mode.

LIVRE CINQUIÈME

CHAPITRE I

212. *Yasaka :* Quartier de Kyôto, au pied de la montagne Higashi-yama, aux environs du temple shintoïste de Yasaka-jinja (Cf. n. 12).

213. *Ishigake :* (lu aussi : *Ishigaki*) lit, mur de pierre. Notre héroïne devint fille de *chaya* dans le quartier de Ishigaki-chô qui se trouvait à l'emplacement du quartier actuel de « Miya-gawa-chô ».

214. *Moto no Mokuami :* Retour à sa première condition précaire après avoir connu un meilleur sort. Ce dicton aurait pour origine une légende rapportant qu'un samurai s'étant fait remplacer après sa mort par un pauvre aveugle nommé Mokuami dont la voix ressemblait beaucoup à la sienne put ainsi tromper pendant longtemps ses ennemis, ce qui permit à ses gens d'élever son héritier, Mokuami fut congédié quand ce fils fut capable de résister aux attaques des ennemis de son père. L'aveugle retomba à son malheureux sort.

215. *Niboku :* Nom donné aux filles de *chaya* qui avaient des talents particuliers et variés.

216. *Ni-hachi no kajin kôyô yosou :* Expression tirée d'un double quatrain du poète chinois Sou Tong-p'o : Tong-p'o (Jap. Tôba) nom de plume de Sou Che (1036-1101).

217. *Kaya :* Fruit qui ressemble au gland doux. Nom scientifique : *torreya nucifera.*

218. *Ryôzon :* Nom donné à l'un des sommets du massif de Higashi-yama et qui était pris comme butte. La montagne a été ainsi nommée en souvenir de celle du Ryôjusen (abrégé en Ryôzen) (Montagne merveilleuse des aigles) traduction du sanscrit « Grdhra Kuta », où Gautama Bouddha fit des sermons.

219. *Hyaku-jûkyû-ken no chaya :* Doit se référer ici à l'ensemble des *chaya* de Gion et de Yasaka.

220. *Shijimi :* Genre de coquillage bivalve qui se pêche dans les lacs et étangs. Nom scientifique : *corbicula atrata.*

221. *Tô-kurage :* (Ou *kara-kurage*) Méduses dites aussi *hizen-kurage.* Pêchées dans les parages de la province de Hizen (N.O. de Kyûshû), de la Corée et de la Chine, elles étaient préparées avec de l'alun, séchées et salées. Servie avec le saké, cette salaison poussait à boire.

222. *Eri-tsuki mitateraru : Eri* : le col du vêtement. *Eri-tsuki* : l'aspect que présentent les cols quand les vêtements sont portés l'un sur l'autre. L'ajustement des cols dépend à la fois de la confection des vêtements et surtout de la manière de les placer de façon qu'ils ne bâillent pas ou ne dépassent pas plus d'un côté que de l'autre, élégance que les gens du commun ne peuvent souvent pas réaliser. *Miteraru* : apprécier; *mitateraru :* être apprécié. Se voir juger d'après le vêtement et la manière de le porter. Il est déplaisant à un homme pauvre de se faire juger d'après l'habit.

223. *Aizen Myôhô :* (Sanscrit *Râgarâja*) Dieu du bouddhisme qui préside aux passions (amour, affection, attachement). L'iconographie le représente avec un corps rouge, 3 faces *(sanmen)* dont les yeux expriment la colère, 6 bras. Il était, est encore, vénéré et invoqué par les femmes galantes. Ichi-dai-Onna est mécontente parce que ce dieu ne l'a pas suffisamment protégée contre les atteintes de sa vie amoureuse. La fête de son temple a lieu le 26 du mois.

224. *Tade kuu mushi :* Le *tade* est une espèce de renouée (famille des polygonacées) qui a des feuilles d'un goût astringent, de sorte que peu d'insectes aiment les manger. L'expression se dit ainsi de gens qui ont des goûts exceptionnels. Mais comme tous les goûts sont dans la nature, ce jugement a donné naissance en outre au dicton *tade kuu mushi mo suki-zuki* (qu'il y ait même aussi des insectes qui mangent le *tade*, c'est selon qu'ils l'aiment).

225. *Kuro-chau : Chau* est une abréviation pour *chau-jima*, étoffe de soie légère rayée en long ici de couleur noire *(kuro)*. *Chau* est la transcription du mot hindou *Chaul*, nom d'un petit port sur la côte de Malabar, d'où les Portugais importèrent au Japon ce tissu qui y devint à la mode. *Châl* en arabe et châle (français).

226. *Monzen-chô no o-shimo-yashiki :* Le *shimi-yashiki*, l'hôtel secondaire d'un seigneur ou d'un homme très fortuné. Il y logeait ses concubines. Ici cet hôtel se trouvait dans le quartier de Monzen-chô (le quartier *(chô)* de devant la porte *(monzen)* du temple de Chion-in.

CHAPITRE II

227. *Agari-yu mo nurui onna kakaru meiwaku :* Ici le jeu de mots porte sur l'adjectif *nurui*, signifiant tiède, qui, comme attribut, s'applique d'abord à *yu* (l'eau chaude) versée sur le dos du baigneur qui sort du bain *(agari-yu)*, et ensuite à *onna* (femmes de bain) qui montrent peu d'ardeur auprès de leurs clients dans l'acte sexuel avec eux.

228. *Aka kakasu senaka ni hara wo kaete :* (Les clients) changeant *(kaete)* le ventre *(hara wo)* pour le dos *(senaka ni)* dont ils font enlever *(kakasu)* la crasse *(aka)*. (Le ventre) *kaerarenu* (ne se peut changer) dicton signifiant « il faut savoir subir un léger inconvénient dans le présent pour éviter un grave ennui à l'avenir ».

229. *Ko-uta no denju-onna : Ko-uta no* (pour les chansonnettes) les femmes *(onna)* de tradition *(denju)*. C'est ainsi que l'on désigne les *yuna*, les femmes des maisons de bains. Saikaku recherche l'explication de cette expression *denju onna* au début du chap. II, ci-dessous.

230. *Nishi no ita-tsuki : (Ita-tsuki)* terme de théâtre qui désigne l'arrivée en scène des acteurs ou bien encore la scène ou, comme ici, les acteurs du théâtre de l'ouest *(nishi)* d'Ôsaka, c'est-à-dire le (Takemoto-za) récemment ouvert (1685) du quartier de Dôtombori. Il était très en vogue. Ses acteurs venaient parfois s'amuser aux maisons de bains. Ici sont apparemment rapportées les paroles de l'un d'eux que sa voix a fait reconnaître. Amusement rapide et discret qui ne laisse pas place pour une rumeur quelconque concernant ces gens si connus du public. Le tableau qu'en fait Saikaku est dans le rythme du haïkaï.

Une petite expérience amoureuse *(nurete mite)* (*nureru* signifie à la fois se mouiller) c'est le cas, mais aussi faire l'amour.

231. *Yobuko-dori :* c'est le nom du coucou. Comme on appelle *(yobu)* les *yuna* pour une nuit, elles reçoivent ce sobriquet de *yobuko dori* (l'oiseau qu'on appelle).

232. *Denju-onna :* (Femme de tradition.) Par tradition, il faut entendre ici la tradition poétique d'après l'anthologie composée par ordre impérial, la plus ancienne le Kokin-waka-shû. Cette tradition s'était formée par transmission orale des maîtres de poésie du palais impérial à leurs disciples. Après plusieurs siècles cette tradition fut mise par écrit en un livre, le *Kokin-denju* publié en 1471 par le maître de poésie officiel Tô Tsunenori (1401-1494). Dans cet ouvrage important pour la connaissance des idées japonaises en poétique, et du sens secret d'expressions contenues dans le Kokin-waka-shû, il est question des « trois oiseaux (Sanchô) parmi lesquels le « Yobuko-dori », le coucou, qui chante en été. Le cri du coucou restant indistinct quant à la direction, le Kokin-denju dit qu'on le peut confondre aussi avec celui du singe (saru), ainsi s'établit le rapprochement avec ces femmes : car en frottant le dos des clients elles font, à leur égard le geste des singes qui se grattent le corps. En poésie haïkaï, tout le sens se trouve dans un enchaînement de mots (de syllabes même) qui évoquent des images par allusions.

Si Saikaku donne comme titre au chapitre II du livre V *Ko-uta no denju-*

onna, c'est qu'il lui est arrivé de penser au « Kokin-denju » où il s'agit de « Waka no denju ». Mais les *Yuna* s'intéressent bien plutôt aux *ko-uta* (chansonnettes) qu'aux classiques *waka.*

Maintenant l'enchaînement des idées paraît être le suivant : *Yuna* (femmes des maisons de bains) — *saru* (guenons, sobriquet des *yuna*) — *yobu ko-dori* (le coucou, dont le chant lointain peut se confondre avec le cri du singe) — *obotsuka naku mo* (même dans sa confusion) — *Kokin-shû* (anthologie des *uta* composée pour la première fois par la cour) — *Kokin-denju* (la tradition des *uta*) — *Ko-uta no denju-onna* (femmes qui suivent la tradition des chansonnettes *(ko-uta)*).

On aperçoit ainsi la virtuosité de Saikaku qui reste toujours haïkaïste, même comme prosateur et en même temps une certaine érudition qui est dans la tradition même de son genre poétique né des renga (chants enchaînés) représenté par Iio Sôgi (1421-1502) qui reçut de Tô Tsuneyori, le fameux *Kokin-denju.*

A l'époque, les *furo-ya,* maisons de bains, recevaient de jour la clientèle ordinaire venue pour se baigner seulement, et ce n'était que depuis le coucher du soleil qu'apparaissaient les *yuna*, laveuses de dos et vendeuses de leur corps.

233. *Ryûmon no futatsu-wari : Ryûmon* (soie épaisse, sans lustre) qui servait à confectionner les *obi* (ceintures). Il s'agit ici d'une ceinture de demi-largeur, soit la moitié de 1 pied 6 pouces c'est-à-dire 8 pouces. En deux, la ceinture n'aura que 4 pouces de largeur, soit 12 cm, ce qui est plus commode pour la nouer simplement sur les reins.

234. *Yûzen-e :* Peinture « Yûzen ». Ce genre fut imaginé par Miyazaki Yûzen, peintre né à Kyôto vers 1654 qui imita l'art classique des écoles Tosa et Kanô et étudia sous Ogata Kôrin (1658-1716). Il inventa un procédé de teinture des étoffes et du papier par impression de dessins en couleurs (fleurs, oiseaux, paysages, etc.). Ces dessins ornaient souvent des éventails.

235. *Kumano :* Célèbre temple shintoïste de la province de Kii.

236. *Bon : Bon* ou plus exactement *Ura-bon* (transcription du sanscrit *Ullam bana*). La fête des morts qui se célébrait pendant trois jours, les 13, 14 et 15 du septième mois. Aujourd'hui encore, l'une des principales fêtes populaires, strictement observée dans les campagnes par des rites bouddhiques.

237. *Citation :* D'un vers tiré d'un poème de Sou Tong-p'o intitulé *Kyûsô no shi* (le poème des neuf aspects, d'inspiration bouddhique).

CHAPITRE III

238. *Maru-zukushi :* Modèle ornemental *(moyô)* formé d'une chaîne de cercles qui se touchent et dans lesquels sont inscrites des lettres (caractères chinois ou syllabes *kana*). Fut à la mode pour le vêtement féminin depuis l'ère Keian (1648-1651) jusqu'à celle de Genroku (1688-1703).

239. *Bisen no rempû :* Un vent d'amour *(rempû)* de beaux éventails *(bisen no)*. Allusion aux jolies vendeuses aguichant la clientèle masculine dans les

boutiques d'éventails. Ichidai-Onna elle-même tombe à ce jeu amoureux d'un acheteur.

240. *Suai-onna :* Revendeuses d'étoffes qui se livraient à la prostitution.

241. *Nachi-ishi :* Des pierres de « Nachi » que l'on trouve dans la région de Nachi, au sud-est de la province de Kii. D'un noir brillant, on en fait des pions de cette couleur pour le jeu de *go* (des *go-ishi*) et des pierres pour ornement.

242. *Yamamoto Kakudayu :* né à Sakai (port au sud immédiat d'Ôsaka) se rendit à Edo pendant l'ère de Kan'ei (1624-1643) pour y chanter dans les spectacles de *ningyô jôruri*, suivant un genre qui reçut le nom de *Satsuma-bushi.*

243. *Les chants de Sayonosuke :* Nom de famille Nakayama. Acteur célèbre dans les rôles dits *wakashu-gata* (acteurs gracieux, galants et efféminés) pendant les ères Tenna (1681-1683) et Jôkyô (1684-1688). Danseur et chanteur de chansonnettes *(ko-uta)* et de *nag-auta* (chansons épiques) à la fin de sa carrière.

244. *Muro-machi :* Quartier de Kyôto, centre du commerce des étoffes. Les *suai-onna* faisaient profession d'intermédiaires pour la vente des étoffes de ce quartier et profitaient de leur condition pour faire commerce de leur personne.

245. *Itoya-mono :* Vendeuses d'articles de mercerie qui se tenaient assises devant la boutique pour aguicher les clients. C'étaient des *kamban-onna* (litt. femmes-enseignes) séduisantes et bien fardées et choisies pour attirer la clientèle. L'auteur les appelle ici *mise-onna* (femmes pour la montre).

246. *Kanoko-ya no shite-dono :* Les dames ouvrières *(shite-dono)* des teintureries de *kanoko (kanoko-ya)*. Sorte de batik : *kanoko*, étoffes teintes en laissant des points blancs non touchés par la teinture obtenus en réservant des parties liées par des fils.

247. *Sankirai :* Genre de liliacée, plante grimpante dont le rhizome dit *dobukuryô* est utilisé en médecine comme dépuratif. A l'époque était en effet utilisé au Japon comme anti-syphilitique.

248. *Doyô :* Période se présentant une fois par saison, celle de l'été correspondant à la canicule est marquée par une forte chaleur.

249. *Hassen :* Les 8 jours néfastes qui se présentent au cours d'une période de 12 jours qui se place 6 fois dans le calendrier de l'année lunaire. La pression atmosphérique y étant réputée basse et le temps humide elle devait être nuisible aux malades. Dans l'intervalle on renonçait aux mariages, à commencer la construction des maisons et à traiter des affaires commerciales.

250. *Shikke-me :* Suppuration des yeux due généralement à la syphilis appelée à l'époque *sôdoku.*

251. *Tanomi-daru :* Tonneaux de vin offerts par le fiancé à l'occasion du *yuinô* (engagement de mariage).

252. *Kakushi-e :* Images dissimulées *(kakushi-e)* qui provoquent un rire à part soi *(hitori-warai)*. Images érotiques cachées dans l'ensemble ornemental de l'éventail à l'intérieur des plis et qui n'apparaissent que lorsqu'il est entrouvert d'une certaine manière.

253. *O-ike-dôri :* Avenue transversale qui court au nord de Sanjô-dôri et passe au sud du palais de Nijô. Naka-kyô-ku du Kyôto actuel.

254. *Kami-Chôja-machi :* Quartier à l'ouest du palais impérial, dans le Kamikyô-ku.

CHAPITRE IV

255. *Nure no toi-ya : Nure* a ici un double sens : tout d'abord celui de *iro-goto* (choses de l'amour). En effet, les maisons de commission *(toiya)* où venaient acheter les représentants des négociants de province et où ils logeaient pendant leur séjour à Ôsaka, entretenaient des filles pour le service de ces hommes. Dites *hasuha-onna,* elles étaient faciles. D'où le terme *nure-toi-ya, toi-ya* où l'on pouvait avoir une intrigue amoureuse. *Nure,* d'autre part, signifiant aussi « humide », on se représente aisément son association d'idées avec la pierre de l'écritoire toujours « humide » pour recevoir le pinceau qui ne chômait guère dans une maison où les transactions commerciales se faisaient sans arrêt. Les *hasuha-onna* étaient aussi nécessaires dans cette organisation particulière du logement que l'écritoire dans le bureau du commissionnaire.

256. *Kami-doi-ya :* Les plus importantes maisons de commission traitant surtout avec la région du « Kami-gata » (Ôsaka, Kyôto, Hyôgo, etc.).

257. *Shimo-doi-ya :* Maisons de commission d'importance secondaire, traitant surtout avec la province, les régions du nord et celles du sud-ouest dites « Saikoku ».

258. *Kyara no abura :* Littéralement « huile de *kyara* ». C'était cependant un cosmétique dans la composition duquel n'entrait aucunement le bois de *kyara* qui servait à la fabrication de l'encens et des parfums. C'était un composé de suif et de résine de pin, servant à tenir les poils collés et à leur donner du brillant. Il aurait été inventé, quant à celui dont il s'agit ici, pendant l'ère Shôhô (1644-1647).

259. *Setta :* Sandales à semelles de cuir garnies de fer au talon. Pendant la marche, elles faisaient un bruit jugé plaisant. On les porta jusqu'au milieu de l'ère de Meiji (1868-1912) surtout dans le monde de la galanterie, des élégants et du théâtre.

260. *Hasuha-onna :* Ou simplement, *hasuha* (feuille de lotus). Femme légère comme la feuille du lotus qui flotte sur l'eau boueuse de l'étang.

261. *Ukiyo-shôji :* Petite rue qui se trouvait entre les deux ponts, jetés sur le « Higashi-Yokobori », de Kôrai-bashi au sud et celui de Ima-bashi au nord. Elle traversait, de l'est à l'ouest la bande de terre entre le Higashi-Yokobori et Nishi-Yokobori. Là se tenaient les porteurs de *kago* (palanquins) pour conduire les clients au lupanar de Shimmachi. Il s'y trouvait aussi des auberges où logeaient les domestiques en attente d'une place.

262. *Naka-yado :* Sens général : Auberge où logeaient les domestiques ayant quitté leur maître. En particulier : Maison de rendez-vous. Les *hasuha-onna* y avaient des rapports avec les *tedai* (représentants de commerce) qu'elles servaient chez le commissionnaire *(toi-ya).*

263. *Tsurube-zushi :* Les *zushi* sont des boules de riz garnies d'une tranche de poisson et *tsurube* veut dire seau. Ce sont les *zushi* garnies d'*ayu* (sorte de truite) contenues dans un récipient en forme de seau que vendait la maison Fukushima-ya, se trouvant rue Soemon-cho près du pont Nihombashi, à Ôsaka.

264. *Kamaboko :* Poisson haché, pilé avec du sel et du saké, et cuit à l'étuvée en forme de barres semi-circulaires ou semi-ovales.

LIVRE SIXIÈME

CHAPITRE I

265. *Ue-machi :* (Les quartiers hauts sur l'élévation de terrain à l'est d'Ôsaka). Ils étaient la résidence de personnes sérieuses.

266. *Hana mishi fuji :* Les branches des « glycines » *(fuji)* dont on avait admiré *(mishi)* les fleurs *(hana)*. Il s'agit des tonnelles de glycines fleuries du quartier de Tani-machi.

267. *Onokzu-kara mujô ni motozuku kane no koe :* La voix *(koe)* de la cloche *(kane no)* qui naturellement *(onodzukara)* relève *(motozuku)* de l'impermanence *(mujô)*. *Mujô* est la traduction chinoise du sanscrit *anitya*. Le son grave et prolongé pour se perdre bientôt dans l'air de la cloche frappée des temples bouddhiques évoque naturellement dans l'âme le sentiment de l'éphémère.

268. *Taiko nembutsu :* La cloche du soir donne le signal de l'invocation du *nembutsu* rythmée au son d'une sorte de tambourin muni d'un manche, ce qui lui fait donner le nom *uchiwa-daiko* parce qu'il a ainsi l'aspect d'un « éventail-écran » *(uchiwa)*.

269. *Sono akatsuki no kumo hare-ne-domo nishi e yuku gokuraku jôdo :* A entendre ces invocations à Amida, ils éprouvent le sentiment qu'en dépit de l'obscurcissement de leur âme tel un ciel que couvrent des nuages non encore levés à l'aurore, ils seront enfin éclairés et iront au paradis de la Terre Pure vers l'ouest. Réminiscence probable chez l'auteur d'un passage du « no Hyakuman » dont la scène est précisément la grande récitation annuelle du *nembutsu*.

270. *Iri-byôshi no bachi-shumoku :* La mesure introduite *(iri-byôshi)* pour rythmer le *nembutsu* par le battement du tambour *(taiko)* avec la baguette *(hachi)* et celui de la clochette *(kane)* avec une baguette barrée à son extrémité, en forme de T, sorte de petit marteau *(shumoku)*.

271. *Gatten-kubi :* Poupée figurée seulement par une tête fichée à l'extrémité d'une baguette de bois ou de bambou. Elle était complétée par le premier vêtement qui tombait sous la main. De sorte que la tête était généralement plus belle et plus ornée que le reste. Pour les petites filles, le plaisir était de leur faire changer souvent de kimono.

272. *Chimaki :* Genre de *mochi* (gâteau de riz) qui se mange à la fête du « Tango no sekku ». Il est préparé avec du riz glutineux *(mochi-gome)* ou de la farine de ce genre de riz mélangée avec un mucilage fait de fécule de *kuzu* (puéraire). *Maki* signifie « enveloppe » et ce gâteau est en effet enveloppé dans des feuilles de la plante *chi* (dite encore *chigaya*) graminée sauvage. Mais sous les Tokugawa, comme aujourd'hui encore, on emploie, à la place du *chi*, des feuilles de bambou nain *(sasa)* ou de roseau de *makomo* (zizanie aquatique). L'ensemble a la forme d'un fuseau dont les feuilles, longues d'environ 15 cm, sont liées avec des tiges de jonc *igusa*.

273. *Tsuma nagedashi no izumai :* La manière de s'asseoir *(izumai)* en rejetant (à droite et à gauche) le bord du vêtement *(tsuma)*. C'était en effet la manière des femmes de la classe des *buke* (militaires) rendue nécessaire par le port d'un long manteau dit *uchikake* jeté sur le vêtement et dont le bord inférieur, ouaté et épais, n'aurait pu être ramené sous les jambes pliées dans la « manière de s'asseoir » *(suwari-kata)*.

274. *Ko-zakura odoshi to iu gusoko :* Une armure *(gusoku)* dont les « lanières de cuir joignant les plaquettes *(odoshi)* étaient ornées de petites fleurs blanc rosé de *sakura* (cerisier japonais). »

275. *Myôji :* nom de famille. Seuls les *kuge* (nobles de cour) et les *buke* (nobles militaires) avaient un nom de famille et les hommes du peuple en étaient dépourvus. Ici la fausse fille de samurai ne comprend pas la question qui lui est posée et elle croit qu'on lui demande le nom du temple dont elle relève, interprétant la syllabe *ji* de *myôji* comme étant le *ji* qui termine généralement le nom d'un temple.

276. *Tôza hyaku no onna :* Une femme *(onna)* à cent *(hyaku)* pour un instant seulement *(tôza)*. Elle recevait 100 pièces de cuivre (cent *mon*) somme d'une monnaie à cours variable, équivalant à l'époque à 1 *momme* 2 *fun* d'argent (une ligature de 1 *kan*). La patronne lui retenant 4 *fun*, il ne lui revenait plus que la maigre somme valant 8 *fun* d'argent.

CHAPITRE II

277. *Ai-no-yama-bushi :* « Ai no yama » est une colline située entre les deux temples d'Ise. Là se tenaient mendiants et mendiantes accompagnant au *shamisen* et au *sasara* leur chant dit *Ai-no-yama bushi*.

278. *Nise-murasaki :* Faux *murasaki :* teinture violet foncé obtenue en ajoutant de l'alun à une décoction de bois de *sappan* (bois de Campêche). Par contre la teinture violette régulière dite *hon-murasaki*, plus ancienne, était faite avec une décoction de *shikon*, racine de la plante *murasaki*, genre de borraginacée (famille de la bourrache).

279. *Akane :* Plante de la famille des rubiacées dont le rhizome fournit une couleur rouge orangé. La garance d'Europe est une variété de cette plante (nom scientifique : *Rubia cordifolia)* (notre garance est dite : *Rubia tinctorum)*.

280. *Harima :* L'une des huit provinces du Sanyôdô, c'est-à-dire de la partie méridionale du Honshû à l'ouest d'Ôsaka. Comprise aujourd'hui dans la préfecture de Hyôgo, sur la Mer intérieure.

281. *Bingo :* Autre province du Sanyôdô, à 190 km environ à l'ouest de la précédente. Aujourd'hui incluse dans la préfecture de Hiroshima, également sur la Mer intérieure.

CHAPITRE III

282. *Kimi ga nemaki :* La chemise de nuit *(nemaki)* de mon amant *(kimi ga)*. Chanson que fredonnaient habituellement les *yahotsu* au cours de leur promenade à la recherche de clients.

283. *Yahotsu :* Synonyme : *sôka, yotaka.* Litt. celle qui pratique *(hotsu)* de nuit *(ya)*. Nom très anciennement donné aux prostituées qui sollicitent la nuit les passants.

284. *Wari-dake no oto :* Bruit que fait, pour avertir, un morceau de bambou fendu sur plusieurs points de son extrémité, lorsqu'on écarte les bords des fentes. Il se produit alors une vibration.

285. *Shichizô gatten ka? Shichizô,* est-tu d'accord? *Shichizô* était un nom donné aux « conducteurs de chevaux » *(uma-kata)* et aux valets. La *yahotsu* interpelle ainsi un passant de cette allure et qu'elle juge en quête d'un plaisir de quelques sous avec une de ses pareilles.

286. *Rokudô-sen :* Menue monnaie dont on munit un mort dans son cercueil pour permettre à son âme de payer le passage de la rivière Sanzu no Kawa qui coule devant la porte de l'enfer.

287. *Tamatsukuri :* Nom général de la région au sud du château d'Ôsaka.

288. *Kannen no mado yori nozokeba :* (Évoquant les souvenirs de toute une vie) alors que je les contemplais *(nozokeba)* depuis *(yori)* la fenêtre de la méditation *(kannen no mado)*.

289. *Wada :* Wada Yoshimori (1147-1213) était un samurai très puissant au début de l'époque de Kamakura, dans la province de Sagami. Sa famille était très nombreuse, et avait, dit-on, quatre-vingt-treize maisons.

290. *Kappa :* Manteau imperméable qui se jetait sur les épaules comme une cape. Le mot lui-même vient en effet de *capa* qu'avec la chose le désignant les Japonais connurent des Portugais quand ceux-ci vinrent à Nagasaki. Ce manteau de pluie était fait d'un papier rendu imperméable par un enduit d'huile siccative extraite des graines de l'aleurite. Le papier qui se dit *tôyu-gami,* sert encore communément sous le nom d'*abura-gami* à envelopper les objets pour les protéger de l'humidité.

291. C'était satisfaisant puisque le dicton dit : « Un chapeau de jonc tressé en gage d'un prêt de cent ligatures de sous de cuivre », soit neuf mille six cents fois les dix sous de cuivre en question.

CHAPITRE IV

292. *Rakan :* Les disciples de Shaka qui, sortis des six principales écoles philosophiques de l'époque, s'étaient attachés aux leçons du sage et avaient développé leurs facultés intellectuelles au point d'accepter la doctrine des sept bouddhas du passé.

293. *Daiun-ji :* Temple de la secte Tendai situé à Iwakura, arrondissement de Sakyô-ku, à Kyôto.

294. *Narutaki no fumoto :* Au pied de Narutaki. Narutaki n'est pas, comme son nom le laisserait croire une « cascade » *(taki)* bruissante *(naru)* mais simplement une petite rivière torrentueuse, le Narutaki-gawa qui prend sa source dans la montagne au nord de Narabi-ga-oka.

295. *Michi no hodashi :* Les entraves *(hodashi,* de la voie *(michi)*. Le monde présent est limité par « la vie et la mort », c'est « cette rive-ci » de notre existence terrestre. Les ignorants enchaînés par « les passions et les tourments de ce monde » errent dans la mer de la vie et de la mort. Mais l'homme éclairé parvient à la traverser pour parvenir à la rive de l'au-delà.

296. *Kore naru ike ni jisui-sen to :* Voulant me jeter à l'eau *(jisui-sen to)* dans l'étang *(ike ni)* qui se trouve à cet endroit *(kore naru)*.

Il s'agit de l'étang de Hirosawa no ike au pied de la montagne d'où coule la rivière Narutaki-gawa. Lieu célèbre chanté par les poètes qui y vont admirer les cerisiers en fleur et le clair de lune.

297. *Shibomu made no mi no koto :* Depuis que s'était épanoui *(hirakete)* le lotus *(renge)* de cœur *(mune no)* les choses *(koto)* de ma personne *(mi no)* jusqu'à *(made no)* ce qu'il se fane *(shibomu)*. Notre héroïne raconte toute sa vie ajoutant ensuite : quand bien même *(tatoe)* on pourrait dire que *(to te)* j'ai mené *(tatareba)* une vie de débauche *(nagare wo)*, quant à mon cœur *(kokorowa)* peut-il *(beki ya)* avoir été souillé ? *(nigorinu)*.

La confession qu'elle vient de faire l'a lavée des péchés de toute une vie, souillure du corps mais intégrité de l'âme. C'est là le thème du lotus qui fleurit dans la boue en préservant sa pureté. La prostitution au Japon n'entraînait pas une déchéance morale.

298. *Shinsai-bashi-suji :* Cette rue existe encore, partagée en deux blocs mais le quartier de Gofuku-machi a disparu comme tel (ce n'est plus qu'un numéro dans un des deux blocs). La rue, très animée, part, au nord, du pont de Shinsai-bashi jeté sur le canal Higashi-yokobori-kawa, et court vers le sud pour rejoindre le quartier de Dotombori à l'endroit où ce canal est traversé par le pont d'Ebisu-bashi.

299. *Okada Saburôemon :* Ce libraire a édité en outre les trois œuvres suivantes de Saikaku :

1) *Honchô-nijû-fukô* (Vingt exemples de manquements à la piété filiale) publiée la même année (1686) le onzième mois (5 livres en 5 volumes).

2) *Budô-denrai-ki* (Récits sur la tradition morale des guerriers), publiée le quatrième mois de 1687 (8 livres en 8 volumes).

3) *Shin-kashô-ki* (Nouveaux récits satiriques) publiée le onzième mois de 1688 (5 livres, 5 volumes).

LIVRE QUATRIÈME

LIVRE CINQUIÈME

LIVRE SIXIÈME

DU MÊME AUTEUR

Aux Éditions Gallimard

CINQ AMOUREUSES

CONNAISSANCE DE L'ORIENT

1. Tchouang-tseu : *Œuvre complète.*
2. Bibhouti Bhoushan Banerji : *La complainte du sentier.*
3. Zeami : *La tradition secrète du nô,* suivi de *Une journée de nô.*
4. *Contes du Vampire.*
5. Sei Shônagon : *Notes de chevet.*
6. Hymnes spéculatifs du *Véda.*
7. *Au cabaret de l'amour* (*Paroles* de Kabîr).
8. Natsume Sôseki : *Je suis un chat.*
9. Ihara Saikaku : *Cinq amoureuses.*
10. Chen Fou : *Récits d'une vie fugitive (Mémoires d'un lettré pauvre).*
11. Wou King-tseu : *Chronique indiscrète des mandarins,* I.
12. Wou King-tseu : *Chronique indiscrète des mandarins,* II.
13. Akutagawa Ryûnosuke : *Rashômon* et autres contes.
14. Mythes et légendes extraits des *Brâhmanas.*
15. Urabe Kenkô : *Les heures oisives.* Kamo no Chômei : *Notes de ma cabane de moine.*
16. P'ou Song-ling : *Contes extraordinaires du Pavillon du Loisir.*
17. *Histoires qui sont maintenant du passé.*
18. Natsume Sôseki : *Le pauvre cœur des hommes.*
19. Z. Safâ : *Anthologie de la poésie persane* (XIe-XXe siècle).
20. Ihara Saikaku : *Vie d'une amie de la volupté.*
21. *L'antre aux fantômes des collines de l'Ouest* (Sept contes chinois anciens, XIIe-XIVe siècle).
22. Nguyên Du : *Kim-Vân-Kiêu.*

Ouvrage reproduit
par procédé photomécanique.
Impression S.E.P.C.
à Saint-Amand (Cher), le 4 novembre 1987.
Dépôt légal : novembre 1987.
Numéro d'imprimeur : 1919.
ISBN 2-07-071166-8. / Imprimé en France.

41789